2021 年度河南省教育科学"十四五"规划一般课题（2021YB0234）
2021 年度河南省高等教育教学改革研究与实践项目（2021SJGLX550）

系统论视角下
教师职前培养体系研究

王小鹤　著

吉林大学出版社

·长春·

图书在版编目（CIP）数据

系统论视角下教师职前培养体系研究 / 王小鹤著 .—
长春 ： 吉林大学出版社，2022.12
ISBN 978-7-5768-1285-5

Ⅰ．①系… Ⅱ．①王… Ⅲ．①师资培养－研究 Ⅳ.
① G451.2

中国版本图书馆 CIP 数据核字 (2022) 第 238118 号

书　　　名：系统论视角下教师职前培养体系研究
　　　　　　XITONGLUN SHIJIAO XIA JIAOSHI ZHIQIAN PEIYANG TIXI YANJIU

作　　者：王小鹤　著
策划编辑：邵宇彤
责任编辑：付晶淼
责任校对：杨　平
装帧设计：优盛文化
出版发行：吉林大学出版社
社　　址：长春市人民大街 4059 号
邮政编码：130021
发行电话：0431-89580028/29/21
网　　址：http://www.jlup.com.cn
电子邮箱：jldxcbs@sina.com
印　　刷：三河市华晨印务有限公司
成品尺寸：170mm×240mm　　16 开
印　　张：14
字　　数：263 千字
版　　次：2022 年 12 月第 1 版
印　　次：2022 年 12 月第 1 次
书　　号：ISBN 978-7-5768-1285-5
定　　价：88.00 元

前　言

　　我国基础教育的迅速发展，对高校教师教育专业
人才培养提出了新的要求，高校教师教育专业在进行
人才培养的过程中如何定位人才培养目标，如何实现
人才培养目标，是当前众多高校面临的问题。世界上
大多国家都在实施卓越教师计划，把教师的培养作为
振兴教育、社会发展的重要举措。无论从基础教育的
发展考虑，还是从高校专业发展考虑，都需要培养大
量的卓越教师。从师范生自身的素质、我国本科人才
培养目标要求以及基础教育发展形势来看，高校本科
教师教育专业都应该承担起培养卓越教师的任务。

　　影响高校教师教育专业人才培养的因素有很多，
涉及课程设置与教学实施、师范生专业思想认识、人
才培养模式、实践教学、教育评价等诸多方面。本书
紧紧围绕"培养什么样的教师教育专业人才""如何培
养人才"等问题，在专业人才培养目标的定位、课程
设置、教学改革、实践教学体系建构、师资队伍建设、
学生能力提升等方面进行研究，提出了一系列理论，
并进行了相应的实践探索。首先，通过对卓越教师的
内涵界定及影响教师培养的因素确定了教师职前培养

体系；其次从课程设置、教学方法改革、全程实践模式建构、学生专业思想教育、协同育人模式的建立、课程考核评价改革、毕业论文写作等方面分析了当前高校人才培养中存在的问题，就相关问题进行了讨论；最后，以卓越教师培养为导向提出了相应的改进策略。

该书紧密结合当前我国职前教师培养现实，理论与实践相结合，吸收了当前教师教育专业发展的新成果，既可以为高校教师专业建设和人才培养提供借鉴，也可以为广大学者提供学术启发。

作者

2022 年 9 月

目　录

第一章　系统论视角下教师职前培养理论体系建构

高校作为职前教师培养的主要承担主体，其培养理念、培养模式及措施、条件保障等直接影响着我国师资队伍的整体水平及职后的专业发展。随着我国教育的快速发展，教师教育体系已经实现了从三级师范向二级师范的转变，培养中小学幼儿园教师本科化的倾向已经形成。为适应国家经济社会发展的需要和教育改革发展的总体要求，2014年中华人民共和国教育部颁布《教育部关于实施卓越教师培养计划的意见》（教师〔2014〕5号），提出卓越教师的培养目标。为落实该文件的相关精神，满足社会对卓越教师的需求，就卓越教师的目标定位、内涵以及实施路径有必要进行理性思考，探索职前教师培养模式及途径。

第一节　追求卓越是教师培养的目标导向

基础教育对于提升国民整体素质具有重要作用，师范生职前教育决定了基础教育师资的基础水平，影响着基础教育师资的后续发展。当前，世界大多国家都在实施卓越教师计划，把教师的培养作为振兴教育、社会发展的重要举措。我国也提出了教育兴国、教育强国的国策，把教育定位为国之大计、党之大计。习近平总书记多次在教师节、全国教育大会上论述教育的重要性。2018年，时任教育部部长陈宝生在新时代全国高等学校本科教育工作会议中提出，坚持"以本为本"两大高等教育改革基本原则，推进"四个回归"。可见，培养高水平教师、提高高校在师资培养中的地位备受关注。

一、卓越教师培养的政策背景

早在1987年美国专业教学标准委员会在成立之初就提出了建立高质量的教师标准，并实施国家教师资格证书计划，以促进优秀教师的养成。英国于2004年开始实施"卓越教师计划"，2011年发布《培训下一代"卓越教师"》

的教育政策咨询意见稿，提出加强高校与中小学合作培养卓越教师的相关政策及实施措施。21世纪初，为提高教师的总体质量，澳大利亚制定了这一国家教育战略。在我国，卓越教师的培养最初体现在教师专业化的发展要求上，2010年教育部在卓越人才工程中提出了"卓越教师"的目标。2014年教育部全面启动卓越教师培养计划，明确提出"坚持需求导向、分类指导、协同创新、深度融合的基本原则，针对教师培养的薄弱环节和深层次问题，深化教师培养模式改革，建立高校与地方政府、中小学（幼儿园、中等职业学校、特殊教育学校，下同）协同培养新机制，培养一大批师德高尚、专业基础扎实、教育教学能力和自我发展能力突出的高素质专业化中小学教师。"[1] 这之后，2018年1月中共中央、国务院印发《关于全面深化新时代教师队伍建设改革的意见》，2月教育部等五部门印发《教师教育振兴行动计划（2018—2022年）》。2018年10月10日，教育部印发《关于实施卓越教师培养计划2.0的意见》。这一系列文件的颁布，确立了我国培养卓越教师、全面提升教师队伍水平的发展方向，也为我们较快、较好地发展教师教育提供了良好的政策支持。

教师是立教之本、兴教之源。党的十八大以来，以习近平同志为核心的党中央始终将培养高素质教师队伍作为建设教育强国的重要举措，做出一系列重大决策部署，我国教师队伍建设取得了显著成就。但面对新方位、新征程、新使命，我国教师队伍的规模、结构、素质能力还不能很好地满足各级各类教育发展需求，需要从源头上加强教师队伍建设，让更多卓越教师脱颖而出。因此，各高校应该加强教师教育专业的发展，培养更多的"未来卓越教师"，为我国高水平师资队伍的建设打好基础。

二、对卓越教师的理解

自从2014年教育部开启卓越教师培养计划，广大教育工作者和学术研究者在各个层面对卓越教师的内涵和素质要求展开了研究。有研究者指出，卓越教师除了学科本体性知识较为牢固之外，还应具有丰富的实践性知识和条件性知识，能及时发现教育教学中的问题，并创造性地解决问题，提升自身的能力。卓越教师与普通教师最大的不同在于，"卓越教师"能将日常工

---

[1] 中华人民共和国教育部.教育部关于实施卓越教师培养计划的意见[EB/OL].（2014-08-18）[2022-09-09].http://www.moe.gov.cn/srcsite/A10/s7011/201408/t20140819_174307.html.

作中的教与学、思与研有机结合，能够自主获取前沿知识和理论。[①] 另有教师从"卓越"一词的含义以及教师专业成长的角度探索卓越教师的内涵，认为"卓越教师"是超出一般水平的教师，是比传统教师更为杰出的教师。这种"卓越"不单单是指能力上的突出，更重要的是一种积极向上的情怀，不断地超越自我，追求更高的境界和更好的状态。卓越教师就是不断追求优秀，不断追求教育质量的教师，他们不断地突破自身，完善自我，在创造中进步，在创造的过程中逐步走向卓越。

可以看出，人们对卓越教师的内涵及其品质特征的认识在本质上是一样的，卓越教师是出乎其类、拔乎其萃的教师，相对一般教师而言，其层次更高、更具有独特之处。卓越教师的概念具有时代性特征，就其发展过程来说，卓越教师是在动态发展过程中成长的。卓越教师的成长具有一定的规律，需要经过教师的职前、入职和职后三个阶段。通过对卓越教师形成发展过程的分析发现卓越教师的形成既需要实际的教育场景实践，也需要优质的职前教师培训。在职前培养中实现卓越教师的目标是不现实的，卓越教师只有在教育实践中才能真正形成。因此，对于职前培养来说，卓越的目标体现在两个方面，学生职业适应性和发展性；适应性指学生入职时能实现与职业的无缝对接；发展性指学生在职业生活中具有良好的可持续发展能力。在学生学习和发展中融入卓越的潜质，使之有可能在不断地学习、工作中努力成为卓越教师[②]。在培养规格上要求学生具有先进的教育理念、理论与实践相互转换提升的能力、针对实践问题进行研究的能力、与信息技术有效整合的能力、自我发展的能力，并拥有"卓越追求的精神，不甘于现状，超越自我，尝试创新，具有积极、明确的专业情感和态度"[③]。

三、教师职业发展的动态性要求职前培养应为教师打下坚实的基础

教育事业是培养人的事业，教师是对人的发展产生影响的职业。并不是所有具备教学知识的人都可以成为教师，教师职业具有特定的内在品质，除了具备相应的知识外还应该具有职业道德和教育教学能力。教师职业发展是动态的、终身持续的过程，现代教学应是建立在教师学习基础上的。必须在

---

① 杨晓，崔德坤."卓越教师"研究的现状与趋势 [J].教学与管理，2016（3）：9-12.

② 虞永平.卓越教师培养项目与学前教育质量的提升 [J].早期教育（教科研版），2016（02）：2-4.

③ 刘径言，郑友训.卓越教师的专业成长特征及职前教育策略 [J].现代中小学教育，2013（7）：55-57.

加强和发展教师教育的同时，加快教师专业化进程，以适应学习化社会、终身化学习的需要。教师职业发展的动态性体现在，教师职业需要不断的实践—提高—再实践—再提高的过程，教师的职业发展既需要职前培养又需要职后的培训学习。虽然教师继续教育是提高在职教师素质和促进教师专业化的有效途径，但是职前培养中所确立的职业理念、奠定的知识和能力基础直接影响到入职后的教师职业发展。在教育专业的人才培养过程中，确立卓越的培养目标能够使学生产生高级的职业情感和高尚的职业追求，为其入职后的继续学习和专业成长奠定基础，也有助于学生获得职业内满足，为其成为专家型教师奠定坚实的基础。

由此可见，从学生自身发展、教育事业的发展、高校教师教育专业的发展，以及国家和社会的发展来看，本科教师教育专业都应该以培养卓越教师为目标，高校应该确立卓越教师的培养目标，为社会培养高素质的基础教育教师，以促进教育事业的发展，并为人类社会的进步作出应有的贡献。

第二节　卓越教师培养现状及影响因素

通过对几所地方高校师范生培养现状的调查发现，虽然高校在专业人才培养方面取得了一定成效，但是在卓越教师培养上还存在一些问题。影响卓越教师培养的因素多而复杂，需要我们正确认识各因素之间的关系以及不同因素在教师培养过程中的地位和作用，从而在课程设置、师资队伍、实践教学、课程评价等方面对卓越教师的职前培养提供相应的支持。

一、卓越教师培养现状

从总体来看，虽然学生的职业道德符合学校规定要求，但是学生的专业认同感不足，缺乏坚定的职业理想信念；学生虽然能够胜任教学工作，但是在教育与活动组织实施过程中还缺乏相应的教育机制，不能灵活处理教育实际中的突发问题；学生虽然掌握了大量的专业理论知识，但是对知识的掌握还不深入，不能有效地将教育理论与教育实际结合起来，存在理论与实践脱节的现象；学生在环境创设、家长工作、活动组织等方面实践能力不足，综合利用所学知识和技能处理实际问题的能力较差；学生虽然具有积极的学习态度，但是在学习方法、专业成长方面缺乏有效的引导。

1. 职业理想和信念不坚定

就目前高校教师教育专业本科生而言，在教师职业道德方面总体表现为具有正确的职业道德理念，能够遵守职业道德规范，但是职业信念不坚定。教师素质，师德为魂。作为一名教师，必须要有长期从教、终身从教的职业理想和职业信念，而目前，部分教师对教师职业不是发自内心的热爱，缺少内部动机和职业热情，缺少执着的信念和创造的激情，因此很难树立职业威信，发挥职业效能，真正赢得学生的信赖和尊重。

2. 知识结构不合理，综合素质有待提高

教师要承担起立德树人的任务，不仅要具备扎实的学识能力，还应该博览群书、打破学科界限，拓宽知识面，培养优秀的人文素养和综合能力，能够以自身的品德修养、人格魅力吸引和影响学生，使其"亲其师而信其道"，真正成为学生课堂上的老师、生活中的典范。

3. 教学技能有待提高

部分教师在语言表达、教学艺术手段等方面还存在一定的缺陷，不能熟练运用以多媒体和网络技术为核心的现代技术手段。信息时代的教师必须与时俱进，能够在实际教育教学过程中以现代技术最大限度地开发和激活学生的潜在能力，实施素质教育，提高教学质量。

4. 缺少创造型名师，教师自我发展需求不足

受当前中学教师职称评聘和岗位聘任政策的影响，部分教师，尤其是评上高级职称的一些教师，在教学上失去了追求和自我发展的目标。教育行业普遍缺乏能引领学科教育教学的创造型名师，很难组建出研究型、创新型的优秀教学团队。

5. 专业反思能力不足

专业反思能力是学生在专业发展过程中不断发现自身问题并主动解决自身问题的重要能力，是促使学生提升专业发展的内在因素。专业反思能力的发展与学生的专业认同、学习动机有密切关系，学生的专业认同直接影响其学习动机和专业反思能力的发展。通过对毕业班学生的调查发现，本科学生在课程学习、教育实习、第二课堂活动中缺乏主动性。教育实习中，大多

数学生处于被动学习状态，往往不会主动进行活动设计和组织实施。大多数学生缺乏对自己的客观认识，一方面缺乏自我反思意识，只会被动地接受知识；另一方面不善于发现自身存在的问题，即使发现自身不足之处，也不知道如何进行完善取得进步。

6.研究能力较差

相对其他专业而言，教育专业学生既有教育科研方法课程，又有毕业论文写作的任务，在教育研究方面相对占有一定优势。但是，由于不同学校对学生毕业论文要求不一致，可能会出现研究能力参差不齐的现象。学生研究能力的提高除了要进行研究方法的学习外，还要有相应的实践训练。

从当前高校教师教育专业发展现状来看，本科学生在职业理想信念、专业实践能力、专业发展能力方面还存在一定的不足，需要进行针对性地培养。

二、影响卓越教师职前培养的因素

卓越教师的培养是一个系统的工程，不同层面有不同的影响因素，既有学生自身的因素，也有外在环境的因素。就学生个人而言，学生的知识基础、学习态度、专业认同等都会影响到学生的学习；就外在的环境而言，专业课程设置、学校学习氛围、专业办学条件、专业师资队伍水平、硬件设施和管理制度等都会影响到专业人才培养的效果。教师教育专业是实践性较强的专业，仅靠学校单一力量无法实现学生实践能力的提升，卓越教师的培养还需要高校与政府、中小学幼儿园建立良好的协调合作关系，充分发挥中小学幼儿园在学生实践能力提升方面的作用，构建高校—政府—中小学幼儿园三位一体育人模式。总体而言，学生是学习的主体，外在的因素如课程设置、教育实习、教学指导等都要通过发挥学生的主体性才能起到相应的人才培养作用。因此，由于学生主体与外在因素之间、外在课程设置与教学实施之间、高校自身发展与中小学之间形成了复杂的关系，共同作用于卓越教师人才培养目标的实现，如图1-1为卓越幼儿教师培养模型。

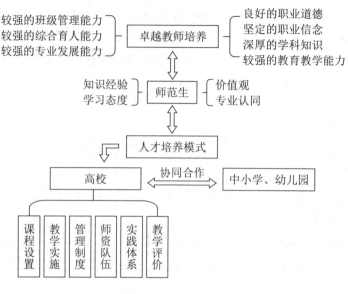

图 1-1　卓越教师培养模型

　　通过对卓越教师培养影响因素及其关系的分析，结合当前卓越教师培养的现状，我们认为影响卓越教师职前培养的因素主要有以下几个方面。

1. 学生自身因素

　　在众多影响教师职前培养的因素中，学生自身因素是内在因素，外在的因素如课程设置、课堂教学、教育实习、教师指导等都要通过学生的学习发挥培养价值和作用。学生的学习态度和专业认同以及所具有的价值观都会影响到他们对课程知识、实践教学、教师指导的接受程度和质量。在教学过程中我们发现，专业认同度高、学习态度端正的学生，其学习主动性也较高，具有较强的学习反思能力，经常会对自己的学习行为进行反思。而专业认同不高的学生往往缺乏学习积极性，在学习过程中缺少相应的专业反思意识，只是把学习作为一种必须完成的任务，并没有意识到课程与实践教学对其专业发展的价值。目前，高校在进行师范生培养的过程中过多关注课程设置、实践教学、师资队伍建设等外在的因素，而恰恰忽视了学习的主体——学生自身的发展状态和发展需要。

　　目前，为有效提升学生学习的主动性，大部分高校建立了新的课程体系，充分利用学生的课余时间，持续进行课程教学改革，在没有缩减课程教学学时的前提下开发了大量的网络课程供学生学习，并给学生布置了大量的实践作业，导致学生课业负担繁重，直接影响到学习的效果。由此可见，高校在进行教学改革时需要充分考虑学习的主体——学生的发展需要，不考虑学生现实需要而盲目进行改革，反而不利于学生的发展。学校在进行改革时还要根据专业特点进行整体规划，做到有目标、有规划、有系统，在确立好专业人才培养目标后，再紧紧围绕目标制订系统的课程教学改革规划，避免出现各自为政的混乱局面，造成课业负担重的现象。

2. 课程设置

课程设置是进行人才培养的核心载体，课程设置是否合理直接影响到专业人才培养目标的实现。当前教育专业的高校教师在进行课程设置时存在课程繁多、体系混乱的现象，造成专业人才培养目标定位模糊。高校在进行课程设置时需要依据行业标准，并根据卓越教师知识、能力、素质要求，突出专业实践能力培养目标需求，这是当前卓越教师发展的一个弱点。较多用人单位反映，高校教师教育专业培养出来的毕业生知道的理论知识较多，学习态度好，但是实践能力较差，不能很快地适应基础教育教学实践。这也是当前教师教育专业人才培养的短板，造成这一现象的原因有两个方面：一是本科院校为了突出与专科院校的区别，过多强调理论知识的学习，设置的实践课程相对较少；二是本科院校缺乏实践场所，学生的实践能力没有得到相应的锻炼。因此，为突出卓越教师人才培养目标，需要依据行业标准构建能力目标体系，构建以能力提升为导向的课程体系。

3. 人才培养模式

前面提到课程设置是影响卓越教师培养的一个重要因素，但是，课程仅仅为培养目标的实现提供了可能，要使目标成为现实还要建立相应的人才培养模式。研究者针对不同类型院校人才培养目标的需要，提出"全实践"模式、"三位一体"模式、校—政—校协同培养模式、驻校培养模式、PDCA循环模式等。人才培养模式既体现了专业人才培养的理念，也体现了人才培养的特色。就卓越教师人才培养而言，应该结合教师专业成长特点和卓越教师的素质要求构建合理的人才培养模式，目前大家比较一致的看法是应突出学生的实践能力提升，构建高校—中小学协同合作育人模式，吸收一线优质资源进入高校课堂，充分利用实践资源提升学生的实践能力，为学生实践能力的提升提供资源。卓越教师的培养离不开高校与基础教育的深度合作，特别是对于大部分新建本科院校而言，鉴于硬件、师资、设备的有限性，高校与基础教育深度合作共同育人只能看作是高校一厢情愿的构想，要真正实现深度合作需要政府在政策、资金、制度等方面给予支持，由此，高校与基础教育的深度合作成为实现实践教学有效性要突破的难点。

4.教学方法

课程与教学是对受教育者产生影响的两个基本因素，课程是应然层面的教育影响，教学则是实然层面的教育影响。从大课程论的观点看一切教育影响都来源于课程，教学是课程的实施。因此，学生发展的质量和水平如何还要取决于教学实施，教学实施直接影响到课程价值的发挥程度。传统的课堂教学教师多采用单一的讲授法，学生往往被动学习，课堂气氛缺乏灵性，学生学的是"死"知识，只会记不会用，遇到实际问题不知所措。而卓越教师的培养对知识掌握的水平要求较高，学生不仅需要对知识进行识记、理解，还需要将知识运用到解决问题的教育实践中。这就需要对传统的"教师主导讲—学生被动听"的课堂教学形式进行改革，在各科教学中采用多样化的模式和方法，使课堂教学与教育实践融合。根据课程的特点，结合教育实习、见习、探索、角色扮演、模拟实习、案例分析等多样化的教学方式，促进学生专业意识的形成和专业能力的提高。同时，还可以结合网络课程的学习，采用线上与线下结合的翻转课堂，提升学生学习的主动积极性，弥补课堂教学的不足。

5.课程评价

评价对学生学习具有导向性作用。"测验是教师影响学生学习的内容、学习的多少、学习速度以及要达到何种学习结果等方面的最强有力的手段"①。不当的评价不仅对学生的发展没有意义，反而会对学生的学习产生误导。教师教育专业是实践性较强的专业，课程兼具理论、实践双重特点，包含了对学生师德与理念、知识与能力、情感与态度等多方面专业素养要求，需要进行多维度、多层次的课程评价。评价方案的制订—实施—结果的分析及反馈—改进学与教这一系列过程占用了教师大量的时间和精力。从当前高校教育专业课程评价的现状来看，大多数教师在进行课程考核评价时，存在"以教师为主""评价随意性""简单化"的现象，往往从自身利益出发追求简单以教材为主，出一些填空题、选择题、简答题、名词解释草草了

---

① 汉纳，德特默.课程的情境适应性评价[M].杭州：浙江教育出版社，2008：20.

事。这些评价把关注的焦点放在了低层次的学习上，对高层次的能力、复杂的学习关注得太少，不利于学生对知识的深度学习，大大降低评价应有的价值和功能，影响课程评价的有效性。卓越教师的培养需要发挥课程评价的导向作用，促进学生向卓越的方向发展，课程考核不仅包括学生对知识的理解和记忆，同时还要关注学生对知识的运用；不仅关注知识的掌握，还应该注重学生实践能力的考核；不仅关注学生的学习成果，还应该将学生内在的学习状态作为考核评价的指标，通过课程评价考核以评促学，促进学生的卓越发展。

6. 实践教学

实践教学包括教育见习、教育实习、第二课堂、课程实践等内容和环节，是提升学生专业实践能力的重要课程。要解决卓越教师培养中学生实践能力差的问题，就需要加强实践教学，构建与卓越教师相适应的实践教学体系。目前，大多高校意识到了实践教学的重要性，纷纷延长教育实习时间，并提出了"全实践""全程实践"等概念，设置了多元化的实践教学课程。虽然高校越来越重视实践教学体系的建构，但是由于部分高校在实训设施、校校合作、师资队伍等方面条件不足，实践指导质量不高，导致实践教学的效果并不明显。为此，高校当前面临的问题是如何整合和提升现有资源，提高实践教学的有效性。

7. 毕业论文及教育研究

与普通教师相比，卓越教师需要具备较强的研究能力，是研究型教师，具有专业可持续发展的能力。针对这一特点，如何将毕业论文、教育科研方法、教育实习结合起来提升学生的研究能力是当前培养卓越教师的一项重要任务。很多高校虽然开设了教育科研方法课程，却只限于课程讲授，并没有与教育实践结合起来，课程结束后学生所学的内容没有得到相应的实践训练，所学的研究方法没有得到强化，到了实际仍然不会开展研究。因此，将毕业论文写作、教育科研方法课程与教育实习结合起来，能够有效地将学生所学的研究方法在教育实践中得以运用，并结合毕业论文的指导进行强化。

影响卓越教师培养的因素不是独立的作用于学生的专业成长，诸多因素之间有着复杂的关系，形成一个体系共同作用于教师的培养。全面认识各因素之间的关系以及各因素在人才培养中的地位和作用，有利于我们从总体上把握教育改革的方向，有针对性地进行某个方面的调整，促使卓越教师培养目标的实现。

第三节　卓越教师职前培养的实现路径

当前高校在职前培养方面虽然取得了一定成效，但也存在一些问题，如人才培养目标不明确；课程体系设计陈旧，不能体现教师教育专业人才培养特色；实践教学模式相对保守，效果不明显；教学评价重结果轻过程，评价方式较单一；教学团队构成较单一，结构不合理等。这些问题直接制约了高校教师教育专业卓越教师的培养，特别是专业实践能力的培养。根据行业标准和《卓越教师培养计划》的要求，高校要积极创新改革人才培养模式，在卓越教师培养过程中实践"师德为先""学生为本""能力为重""终身学习"的理念，在人才培养途径、课程设置、教学方法、实践教学、师资队伍、教学评价等方面采取行之有效的改革举措，以达到卓越教师的培养目标。具体分析，卓越教师培养目标的实现路径如下。

（一）依据教师专业标准，构建适应行业需求的课程体系

课程是实现人才培养的支撑，实现卓越教师的培养目标需要对课程设置进行相应的改革，使其能够体现行业需求以及专业领域发展的先进性。课程设置不能一蹴而就，要根据行业发展的动态需求进行相应的调整，同时还应反映教师教育专业领域的最新研究成果，更新专业教育理念，将关于学生发展特点、教师专业成长、基础教育的最新理念融入课程设置中，体现课程设置的先进性。同时，考虑到教师教育专业实践性强的专业特点，在课程设置时还应考虑实践性特点，关注行业适应性，按照"行业—岗位—知识、能力、情感—课程"的思路设置课程，实现课程设置与行业领域的对接。并结合实际在实践领域里开设教育见习、课程实习、教育研究实习、综合实习等实践课程。实现所开设课程与行业的紧密联系，推动课程体系行业化，提高培养人才的行业适应性。

（二）实施"高校—政府—基础教育"三位一体育人模式

为实现卓越教师的培养目标，需要不断深化高校与基础教育的协同合

作关系，实施专业共建，在人才培养方案制订、课程建设、师资队伍、实践教学指导、教学评价等方面建立"高校—政府—基础教育"三位一体育人机制。首先，高校要获得自身专业的发展，需要认清自身在协同合作中的地位和应承担的责任，并主动承担起专业共建的任务，成立高校—政府—基础教育三方专业共建委员会，明确三方在专业共建方面的责任和任务，为进一步的合作共建奠定基础。其次，在人才培养方案制订过程中要打破原来故步自封、闭门造车的局面，积极听取来自社会、中小学幼儿园等多方面的意见，提高人才培养方案的行业适应性。再次，吸纳优秀基础教育一线教师进行课程共建，根据不同专业课程的特点，邀请中小学幼儿园一线教师以独立授课、讲座、培训等方式加入高校课堂中，还可邀请中小学幼儿园教师来为师范生作报告、讲座，为课程发展增添活力。精品在线开放课的建设也需要得到一线教师的支持，并把高校优质的课程资源带给中小学幼儿园，实现共享发展。此外，聘请基础教育一线骨干教师作为双导师制的指导教师，指导师范生的实践。高校与基础教育的协同合作还体现在对学生的学业评价上，在师范技能大赛、实习评定、期末考试等环节中积极吸纳中小学一线教师进入评价领域，将一线教师的评价作为师范生综合成绩的一部分，特别是对师范生能力的考核、实践性较强课程的考核实施课程主讲教师与中小学一线教师共同考核的方式，从中获取一线教师的意见。

在人才培养方案的修订、课程共建、实践指导、教学评价过程中逐渐建立一支由高校专业教师、中小学骨干教师组成的双师型师资队伍，在"高校—政府—基础教育"三位一体育人模式带动下实现人才培养模式的不断优化与完善。

（三）突出实践教学，构建全程化、理性化的实践教学体系

基于教育教师职业的实践特性，以提升学生的职业适应性为指向，教师教育专业构建全程实践教学模式。全程实践"在时间上体现为将实践教学贯穿在大学四年全程中，在形式上体现在课堂教学、教育实习、课程实习、教育见习、课外活动和第二课堂上，使理论与实践相结合、课内与课外相结合，按照学习—实践—反思—学习—实践的学习程序，在理论学习的同时促进学生教育教学实践能力的提高，使学生成为反思型和智慧型的准教师。"[①]

[①] 王小鹤.地方院校本科学前教育专业全程实践教学模式的构建[J].教育探索，2013（1）：89-90.

如图 1-2 所示。

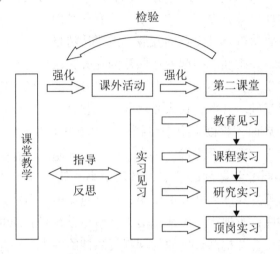

图1-2 全程实践教学模式图

实践教学的全程化、理性化不仅体现在实践时间上要贯穿大学四年，还体现在实践教学的实施上要避免盲目性，做到有规划、有指导、有监控、有反思、有提升，真正发挥实践教学的作用，帮助学生获得实践经验，灵活运用理论指导实践。

（四）实施双导师制，提高实践教学的有效性

教师教育专业是实践性较强的专业，《教师教育课程标准》规定教师教育专业学生实习时间不能少于 18 周，很多高校纷纷延长了实践教学的时长。但是，延长实践教学时长并不一定就能获得相应的效果。通过对部分高校的调研，发现高校在实习指导教师的选拔方面较为随意，并没有制订严格的选拔制度。同时，由于师范专业的教法课师资较少，不能满足大量实习生的指导需求，只能将其他专业老师作为指导教师，这些教师虽然也担任了师范生的课程讲授但是缺乏相应的教师教育背景和经验，不能胜任对实习生的指导，由于实习监督制度不够完善实习指导很难发挥实质性的作用，导致"无效"或"低效"的实践。"很多准教师并没有对一些教学技能、专业知识等做到认真的反思与深入的理解。而这种情况部分地是由于负责对他们指导的教师教育者本身缺乏这样做的专业知识与能力。"[1] 为提升实习见习效果，需

---

[1] 杨秀玉，孙启林.教师的教师：西方的教师教育者研究 [J].外国教育研究,2007(10)：6-11.

要制订由高校与中小学双方共同承担实习、见习指导的双导师制度。明确高校与中小学在学生实践指导过程中的职责和任务，并针对学习目标和任务制订详细的双导师实施方案，在制度、政策、经费等方面给予保障，确保实践教学的有效性，使学生的专业实践能力得到有效提升。

（五）进行教学方式的改革

实施卓越教师培养计划，除了改革课程设置，加强实践教学外，还要转变以往的课堂教学方式，将教学的重点转移到学生的"学"。教师教给学生的知识毕竟有限，要将有限的知识转化为无限的力量就要多关注学生的学，使学生愿意学习、会学习。因此，高校要改变以往传统的课堂教学方式，对课堂教学方式进行大胆的改革，根据每门课程的特点尝试采用多样化的教学方法，将主题讨论、模拟教学、角色扮演、案例分析、对分课堂、评课议课融入课程讲授中。特别是对理论性较强的课程，避免"满堂灌"的课堂教学方式，对课堂教学方式进行大胆的改革，采用"学案导学"的教学策略。①将课程分解为一个个小单元，并将每个小单元的内容按照目标分解为一个个问题，以问题为导入点，带动学生的积极性，在教学过程中补充和优化教材内容，把书本上的"死"知识通过头脑风暴、课堂讨论和提问的方式变成学生能够消化吸收的活知识，加深学生对内容的理解和掌握，通过教育实践促使学生将知识转化为能力。而对于实践性较强的教法课，结合本学期的课程实习，帮助学生切身体会从活动设计、活动准备、实施以致活动结束整个活动过程中的教学实践，提高学生教学活动设计、组织、评价等全方位的实践能力，同时培养学生的教学反思能力。

（六）强化双师双能型教师队伍建设

建设一支热爱基础教育、结构合理、品德高尚、素质精良、具有坚实的学科理论素养和丰厚实践经验的师资队伍是卓越教师培养目标实现的保证。首先，要鼓励学科专业课教师深入基础教育一线，提升教师的师范专业意识和实践能力。要提高人才培养的适用性，需要教师教育专业的任课教师对基础教育教学有深入的了解，具备从事基础教育教学工作的实际能力。针对教师自身所具备的专业背景和条件建立多层次多元化的入校实践制度，为教师

---

① 王丽鹃.高师教法课应对新课改教学策略研究[J].黑龙江高教研究，2004，（08）：57-58.

专业实践能力的提升提供多元化平台。对缺乏专业背景的学科专业课教师，通过听课、评课、参加活动、调研等形式培养自身的师范专业意识，增加专业经验。让有经验的教师教育专业课老师采取名师工作室、顶岗实践、课题研讨、学术报告等形式入校实践。其次，发挥专业教研室作用，让高校教师与基础教育一线教师合作开展教育教学研究，开阔教师的视野，拓宽教师选题思路，使其在做课题时有题可选，提高研究的适用性。同时，通过课题研究也为中小学幼儿园提供了资源，使中小学幼儿园体会到高校教师在协同共建中的价值，有利于专业共同体的建立。再次，从学校和二级学院的层面，要为专业教师的发展提供上升空间，通过网络进修、参加高级研修班、国内外学术会议、国内外访问等形式提高专业教师的教育教学能力和科研能力，优化师资队伍的整体素质。

（七）加强质量监控保证，建立以能力为核心的多元化评价机制

教育教学质量是专业建设的生命线，根据人才培养需求，建立多元化的教育教学质量评价体系，主要体现在评价内容多元化、评价标准多元化、评价主体多元化三个方面。评价内容多元化体现在评价内容涉及人才培养的各个环节，包括对学生成绩、学生学习态度以及对学生知识掌握的关注、学生的实践能力的考核，形成了理论教学与实践教学，教师教学评价与学生学习质量并重的多元化评价内容；评价标准多元化是指在评价过程中，评价标准因行业需求的变化而多样化、动态化，终结性评价与过程性评价相结合；评价主体多元化体现在，积极吸纳中小学、社会、家长共同参与到评价中来，实施多主体参与评价，并定期召开由政府、中小学以及其他社会人士参与的研讨会，吸收来自不同方面的意见和建议。

第二章　以能力为导向的职前
　　　　课程设置

根据中小学幼儿园行业标准和《教师教育课程标准（试行）》等文件的规定，基础教育教师需要具备多样的专业能力，这是从事基础教育教师这一职业的必备条件，也是高校在培养卓越教师过程中容易出现问题的短板。根据卓越教师培养的规律和高校人才培养的任务，高校教师教育专业需要构建能力导向的课程体系，不仅注重学生知识的学习，同时也要关注学生能力的提升，提升学生的专业能力。

第一节　高校教师教育专业课程设置存在的问题

我国在很长时期内没有制定统一的中小学幼儿园教师专业标准，各高校学前教育专业在课程开设上各行其是，在缺乏第三方机构对课程实施效果的监控的情况下导致高校教育专业课程开设出现"五花八门"现象。自《幼儿园教师专业标准（试行）》和《教师教育课程标准（试行）》颁布以来，虽然高校在课程设置方面进行了一些改革，但仍然存在一些问题。

一、课程目标不明确

目前，任课教师对任课课程目标认识不明确，对课程的毕业要求也不明确，误认为上课就是讲教材，把教材上的内容讲完就完成了这学期的授课任务。另外，课程设置缺乏第三方机构的监督，这样一来同一门课程如果由不同的老师承担授课任务，授课内容和要求以及考核内容等就会不一样，这样课程效果的发挥就没有了保障。专业课程之间是有机联系的统一体，开设什么课程、如何开设等都受到专业标准、行业实践需要、人才培养目标的制约，因此，要根据每门课程在学生专业能力提升中的地位和作用构建课程模块，确定每门课程对应的发展目标，然后根据目标制订每门课程的教学大纲和考核要求，并确定每门课程的讲授内容和教学要求，以此作为每门课程的授课要求。

二、专业理论课与实践课脱节

有研究者对在上海市幼儿园工作的学前教育专业本科毕业就业适应情况进行调查，发现教师入职以来专业发展进步排在前三位的是"班级管理"（占调查总人数的 35.3%），"教学技能"（占调查总人数的 27.6%），师幼互动（占调查总人数的 22.9%），且新教师普遍认为自己的活动设计能力不足，班级管理与组织能力不足，虽然本科阶段学习了很多专业理论知识，但在工作中难以做到理论指导实践，新教师实践转化能力的欠缺在一定程度上延缓了其入职后适应的进程。[①] 很多高校依据《教师教育课程标准（试行）》进行课程设置的改革，通过对应届毕业生的调查，发现与专业标准中对教师专业能力要求相比，比较符合要求的仅有 26.7%，专业能力一般的比例为 42.2%，较不符合及以下的比例为 31.1%。众多的能力发展项目中，教学实施、激励与评价、沟通与合作能力明显不足。[②]

在课程开设方面，学校开设了教师教育专业核心学科：基础心理学、教育概论、班级管理、教师专业发展、教育研究方法、学科教学论、学科专业课程等。虽然课程开设的很全面，但是学生学的不深不精，样样都会一点皮毛，实际操作起来能力欠佳。开设的课程中虽然有实践性课程，但是，由于与实践结合不紧密，导致课程偏重理论，没有达到提升学生实践能力的目的。

三、专业课程内容重叠交叉

有研究者对师范生入职适应情况进行调查，结果发现幼儿园、小学以及中学不同学科人才培养中，不同课程知识存在弱分类和弱框架现象。弱分类即专业课程之间知识的相关度高，弱框架即因教师对内容的决定权较大，导致课程内容与课程本应传递的知识差异大。[③] 在高校的现行课程设置方面，由于没有统一的课程内容标准，很多相近课程之间存在内容重叠交叉的现象，包括学科课程之间、教师教育课程之间存在内容重复现象。各学科间如不加以整合，知识的高度关联将对师范生专业知识体系的构建产生很大干扰，师范生在入职适应过程中经常会碰到因专业知识界限模糊，致使很难区分专业知识真正的适

① 李玉华，华爱华，张云亮 . 上海学前教育专业本科毕业生在园发展状况调查 [J]. 幼儿教育：教育科学，2012（12）：28-31.

② 该项目研究团队调查了团队所在地的 5 所地方高校，共计 368 个师范生。

③ 俞裕芝，李召存 . 学前教育专业师范生入职适应研究——基于学前教育专业知识性质的视角 [J]. 幼儿教育：教育科学，2014（11）：14-15.

用领域，而且，内容的重复讲授与学习会减少学生的实践时间。

四、通识课程开设不合理

通识课程包括学校通识必修课程和通识选修课程。高校的通识课程多由学校教务部门统一制订，通过对几所本科院校的人才培养方案进行比对，发现各本科院校均开设了思政类、计算机、大学英语、大学语文、大学体育等课程，近年来随着国家对创新创业的重视，高校又纷纷开设了创新创业类课程，通识课程不断增加，所占学时的比例变大，但是所开设课程与专业需求的吻合度并不高，专业需要的人文社会科学、自然科学概论、艺术概论等却不足。

第二节　以能力为导向的模块化课程群建设

目前教师培养中一个突出问题就是专业实践能力较差，学生不能将理论知识与实践结合起来，因此，提高学生的实践能力是当前高校教师教育专业课程改革的重要举措。依据中小学幼儿园行业标准和《教师教育课程标准（试行）》，参考研究者提出的卓越教师关于专业能力的界定，构建高校教师教育专业课程体系，是提升学生能力水平，实现卓越教师培养目标的首要举措。下面以幼儿园教师培养为例。

一、学前教育专业能力概述

根据高校人才培养目标设置，考虑到社会发展对人才培养提出的新要求，结合师范专业认证理念，确定了本科人才培养目标及规格要求。学前教育专业本科阶段人才培养目标是以习近平新时代中国特色社会主义思想为指导，坚持立德树人根本任务，全面贯彻培养德智体美劳全面发展的社会主义建设者和接班人的教育方针，培养具有坚定理想信念、深厚教育情怀、高尚教师职业道德、健全人格和创新精神，能胜任任保教、研究和管理等工作的高层次幼儿园教师。培养规格表述如下。

（1）政治立场坚定，热爱学前教育事业，形成终身从教意愿。以习近平新时代中国特色社会主义思想为指导，坚持立德树人，全面贯彻党和国家的教育方针政策，履行教师职业道德规范和法律法规，为人师表、关爱幼儿、尊重幼儿人格，以幼儿发展为本。

（2）具有正确的教育教学理念、扎实的保教知识和能力、良好的人文与科学素养、艺术素养，能够比较有效地进行幼儿园教学设计、组织与实施、评价与反思，利用和开发课程资源，合理运用现代教育技术辅助教学，能够胜任幼儿园一日生活组织、环境创设、游戏组织等保教工作。

（3）能够根据幼儿身心发展规律与特点，综合运用游戏、环境、一日生活和教学活动等开展育人活动，创设良好班级环境，开展班级活动；能够将社会性—情感教育内容渗透在一日生活之中，综合利用幼儿园、家庭和社区各种资源全面育人。

（4）以"四有"好老师为职业追求，工作态度积极，心理健康，社会适应能力良好，能够与学生及家长、同事、同行有效沟通；具有终身学习和专业发展意识，能够在不断地反思与研究中解决问题，获得专业成长，成为单位的骨干教师。

还有研究者从政治思想、道德品质和学科专业知识、技能两个方面将学前教育本科人才培养具体规格表述为：

政治思想和道德品质方面。坚持四项基本原则，忠诚人民的教育事业，具有实践党和国家教育法规和方针政策的能力，具有良好的社会公德和教师职业道德，以及艰苦奋斗、求实创新的精神，具有健康的身心和良好的生活习惯。

学科专业知识、技能方面。具有广博的文化知识和一定的审美能力；具有正确而先进的儿童观；掌握学前儿童生理和心理发展的基本知识和基本理论，掌握现代教育及学前儿童保健、教育、教学和学前社会教育机构管理的一般原理；掌握学前教育科研和实践的基本知识，了解学前教育发展的趋势；具备从事学前教育工作所需要的基本技能和组织协调技能（如游戏、唱歌、弹琴、跳舞、绘画、手工制作、口语表达以及进行各种常识小实验等基本技能）；能够熟练使用现代化教学辅助设备；掌握一门外语，能阅读本专业的外文资料，具备独立开展学前教育领域内的科学研究的能力。[1]

为进一步规范教师教育专业课程设置，教育部分别于 2011 年、2012 年颁布了《教师教育课程标准（试行）》和《幼儿园教师专业标准（试行）》。《幼儿园教师专业标准（试行）》提出了师德为先、幼儿为本、能力为重、终身学习的基本理念，并从专业理念与师德、专业知识、专业能力三个维度对合格幼儿园教师提出了要求，指出合格幼儿园教师应该具备的能力如表 2-1 所示。

---

[1] 中华人民共和国教育部.幼儿园教师专业标准（试行）[EB/OL].（2012-02-10）[2022-08-15].http://www.moe.gov.cn/srcsite/A10/s6991/201209/t201209 13_145603.html.

表 2-1　幼儿园教师专业能力 [1]

环境的创设与利用	1. 建立良好的师幼关系，帮助幼儿建立良好的同伴关系，让幼儿感到温暖和愉悦； 2. 建立班级秩序与规则，营造良好的班级氛围，让幼儿感受到安全、舒适； 3. 创设有助于促进幼儿成长、学习、游戏的教育环境； 4. 合理利用资源，为幼儿提供和制作适合的玩教具和学习材料，引发和支持幼儿的主动活动
一日生活的组织与保育	1. 合理安排和组织一日生活的各个环节，将教育灵活地渗透到一日生活中； 2. 科学照料幼儿日常生活，指导和协助保育员做好班级常规保育和卫生工作； 3. 充分利用各种教育契机，对幼儿进行随机教育； 4. 有效保护幼儿，及时处理幼儿的常见事故，危险情况优先救护幼儿
游戏活动的支持与引导	1. 提供符合幼儿兴趣需要、年龄特点和发展目标的游戏条件； 2. 充分利用与合理设计游戏活动空间，提供丰富、适宜的游戏材料，支持、引发和促进幼儿的游戏； 3. 鼓励幼儿自主选择游戏内容、伙伴和材料，支持幼儿主动地、创造性地开展游戏，充分体验游戏的快乐和满足； 4. 引导幼儿在游戏活动中获得身体、认知，语言和社会性等多方面的发展
教育活动的计划与实施	1. 制定阶段性的教育活动计划和具体活动方案； 2. 在教育活动中观察幼儿，根据幼儿的表现和需要，调整活动，给予适宜的指导； 3. 在教育活动的设计和实施中体现趣味性、综合性和生活化，灵活运用各种组织形式和适宜的教育方式； 4. 提供更多的操作探索、交流合作、表达表现的机会，支持和促进幼儿主动学习
激励与评价	1. 关注幼儿日常表现，及时发现和赏识每个幼儿的点滴进步，注重激发和保护幼儿的积极性、自信心； 2. 有效运用观察、谈话、家园联系、作品分析等多种方法，客观地、全面地了解和评价幼儿； 3. 有效运用评价结果，指导下一步教育活动的开展
沟通与合作	1. 使用符合幼儿年龄特点的语言进行保教工作； 2. 善于倾听，和蔼可亲，与幼儿进行有效沟通； 3. 与同事合作交流，分享经验和资源，共同发展； 4. 与家长进行有效沟通合作，共同促进幼儿发展； 5. 协助幼儿园与社区建立合作互助的良好关系
反思与发展	1. 主动收集分析相关信息，不断进行反思，改进保教工作； 2. 针对保教工作中的现实需要与问题，进行探索和研究； 3. 制订专业发展规划，积极参加专业培训，不断提高自身专业素质

　　从以上关于本科人才培养目标及规定的研究，以及《幼儿园教师专业标准（试行）》关于幼儿教师专业理念、知识与能力的规定可以看出，以专业

---

[1] 中华人民共和国教育部. 幼儿园教师专业标准（试行），2012 年 2 月：http://old.moe.gov.cn//publicfiles/business/htmlfiles/moe/s7232/201212/xxgk_145603.html

核心能力为主进行课程体系建构符合当前幼儿园教师的培养，也符合当前卓越幼儿教师培养的规律。虽然从专业理念与师德、专业知识、专业能力三个维度对幼儿园教师应该具备的专业素质提出了要求，但是，为了突出能力培养在解决卓越幼儿教师培养的职业适应性方面，可以以能力提升为核心整合课程体系，将职业理念与师德、专业知识整合于核心能力的提升。

二、以能力为导向构建学前教育专业课程模块

为突出专业能力培养的目的，需要以能力培养为核心，以"学习产出"为目标，构建模块化课程体系。所谓模块化的设计方法，是按照"自顶向底，嵌套设计，逐步细化"的设计原则，为实现一定能力培养要求而设计的具有相对独立的培养计划，即模块化课程。各模块课程设计时，参照OBE教育模式，以学生为中心，以能力培养为核心，以能力培养产出为目标，将能力培养贯穿模块化课程设计始终。模块化课程设计有三个要点：一是要坚持以学生为中心，既要注重学生全面发展，又要注重学生职业发展，要从激发学生自主探究积极性的角度，设计模块教学计划、选取教学模式、制订考核评价管理办法；二是要坚持能力培养为主线，在能力培养要求上，要依据布鲁姆教育认知评价模型，明确能力培养的等级要求，在考核方式上，应注重过程性与终结性考核相结合，在评价方式上，要注重形成性评价与终结性评价相结合，既要注重学生学习结果评价，也要注重学生学习改进建议，逐步建立标准化的学习评价体系；三是在教学活动设计上体现理论与实践一体化设计理念，按照课内外、校内外一体化设计思路安排教与学的活动，将第二课堂和校外实践纳入模块化课程整体设计中，课程的学习工作量应适度饱满，适合学期学习工作量要求，还要有一定量的自主学习内容。

（一）专业人才培养目标与毕业要求

以专业标准为依据，参考本科学前教育专业卓越教师培养目标要求，可以制订以下学前教育专业人才培养目标。另外，针对每项人才培养目标进行了毕业要求的分解，使培养目标具体化、可视化，便于对每门课程实现专业人才培养目标程度的考核。

1. 专业人才培养目标

本专业旨在培养德智体美劳全面发展，热爱学前教育事业，具备良好的职业道德和文化素养，掌握学科基础知识与基本技能，富有社会责任感、创

新精神和实践能力，能够胜任幼儿园保教与研究工作，具有卓越发展潜质的"四有"好教师。毕业五年左右，能够成为综合运用教育理论知识，有效组织教育教学，沟通与合作能力、反思与发展能力明显提升的幼儿园骨干教师。具体目标为：

（1）热爱学前教育事业，具有良好的职业道德和教育情怀。富有爱心、责任心、事业心，能够为人师表，教书育人。

（2）具有一定的保教知识和保教能力。具备儿童发展、保育、教育的基本理论和人文科学知识。能够根据幼儿身心发展规律和学习特点，科学规划一日生活，创设教育环境，综合实施教育活动。

（3）能够践行德育为先、育人为本的理念。掌握组织班级教育活动、与家长沟通合作等班级常规工作方法，创设班级环境，营造班级氛围。能够将社会性—情感教育内容渗透在一日生活之中，综合利用幼儿园、家庭和社区各种资源全面育人。

（4）身心健康，具有终身学习、专业发展意识。能够运用批判性思维反思教育问题，具有一定的创新意识和教育教学研究能力。

（5）具有国际视野和团队协作意识。有全球意识和开放心态，能与团队进行有效沟通、协调与合作。

本目标着重从专业信念、保教能力、专业发展等方面对卓越幼儿教师进行界定，为本科学前教育专业人才的培养确定发展的方向。

2. 毕业要求

通俗地说，毕业要求就是根据专业标准对各专业学生大学四年学习后应该达到的专业要求，也是监督、评价高校人才培养目标实现程度和人才培养质量的重要依据和量化指标体系。本科学前教育专业毕业要求，应根据幼儿园教师专业标准制订，毕业要求应能够支撑培养目标，并在师范生培养全过程中分解落实。根据本科学前教育专业人才培养要求和幼儿园教师专业标准，毕业要求表述为以下几个方面。

（1）师德高尚。拥护中国共产党的领导，政治立场坚定，贯彻党的教育方针，以立德树人为己任，遵守幼儿教师职业道德规范，具有依法执教意识，是有理想信念、有道德情操、有扎实学识、有仁爱之心的好老师。

（2）教育情怀。热爱学前教育事业，乐于从教，有事业心。对待幼儿有爱心、有耐心、有童心，能做幼儿健康成长的启蒙者和引路人。

（3）保教知识。掌握通识知识、学前儿童发展知识及学前教育专业领域知识体系、思想与方法。对学科知识能够理解和初步运用，能综合领会并形成专业领域教学知识。

（4）保教能力。树立保教合一的观念，能够依据《幼儿园教育指导纲要（试行）》和《3-6岁儿童学习与发展指南》，结合幼儿身心发展规律和学习特点，合理组织一日生活的各个环节，创设教育环境，综合实施教育活动。科学照料幼儿日常生活，及时处理幼儿的常见事故。

（5）班级管理。能够根据不同年龄段幼儿发展特点和教育要求制订良好的班级秩序与规则，建立良好的同伴关系和师幼关系，营造舒适而又富有教育性的环境。

（6）综合育人。掌握幼儿社会性—情感发展的特点和规律，注重培育幼儿良好意志品质和行为习惯，理解环境育人、园所文化和一日生活对幼儿发展的价值。能将社会性—情感教育内容灵活渗透在一日生活之中，综合利用幼儿园、家庭和社区等各种资源全面育人。

（7）自我发展。具有终身学习与专业发展意识，能结合就业愿景，制订自身学习和专业发展规划，不断提高自身专业素质。

（8）国际视野。能及时了解国外学前教育改革发展的趋势和前沿动态，尝试借鉴国际先进教育理念和经验进行教育教学和交流。

（9）反思研究。能够运用批判性思维方法，针对保教工作中的现实需求与问题进行研究与反思。掌握一定的教育科研方法，具有一定创新意识和教育教学研究能力。

（10）沟通合作。具有团队协作精神，能够与同事或团队积极开展沟通与合作，促进团队共同发展。能够与幼儿进行有效的互动，通过多种渠道开展家长工作，促进家、园长期的互动合作。

根据培养目标与毕业要求的关系制订关系矩阵图，明确每项培养目标所对应的具体毕业要求，并将毕业要求与具体课程对应起来，明确每门课程在专业人才培养中的目标指向，以及课程将要达到的具体毕业要求，由此，可以监控每门课程的目标达成度，以及每门课程在学生专业毕业要求中应该使学生具有的具体行为。矩阵图如表 2-2 和表 2-3 所示。

表2-2　培养目标与毕业要求的关系矩阵表

培养目标毕业要求	目标 1	目标 2	目标 3	目标 4	目标 5
毕业要求 1	H		M		M
毕业要求 2	H		M		M
毕业要求 3		H	M		
毕业要求 4		H	M		
毕业要求 5		M	H		
毕业要求 6		M	H		
毕业要求 7	M			H	M
毕业要求 8	M			M	H
毕业要求 9	M			H	M
毕业要求 10	M			M	H

表2-3　专业能力矩阵

序号	课程模块名称	课程模块设置与毕业要求的关联度									
		1 师德高尚	2 教育情怀	3 保教知识	4 保教能力	5 班级管理	6 综合育人	7 自我反思	8 国际视野	9 反思研究	10 沟通合作
01	中国近现代史纲要	M		H			M				
02	思想道德修养和法律基础	H	M								
03	毛泽东思想和中国特色社会主义理论体系概论	H	M								
04	大学英语								H		M
05	大学体育							H			
06	大学生职业发展		M					H			M
07	大学计算机基础			H	M			M			
08	基础心理学			H	M					M	M
09	教育心理学			H	M					M	M
10	学前教育学			H	M	M	M				
11	中外学前教育史			H	M	M	M				
12	学前特殊儿童教育			H	M		M				M

续表

序号	课程模块名称	课程模块设置与毕业要求的关联度									
		1 师德高尚	2 教育情怀	3 保教知识	4 保教能力	5 班级管理	6 综合育人	7 自我反思	8 国际视野	9 反思研究	10 沟通合作
13	幼儿游戏理论与指导			M	H		M	M			
14	幼儿园教育活动设计与指导			M	H		M				

注：表2-2、表2-3中关联强度符号，H强相关（80%）M中等相关（50%）；L弱相关（20%）没有关联的可以不选。

通过以上过程，就形成了"行业标准—培养目标—毕业要求—课程设置"、以能力为导向的学前教育专业课程体系。每门课程对应的毕业要求和培养目标一目了然，成为制订课程教学大纲的依据。课程内容的选择、讲授、考核评价等都有据可依，既可以避免课程之间内容的重叠交叉，又使每门课程在人才培养目标中的地位和价值的发挥有所保障，不会因授课教师的不同而使课程价值有所偏差。

（二）以能力为导向的模块化课程体系

根据专业标准和卓越教师培养需要，可以制订以专业能力为导向的模块化课程体系，如图2-1所示。

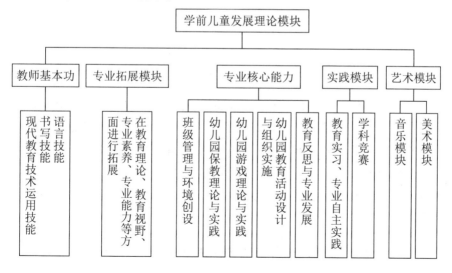

图2-1　以专业能力为导向的模块化课程体系

以专业核心能力为主构建模块化课程体系，在大模块下设子模块，这样每个大模块在人才培养中的地位和作用就清晰可见了，同时模块内课程的作用和价值，以及课程与课程之间的关系也就能够明显呈现出来。依据《幼儿园教师专业标准（试行）》《教师教育专业课程标准（试行）》，结合高校人才培养目标定位和学前教育专业行业发展需要，以能力为导向的学前教育专业课程模块大致可以分为以下几个方面。

1. 儿童发展理论模块

本模块主要由教育心理学、学前心理学、幼儿心理健康教育等课程构成。目标是帮助学生了解人类心理发展的规律和特点，使其能够运用所学知识解决教育领域的问题；帮助学生掌握学前儿童心理发展基本理论和学前儿童心理发展的规律和特点，使其能够运用所学知识对学前儿童的行为进行分析，提高观察与了解幼儿的能力，做到有效指导幼儿的学习与发展。

2. 教育理论课程模块

本模块主要由基础心理学、教育概论、中外教育史、教育哲学等课程构成。目标是帮助学生掌握教育学、心理学的基本概念、基本原理，培养学生运用教育理论分析、解决教育实际问题的能力；帮助学生了解中外教育史的起源、发展，使其具备运用历史的观点发现问题、思考问题、解决问题的能力。

3. 学前儿童保教理论与实践课程模块

本模块主要由学前教育学、学前儿童卫生与保育、学前特殊儿童教育、中外学前教育史、幼儿园环境创设等课程构成。目标是坚持幼儿园保教结合的原则，帮助学生了解学前儿童生理发展的特点和保育要点，掌握学前儿童教育的原则与方法，帮助学生做好幼儿园一日生活的安排和教育工作，将教育贯穿于一日生活的各个环节中；做好班级常规保育和卫生工作，有效保护幼儿，及时处理幼儿的常见事故；帮助学生掌握特殊儿童发展的特点及相应的教育理论，使其具有正确的儿童教育观，具备运用所学理论对特殊儿童进行教育的能力。

4. 幼儿园教育活动设计与组织实施课程模块

主要由幼儿游戏理论与指导、幼儿园活动设计与指导、学前儿童科学教育与活动指导、学前儿童语言教育与活动指导、学前儿童艺术教育与活动指导、学前儿童健康教育与活动指导、学前儿童社会教育与活动指导、区域活动设计与指导等课程构成。主要能力培养目标是理解幼儿游戏的本质，了解不同类型游戏的特点和价值，将游戏作为幼儿园的基本活动方式，掌握幼儿游戏组织与指导的要点，能够根据幼儿的兴趣需要、年龄特点和发展目标提供丰富、适宜的游戏材料，支持、引发和促进幼儿的游戏，鼓励幼儿主动地、创造性地开展游戏；了解幼儿园活动设计的内涵与范围，掌握制订幼儿园阶段性教育计划和具体活动方案的方法和要点，具备一定的活动指导能力，能够在教育活动中观察幼儿，根据幼儿的表现和需要，调整活动，给予适宜的指导，并实施游戏化教育教学，促进幼儿多方面的提升。

5. 教师专业发展课程模块

主要由幼儿教师专业发展、教育科研方法、毕业论文写作与指导、学前教育前沿、教育测量与评价、蒙台梭利教育理论与实践、学前儿童行为观察与评价等课程构成。主要能力培养目标是有良好的自主学习能力、创新精神、较强的教学科研能力，能够针对保教工作中的现实需要与问题进行探索和研究，并制订专业发展规划，通过多种途径不断提高自身专业素质。

6. 沟通与管理课程模块

主要由家庭与社区教育、幼儿园班级管理、学前教育评价等课程构成。主要能力培养目标是了解幼儿园班级管理的范围，掌握幼儿园班级管理的原理和方法，能够根据不同年龄段幼儿发展特点和教育要求制订良好的班级秩序规则，建立良好的同伴关系和师幼关系，营造舒适而又富有教育性的环境。

7. 教师基本技能课程模块

主要由教师语言艺术、书写技能训练、现代教育技术、幼儿教师礼仪、名师观摩等课程构成。主要能力培养目标是掌握汉语口语表达规范和技巧，具备一定的口语表达能力；掌握汉字的书写规范和技巧，具备一定的书写能力；了解计算机原理，掌握计算机使用方法，具备基本的计算机编程、课件制作、网络使用等能力。在教育实习中将所学的语言技能、书写技能、现代教育技术与实践融合起来，实现教育目标。

8. 音乐素养课程模块

主要由乐理与视唱、声乐、琴法、弹唱、舞蹈的基础训练、幼儿舞蹈欣赏与创编等课程构成。主要能力培养目标是具备一定的识谱能力，掌握一定的发声方法，能够根据乐谱视唱一定难度的乐曲，具备一定的歌唱表现能力；掌握一定的钢琴弹奏方法与技巧，具备一定的自弹自唱能力，能够胜任幼儿音乐教学工作；了解幼儿舞蹈的种类和特点，具备幼儿园舞蹈创编能力和幼儿舞蹈指导能力，能够根据幼儿特点进行幼儿舞蹈创编与指导。

9. 美术素养课程模块

主要由美术欣赏、素描、简笔画、儿童画、手工等课程构成。主要能力培养目标是了解中外美术作品和相关的美术理论，具备一定的感受美、表现美、鉴赏美、创造美的能力。掌握素描基础理论知识和基本技法，具有专业必备的造型基本功和良好的艺术感受；了解简笔画的表现手法，掌握一定的绘画技巧，具备一定难度的简笔画表现能力和指导幼儿创作简笔画的能力；了解儿童画的表现手法，掌握一定的绘画技巧，具备一定难度的儿童画表现能力，并具备儿童画欣赏能力和指导幼儿创作儿童画的能力；掌握一定难度的手工制作技巧，能够根据幼儿园教育教学需要进行手工制作。

10. 人文科学素养课程模块

主要由自然科学概论、人文社会科学概论、中国传统文化、儿童文学等课程构成。主要能力培养目标是提升人文科学素养，掌握中国丰富的传统文化和儿童文学知识，掌握文学鉴赏的基本方法和原理；掌握儿童文学作品的分析方法，具有儿童文学创作能力。

11. 专业综合实践课程模块

主要由教育实习、教育见习、暑期实践、毕业设计（论文）、第二课堂等课程构成。主要能力培养目标是了解幼儿园教育环境，体会幼儿园教育的实质，掌握幼儿园教育教学活动组织与实施的原则与方法，具备幼儿园一日生活安排与保育实践能力、幼儿园活动设计与组织实施能力、幼儿游戏的组织与支持能力、沟通与合作能力，能够胜任幼儿园教师工作。

12. 第二课堂能力提升活动

根据幼儿教师职业特点，可制订相应的第二课堂训练活动，与课程衔接提升学生的实践技能，如表 2-4 所示，为可制订的第二课堂实践能力提升活动。

表 2-4 第二课堂实践能力提升活动

模块名称	活动名称	能力培养	学期安排	学分
专业综合实践能力提升	讲故事大赛	提升学生的语言表达能力	1	0.5-1
	三笔字大赛	提升学生的书写能力	2	0.5-1
	简笔画大赛	训练学生的绘画技能	3	0.5-1
	课件制作大赛	训练学生的课件制作技能	4	0.5-1
	舞蹈比赛	训练学生的舞蹈技能	5	0.5-1
	弹唱大赛	训练学生的弹唱技能	5	0.5-1
	说课大赛	提升学生的活动设计能力、综合表现能力	6	0.5-1
	微课大赛	提升学生的教育教学综合能力	6	0.5-1
要求	1. 要求全员参与，以赛促练，结合教师所需的各项教学技能进行有针对性的训练； 2. 通过参赛，按获奖等级取得相应学分			

三、以学生核心素养为导向开设通识课程

从本质上来说，关注学生的核心素养就是关注"教育要培养什么样的人"这一最根本的教育问题，这是当前全社会都在关注的一个热点话题，它不仅关系到国家、社会的发展，也关系到千千万万个家庭的未来。尤其对教育工作者来说，这是一个必须要思考和面对的问题。高校教师教育专业作为未来教师的主要培养者，有必要了解不同年龄阶段学生的核心素养。作为未来学前教育工作者，既需要了解学前儿童的核心素养，同时也需要对承担社会主义事业的接班人和建设者应具备的核心素养有明确的认识，这样才能在工作中取得卓越成绩的同时也获得自身的发展。

（一）学生核心素养探索

1996 年，联合国教科文组织（UNESCO）在《教育：财富蕴藏其中》报告中，在"终身学习"思想指导下，"界定了二十一世纪社会公民必备的基本素质"，即终身学习的四大支柱，包括学会求知、学会做事、学会共处以及学会生存。[①] 2003 年，联合国教科文组织教育研究所（UNESCO Institute for Education）又提出了学会改变主张，并将其作为终身学习的第五支柱。其中，学会求知是终身学习的基础，学习过程与工作经验的结合将日趋密切，教育应促进个人在工作内以及工作外的学习，能够贯穿其一生。联合国教科文组织终身学习五大支柱及其内涵如表 2-5 所示。

表 2-5 联合国教科文组织终身学习五大支柱及其内涵

五大支柱	具体指标	内涵
学会求知 learning to know	1. 学会学习 2. 注意力 3. 记忆力 4. 思考力	该素养要求学生超越从学校教科书和课堂教学中汲取的知识，包括了在个体社会化过程中了解各种社会关系，习得民族文化价值观念、学会遵守社会行为规范，培养学生追求真理的科学精神
学会做事 learning to do	1. 职业技能 2. 社会行为 3. 团队合作 4. 创新进取 5. 冒险精神	该素养不但意味着所学知识的应用和职业技能的养成，而且还强调为适应"智力化"知识经济而学习适应劳动世界变化的综合能力（包括合作精神、创新精神、交流能力），强调从工作实践和人际交往中培养社会行为技能
学会共处 learning to live together	1. 认识自己的能力 2. 认识他人的能力 3. 同理心 4. 实现共同目标的能力	该素养意味着学习和了解自身、发现并尊重他人、他国、他种文化，学会关心、学会分享；学会平等对话以及用协商的方法解决多种矛盾、冲突的态度，在人的思想中构筑"和平的屏障"；学会在参与目标一致的社会活动中获得实际的合作经验
学会发展 learning to be	1. 促进自我的精神 2. 丰富的人格特质 3. 多样化表达能力 4. 责任承诺	该素养体现了教育和学习的根本目标，它超越了单纯的道德、伦理意义上的"为人处世"，包括了适合个人和社会需要的情感、精神、交际、合作、审美、体能、想象、创造、批判性精神诸方面相对全面而充分的发展，因此，它体现出教育质量的实质和目标就是促进每个学生个体和社会全体的全面而有个性的发展

① 联合国教科文组织 . 教育——财富蕴藏其中 [M]. 北京：教育科学出版社，1996.

续表

五大支柱	具体指标	内涵
学会变化 learning to change	1. 接受改变 2. 适应改变 3. 主动改变 4. 引领改变	该素养指个人不仅要学会接受及适应改变，也要展开行动成为积极改变的主体，并且主动引领改变以促进人类的发展。学习不仅可以适应改变，也能创造改变；学习是一种适应的机制，但也具有引发改变的能力

联合国教科文组织提出的终身学习的五大支柱及其具体指标和内涵界定，为我们确定学生发展的核心素养提供了国际化发展背景。作为 21 世纪的教师，有必要了解和理解其具体内容，为我们成为新时代的卓越教师提供参考。很多国家在研究学生核心素养的同时，也在探索教师应具备的专业素质。欧盟作为发达国家的代表对不同年龄阶段学生的核心素养提出了明确的界定，同时也提出了基于学生核心素养的教师必备素质[①]，为我们确定教师应具备的通识能力和素质提供了相应的参考，如表 2-6 所示。

表 2-6 基于学生核心素养的教师必备素质

必备素质	具体内涵
团结合作	1. 教师工作在一个专业的领域，该领域应以社会包容和培育每一个潜在的学习者为目的； 2. 具有人体生长发育的知识，面对他人时表现出自信； 3. 能够与学习者合作，并支持他们发展成全面参与的、积极的社会成员； 4. 能以增加学生的集体智慧的方式工作，与同事协同合作以提高自己的学习和教学能力
运用知识、技术和信息	1. 具备并能够运用多种类型的知识； 2. 教师的教育和职业发展应该使其能够具备这些能力：获得、分析、验证、反思和传播知识，有效利用技术； 3. 教师的教学技能应该允许其具有建立学习环境和保留知识产权的自由等； 4. 能够有效地将信息通信技术融入学与教的过程中； 5. 应具备引导和支持学习者在网络上搜集和建立信息的能力； 6. 对科目知识应有一个全面的理解并把学习视为终身之旅； 7. 教师的理论和实践技能应该让他们善于从自己的经验中学习，并以学习者的需求广泛匹配一系列的教学和学习策略

---

① 林崇德 .21 世纪学生发展核心素养研究 [M].北京：北京师范大学出版社，2019.

续表

必备素质	具体内涵
融入社会	1. 为培养学生以欧盟公民的身份对全球负责，教师应鼓励学生尊重和理解多元文化； 2. 应该理解、尊重和意识到，学习者的文化差异与确定共同的价值观两者之间的平衡； 3. 需要了解影响社会凝聚力和社会排斥的因素，知道知识社会的伦理维度； 4. 能够有效地与当地社区、合作伙伴和教育的利益相关方（家长、教师、教育机构和代表团体）合作； 5. 教师的经验和专长应该使其能够为质量保障系统做贡献

（二）基于学生核心素养的高校通识课程思考

从以上国际上关于学生核心素养的研究中可以看出，作为新时代的教师应该持有正确的社会价值观，了解当前社会发展的多元化环境，具有较强的社会沟通能力和信息获得与使用能力，能够为人类命运共同体的构建贡献力量。作为学校的通识类课程，要充分考虑到作为教师应具备的核心素养，并以提升学生核心素养为基础进行课程改革，发挥通识课在提升学生核心素养方面的作用。

1. 在强化思想政治教育的基础上，增加对其他国家和社会价值体系的了解

作为中华人民共和国的一个成员，有必要了解我国的社会政治体制、价值取向、社会发展现状。高校在进行思想政治教育和道德教育的通识，需要采取多种途径将社会主义核心价值观融入课程中，提升学生的社会荣誉感和参与度，这是毋庸置疑的。但是，当今社会信息发达，国与国之间的交流日益频繁，中国要想在世界上发展得更好，不仅要关注自身的发展状态，同时还应该了解世界其他国家的发展情况。因此，高校可以开设相应的选修课程，使学生适当了解世界其他国家的社会发展现状，有利于提升学生的国际认知能力。

2. 开设"自然科学概论""人文社会科学概论"，提升学生的综合知识素质

作为未来社会的幼儿教师，应该具备广博的人文社会科学知识和自然科

学知识，这样才能为实施各领域的活动指导，提供广博的知识基础。同时，当今社会发展迅速，要求学生不仅应具备广博的知识还要具备有效获取知识的能力。因此，高校需要开设相应的现代信息技术课程，提升学生的自然科学素养和利用网络获取资源的能力。

3. 以提升学生核心素养为基础整合课程

当前，高校开设的通识课程有思想政治与道德教育、计算机基础、大学英语、大学体育、创新创业等，通识课程存在课时逐年增加的现象，不可避免挤占了专业课程的学时。如何有效地利用通识课程提升学生的核心素养是当前高校进行课程改革时面临的问题。因此，高校应该明确通识类课程的培养目标，精选课程内容，并将通识课程与部分专业课程有机整合，使学生学时在有限的时间内获得有效的发展。

第三节　课程与教材建设

课程与教材建设是直接影响课程理念是否能够落实到教学中的关键环节。作为培养卓越幼儿教师的本科院校，应该致力于学生多方面素质、能力的提升，立足于高素质应用型人才的培养目标，以应用型课程建设和应用型教材的编写作为课程与教材建设的指导思想，为基础教育教师服务。

一、实施应用型课程建设，加强高校课程与行业实践的衔接

长期以来，高校教师教育专业过于注重专业理论的教学，出现课程设置与基础教育教学实践相脱离的现象。近年来，虽然高校在课程设置上采取了一些改革举措，但是，高校在进行人才培养时仍然存在一些问题，要么高校在进行课程设置时较少考虑基础教育教学实践；要么是课程缺乏相应的实践支撑，学生的实践能力没有得到相应提升。要培养中小学幼儿园教师，高校在进行课程设置时必须考虑行业实际，加强与行业实践的衔接。

1. 加强对行业实践的调研，作为课程建设的依据

以学前教育专业为例，高校学前教育专业主要培养目标是幼儿园教师，因此，高校在进行课程设置时首先要考虑的是幼儿园教育教学实践，详细分

析幼儿园教育教学活动类型及教师应该具备的知识、能力，并开设相应的课程，课程设置如表2-7所示。

表2-7 基于幼儿园教育实践的课程设置

幼儿园教育教学领域	课程设置	课程设置
教育基本理论	掌握教育学、心理学的基本概念和基本原理，了解中外教育发展的历史，具备运用相关理论分析教育实际问题的能力；能够历史地、辩证地看待教育发展的历史，具备运用历史的观点发现问题、思考问题、解决问题的能力	基础心理学 教育概论 学前儿童教育心理学 教育哲学 中外教育史
学前儿童发展与保教理论及实践	了解学前儿童生理、心理发展的规律和特点，具有科学的儿童发展观，树立保教结合的原则，掌握幼儿园保育和教育的方法及实施途径，能够做好幼儿园一日生活的安排和保育工作，将教育贯穿一日生活的各个环节	学前儿童发展 学前教育学 学前儿童卫生与保育 幼儿园课程 中外学前教育史 学前特殊儿童教育
幼儿园教育活动设计与组织实施	了解幼儿园教育活动的类型，理解不同类型活动在学前儿童发展中的价值与地位，掌握不同类型活动的设计与组织实施方法，能够对幼儿的活动实施恰当的指导，根据不同年龄阶段身心发展特点设计和开展相应的教育活动、区域活动，并将游戏贯穿于幼儿园教育教学的各个领域和过程中，通过环境创设实施环境育人，促进幼儿的全面发展	幼儿游戏理论与指导 幼儿园活动设计与指导 学前儿童科学教育与活动指导 学前儿童语言教育与活动指导 学前儿童艺术教育与活动指导 学前儿童健康教育与活动指导 学前儿童社会教育与活动指导 幼儿园环境创设 区域活动与指导
教师专业发展	具有良好的自主学习能力、创新精神、较强的教学科研能力，能够针对保教工作中的现实需要与问题进行探索和研究，并制订专业发展规划，通过多种途径不断提高自身专业素质	幼儿教师专业发展 教育科研方法 毕业论文写作与指导 学前教育前沿 蒙台梭利教育理论与实践
沟通与管理	了解幼儿园班级管理的范围，掌握幼儿园班级管理的原理和方法，能够根据不同年龄段幼儿发展特点和教育要求制订良好的班级秩序规则，建立良好的同伴关系和师幼关系，营造舒适而又富有教育性的环境	幼儿园班级管理 家庭与社区教育 学前教育评价 师幼互动
教师基本技能	掌握汉语口语表达规范和技巧，具备一定的口语表达能力；掌握汉字的书写规范和技巧，具备一定的书写能力；了解现代信息技术在幼儿园教育教学中的价值与作用，具备较强的课件制作和网络使用能力。在教育实习中将所学语言技能、书写技能、现代教育技术与实践融合起来，实现教育目标	教师语言艺术 书写技能训练 现代教育技术 幼儿教师礼仪 名师观摩

幼儿园教育教学领域	课程设置	课程设置
音乐素养	具备一定的识谱能力，掌握一定的发声方法，能够根据乐谱视唱一定难度的乐曲，具备一定的歌唱表现能力；掌握一定的钢琴弹奏方法与技巧，具备一定的自弹自唱能力，能够胜任幼儿音乐教学工作；了解幼儿舞蹈的种类和特点，具备幼儿园舞蹈创编能力和幼儿舞蹈指导能力，能够根据幼儿特点进行幼儿舞蹈创编与指导	音乐（乐理与视唱） 音乐（声乐） 音乐（琴法） 音乐（弹唱） 音乐（舞蹈基础训练） 音乐（幼儿舞蹈欣赏与创编）
美术素养	了解中外美术作品和相关的美术理论，具备一定的感受美、表现美、鉴赏美、创造美的能力；掌握一定的绘画技巧，具备一定难度的简笔画表现能力和指导幼儿简笔画创作的能力；了解儿童画的表现手法，掌握一定的绘画技巧，具备儿童画欣赏能力和指导幼儿创作儿童画的能力；掌握一定难度的手工制作技巧，能够根据幼儿园教育教学需要进行手工制作和儿童手工指导	美术（欣赏） 美术（素描） 美术（简笔画） 美术（儿童画） 美术（手工）
人文科学素养	掌握中国丰富的传统文化知识，具有一定的人文社会科学知识，为儿童的人文科学探究提供基础；掌握一定的自然科学常识，为引导幼儿的科学探究、兴趣打好基础；掌握儿童文学作品的分析方法，具有儿童文学创作能力	儿童文学 自然科学概论 中国传统文化概论
专业综合实践能力提升	了解幼儿园教育环境，体会幼儿园教育的实质，掌握幼儿园教育教学活动组织与实施的原则与方法，具备幼儿园一日生活安排与保育实践能力、幼儿园活动设计与组织实施能力、幼儿游戏的组织与支持能力、沟通与合作能力，能够胜任幼儿园教师工作	教育实习 教育见习 暑期实践 毕业设计（论文）
综合技能训练	通过各种活动培养学生的语言表达能力、书写技能、画画技能、课件制作能力、表演能力、综合教学能力；在不同的学段安排不同的比赛，由易到难，要求全员参与，以赛促练，结合学前教师所需的各项教学技能进行有针对性的训练	讲故事大赛 三笔字大赛 简笔画大赛 课件制作大赛 舞蹈技能展示 弹唱比赛 说课或微课大赛

以小学教育专业为例，高校小学教育专业主要培养目标是小学教师，因此，高校在进行课程设置时首先要考虑的是小学教育教学实践，详细分析小学教育教学活动类型及教师应该具备的知识、能力，并开设相应的课程。可

以以《小学教师专业标准（试行）》为依据进行课程设置。课程体系设置如表 2-8 所示。

表 2-8　基于《小学教师专业标准（试行）》的课程体系

小学教师专业标准		小学教育专业人才培养方案对应的课程	
维度	领域	必修课程	选修课程
专业理念与师德	（一）职业理解与认识	教育概论／教师专业发展／中外教育史／教育见习／大学生就业发展指导	教学名师观摩
	（二）对小学生的态度与行为	基础心理学／儿童发展心理学／小学教育心理学／小学生心理辅导／心理健康教育／	家庭教育学
	（三）教育教学的态度与行为	教育概论／德育原理／小学教育心理学／班队管理／教师语言艺术／书写技能训练／教育实习	家庭教育学
	（四）个人修养与行为	基础心理学／心理健康教育／思想道德修养与法律基础／舞蹈／中国画／基本乐理与音乐欣赏／军事理论／军事训练	教师礼仪
专业知识	（五）小学生发展知识	儿童发展心理学／心理健康教育／生理健康教育／小学生心理辅导	
	（六）学科知识	古代汉语／现代汉语／中国现当代文学／写作／文学概论／儿童文学／外国文学／高等数学／空间解析几何／高等代数／数学思想方法／概率论与数理统计／初等数论／大学英语／基本乐理与音乐欣赏／声乐／舞蹈／素描／简笔画／手工／儿童画／中国画／小学科学教育／小学综合实践活动设计	外国文学／古代文学作品选读／中国传统文化概论／初等学概论／数学简史／水彩／速写／儿童版画创作／陶艺制作／美术欣赏／儿童绘本创作
	（七）教育教学知识	教育概论／基础心理学／儿童发展心理学／小学教育心理学／课程与教学论／	教育哲学／基础教育前沿／小学语文教材分析／小学数学教材分析／小学英语教材分析／教育名著选读／教育社会学
	（八）通识性知识	思想道德修养与法律基础／中国近现代史纲要／马克思主义基本原理概论／毛泽东思想和中国特色社会主义理论体系概论／军事训练／军事理论／形势与政策／大学体育／心理健康教育／大学计算机基础	

续表

小学教师专业标准		小学教育专业人才培养方案对应的课程	
维度	领域	必修课程	选修课程
专业能力	（九）教育教学设计	小学语文课程与教学论 / 小学数学课程与教学论 / 班队管理 / 小学科学教育 / 小学综合实践活动设计	小学语文教学设计 / 小学英语教学设计 / 小学语文案例研究 / 小学数学解题研究 / 小学英语教学案例研究 / 小学英语教材分析 / 小学美术课程与教学论 / 小学音乐课程与教学论 / 小学英语课程与教学论 / 微课设计与制作
	（十）组织与实施	课程与教学论 / 小学语文课程与教学论 / 小学数学课程与教学论 / 班队管理 / 教师语言艺术 / 书写技能训练 / 现代教育技术 / 小学生心理辅导	学校组织与管理 / 少儿合唱与指挥 / 小学音乐社团活动设计与指导 / 小学教具制作 / 琴法 / 弹唱 / 小乐器演奏 / 弹唱综合训练
	（十一）激励与评价	课程与教学论 / 儿童发展心理学	教育测量与评价
	（十二）沟通与合作	教师语言艺术 / 小学生心理辅导 / 大学生创新创业实践 / 教育实习	英语语言文化 / 英语演讲与辩论
	（十三）反思与发展	小学教育科研方法 / 毕业论文 / 教育研习 / 教师专业发展 / 大学生职业生涯规划 / 教育实习	

2. 吸收中小学幼儿园一线教师、管理者参与课程建设

课程建设涉及设置什么课程、教什么内容、如何实施课程、如何进行课程目标的考核等一系列问题，课程能否发挥其在人才培养中的作用，还要取决于课程讲授的内容、课程实施方式以及课程考核方式等相关因素与目标的达成度。为了提升高校课程与中小学教育教学实践的衔接，除了参照行业实践和行业标准进行课程设置外，同时需要吸收中小学幼儿园一线教师、管理者参与到课程设置、教学大纲的研制以及考查考核方案的制订中。在课程设置阶段，吸收一线中小学幼儿园教师和管理者进行人才培养方案的研讨，在课程设置及人才培养模式的制订上征求一线教师的意见，将一线教师和管理者的意见纳入人才培养方案的修订中。

按照不同课程类型择优吸收不同特长的一线教师进入到相应的课程建设中，依托高校—中小学幼儿园协同合作平台，进行相应模块课程的内容选择与组织。在模块领域目标确定后，组织各个模块领域的高校教师和中小学幼儿园一线教师进行模块内每门课程教学大纲的研制，确定每门课程的目标、教学内容、教学方式与方法，设计每门课程的考核方式与考核方案。形成立足于行业实践，由课程模块—课程教学大纲—课程考核方案构成的专业课程体系，充分发挥高校—中小学幼儿园协同合作的作用，提升高校课程与行业实践的衔接度。

二、引进优质课程资源与校园网络课程建设相结合，丰富课程资源

与部属高校相比，地方院校在师资、教学资源方面处于劣势，要想提升人才培养的水平，实现卓越教师培养的目标，需要优化课程资源，使学生能够享受优质的课程与教学资源。网络课程可以突破时间、空间的限制，超越学校的限制，享受到其他高校的优质资源。例如慕课的推行，改变了以往以纸质教材为主的教学状态，在课程形式、课程进度、课程实施时间及场所、教学主体等方面都突破了以往课堂教学的局限性，能够弥补地方高校资源的弱势现象。校园网络课程资源建设如图2-2所示。

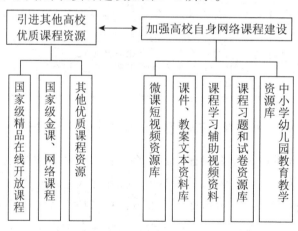

图2-2 高校网络课程资源建设图

除了引进校外优质课程资源外，高校还要加强本校网络课程的建设，丰富课程资源，建立多元化的课程资源库，包括微课教学短视频资源库、课件和教案等文本库、课程教学辅助的视频资源库，以及课程习题和试卷资源库等。根据每门课程的特点可以将网络课程作为辅助手段，也可以申请独立开

课、学分认定，使学生的学习方式灵活多样，突破时间、空间的限制，提升学习效率。

三、加强中小学幼儿园教学资源库建设，为学生实践提供资源支持

为了突出高校课程与行业实践的衔接，高校还要加强中小学幼儿园教学资源库建设，为学生的课程实践以及综合实践能力的提升提供课程资源支持。中小学幼儿园教育教学案例库，可以根据高校课程设置分类收集中小学幼儿园教育教学资源。中小学幼儿园教育教学资源库建设如图 2-3 所示。

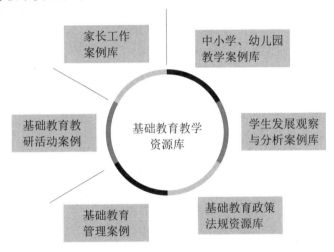

图 2-3 中小学幼儿园教育教学资源库建设

鼓励中小学幼儿园教师、高校学生和相关人员参与到资料的收集与整理中，资源库建设完成后可以根据社会的发展不断更新资源，以基础教育政策法规资源库的建设与更新为例，可以将涉及学生发展和教育的相关文件、法律法规等纳入资源库中，如《中华人民共和国未成年人保护法》《幼儿园教育指导纲要（试行）》《幼儿园教师专业标准（试行）》《3-6 岁儿童学习与发展指南》《幼儿园工作规程》《关于进一步减轻义务教育阶段学生作业负担和校外培训负担的意见》《关于加强义务教育学校作业管理的通知》《小学教师专业标准（试行）》《中学教师专业标准（试行）》《义务教育课程方案和课程标准（2022 年版）》以及义务教育各科课程校准等，并逐年进行资源的更新与整理。教师在进行课程教学时可以结合相应的基础教育教学资源库，为学生更好地理解掌握理论知识提供一定的实践经验。

四、加强校本自编教材的研发，突出课程特色

随着教材选用制度的改革，市场上的教材五花八门、多种版本，让人挑花了眼。但是，仔细一看可以发现，教材在内容和质量上仍然存在一些问题，有的教材存在内容体系上的问题，有的教材偏重于理论，还有的教材内容陈旧，因此，高校要结合自身人才培养目标，组织优质师资进行特色自编教材，提升教材的应用性，突出人才培养的特色。在教材的编写上，要突出应用型高质量人才培养的目标，将知识掌握与能力的培养结合起来，教材不仅是知识的呈现，还应该提供相应的学习方式和多元化资源包，为学生能力的提升提供支撑。

第三章　教师职前培养中教学方法的改革

2018年，全国共有普通高等学校2663所，比上年增加32所，各种形式的高等教育学生在学总规模为3833万人。庞大规模的背后也出现了教育质量降低的问题。为了提高师范生的培养质量，很多高校研究者进行了多方面的改革创新，大多从课程结构、内容和资源保障等方面进行研究，也有少数研究者是从教师的教学模式和教学方法等方面对师范教育的教学进行研究，提出一些建议和思路，但教育领域中一些根本性的问题还是没有得到解决，如师范生因为缺乏教育实践和知识的运用，导致专业实践能力不足和教育智慧欠缺等。很多人把课程改革的条件保障作为主要改革内容，认为只要课程设置合理就能保证师范生的教育质量，但多年的实践证明，条件只是外在的，改变了课程，只是改换了文本，而文本是静止的，并不一定能转化为预期的结果。[①] 师范院校在对师范生的培养中，应该以改造课堂教学为突破口，根据教师专业能力培养目标，改变课堂教学方式，强化学生学习的主体性，使其积极投身到课堂学习，不断提炼教育智慧，为其成为合格教师打下基础。

第一节　教学方法概述

影响高校教学效果的因素有很多，有学生自身因素，也有教师方面的因素，当然也与学校大环境有密切关系，其中对学生学习效率起重要作用的是教师的教学方法。随着社会的发展，信息技术对课堂教学的影响越来越深，在一定程度上改变了教师讲授学生听课的教学状态，慕课、翻转课堂、混合式教学应运而生。由此，从教学方法发展的历程来看，有传统的教学方法，如讲授法、演示法、联系法等，还出现了以信息技术运用为载体的教学方式，如翻转课堂、混合式教学等。教学有法但无定法，没有哪一种教学方法

---

① 李颖.以改造课堂为突破口培养师范生的教育智慧[J].教育探索，2018（3）：95-98.

是万能的，教学方法不在于新而在于恰当，能够使学生在有限的时间内获得尽量多有价值的知识，并获得自身的发展。高校专业种类繁多，课程类别更多，不同种类的专业和课程教学内容需要用不同的教学方法来呈现，需要我们根据教学目的，选择恰当的教学方法来进行教学。下面我们就来了解下不同教学方法的特点，以便于在教学中进行针对性选择和使用。

一、传统教学方法

可以说，教学方法就是教学活动的媒介，具有独特的教学功能，同时也体现着学生学习活动的特点。按照教学方法的媒介特征及学生学习活动的特点进行分类，有利于实现教与学活动的相互作用和统一，也有利于教师主导作用的发挥和学生学习积极性的调动，同时也有利于教师对各种教学方法的灵活选择和运用。按照教学方法的媒介特征及学生学习活动的特点，教学方法可以分为"以语言传递信息为主的方法""以直接感知为主的方法""以实际训练为主的方法""以欣赏活动为主的方法"和"以引导探究为主的方法"五类，每一类又包含若干种具体方法。[①]

（一）以语言传递信息为主的方法

以语言传递信息为主的方法主要是指教师通过口头语言讲述，对学生传递知识的一种教学方法。口头语言是教师传递知识的重要媒介，教师将课程内容内化为自己的知识，然后通过口头语言将知识转为学生能够理解的知识。这种教学方法，主要是靠书面语言和口头语言的交流来实现的。对学生来说，语言的锻炼和语言能力的发展也是培养他们思维品质的非常重要的方面。这种方法包括讲授法、谈话法、讨论法和读书指导法。[②]

1.讲授法

讲授法是教师通过语言将知识系统地传授给学生，并促进学生发展的一种方法。这种方法最大的优点是便于系统知识的传授，教师能够在较短时间内将知识系统地传授给学生。使用这种方法需要教师提前对知识体系进行整理，并了解学生当前的知识掌握现状，在学生知识掌握现状与所传授知识之间找到连接点，以此作为教学突破口，再通过语言讲授促进学生对新知识的

---

① 李秉德.教学论 [M].北京：人民教育出版社，1991：201-217.
② 黄甫全.现代课程与教学论学程 [M].北京：人民教育出版社，2006（5）：703-707.

理解和吸收。国外又把讲授法分为直接讲授法和整体讲授法两种，前者强调由目标到内容的讲授过程，教师进行示范讲解促进学生对知识的掌握；后者强调从整体到部分的学习——先观看全景，然后再分成若干部分，要求学生享有对学习内容的选择权，注重师生间的相互学习，并从过程和结果对学生的学习表现进行真实的评价。[①]

2. 谈话法

谈话法又称问答法，是教师按一定的教学要求向学生提出问题，要求学生回答，并通过问答的形式来引导学生获取或巩固知识的方法。相比讲授法而言，谈话法更加注重师生间的互动交流，注重学生在教学中的主体地位。有利于学生发现问题、解决问题能力的培养。这种方法最早可以追溯到苏格拉底的"产婆术"，是启发式教学法的体现，可以通过一问一答的形式启发学生对某一问题展开思考。但是，谈话结束后需要教师对问题的答案进行总结，以巩固所学知识点。

3. 讨论法

讨论法是学生在教师指导下为解决某个问题而进行探讨、辨明是非真伪，以获取知识、形成技能和发展能力的方法。恰当运用讨论法，能发挥学生的主体作用、学习积极性和主动性，优化学生参与学习的质量与效果，培养学生间的合作与交往能力。教师使用它时，要注意选择有吸引力的问题，讨论过程中要善于对学生进行启发与引导，处理讨论结果要明确、有条理，并适当加以扩展和延伸，为理解和掌握下一步的学习内容打下基础。

4. 读书指导法

读书指导法，是教师指导学生通过阅读课本、参考书等以获取知识或巩固知识，养成自学能力的方法。读书指导法主要适用于已能相对独立学习的学生，学生读书是基础和核心，教师指导是关键和前提。如《教育名著导读》《毕业论文写作与指导》等部分课程适合采用这种方法进行教学。教师可以结合课程教学目标，指导学生进行复习、预习、阅读材料、自学参考书等。这种方法也可以与在线开放课程结合起来使用，通过在线发布课件、视频、教材等资料，指导学生进行阅读与学习，使学生能够自主学习，获得相

---

① 原青林. 美国有效教学方法简介 [J]. 比较教育研究，2004（6）：38-40.

应知识和能力的发展。这种教学方法有利于学生独立学习能力的提升，也可以使学生利用身边的资源有效获取知识、学会学习。

（二）以直接感知为主的方法

以直观感知为主的方法，是指教师通过呈现实物或者到现场参观的方式帮助学生获得直接经验，从而达到学习知识、掌握技能、提升能力的教学目的。这类方法比较适用于技能获得类课程，或者需要学生积累直接经验的课程，如舞蹈、弹唱、教育实习、教法课等。但是这种方法比较费时，可以与讲授法结合起来，会收到较好的效果。

1. 演示法

演示法是教师通过展示实物、直观教具或示范性操作，使学生通过观察获得知识技能或巩固知识技能的方法。演示的手段通常有三类：一是展示事物，使学生获得对事物的感性认识；二是用连续的演示，让学生了解事物发生发展的过程；三是课堂示范性动作或操作。

2. 参观法

参观法是教师根据教学目标和内容的要求，组织学生到工厂、农村、展览馆、自然界、风景名胜区等场所，通过对实物和现象的观察和研究而获得、巩固和应用知识的方法。参观法能让学生扩宽视野，在社会和大自然中接受熏陶和教育。对于比较抽象的内容，或者理论性较强的内容，可以将学生带到实践场所进行参观，增加学生的实践经验，加深其对理论的理解，如幼儿园游戏理论与指导、幼儿园活动设计与指导等课程。注意，参观后要及时进行总结反思，才能有效地将理论与实践结合起来。

（三）以实际训练为主的方法

以实际训练为主的方法，是在教师指导下，学生通过练习、实验和实习等实际活动，巩固并完善所学知识、技能和技巧，向更高层次发展的方法，这类方法以学生的实践活动为基本特征。教育心理学研究和教学实践表明，技能包括外部动作技能和内在的心智技能两方面。技能技巧的形成与完善，始终与动作技能和心智技能相支配和调节，如写字、运算、实际操作等方面的技能的形成和熟练，不能仅仅依靠语言的传授，还必须依靠实践训练。在教学活动中，以实际训练为主的方法包括练习法、实验法和实习作业法。

1. 练习法

练习法是学生在教师指导下，运用知识去反复完成操作以形成技能技巧的方法。这种方法更适合需要反复练习的技能类课程，就学前教育专业的课程而言，弹唱、教师口语、简笔画、书法、舞蹈等比较适合用这种方法。需要教师提前进行相应的示范，并把练习重点和动作要领告知学生。同时，需要学生具有很强的坚持性，要持之以恒才能使技能更熟练。

2. 实习作业法

实习作业法是教师指导学生进行实际操作或其他实际活动，以获得知识、培养实际操作技能、技巧和发展能力的方法。实习作业法能有效培养学生独立操作的意识和能力，教师使用它时要做好实习作业的准备，做好实习作业的动员，做好实习作业过程中的指导，重视实习作业结果的总结和反馈，培养学生自我监控和评价的良好习惯。

除了以上两类教学方法外，还有以欣赏活动为主的方法和以引导探究为主的方法，限于高校学前教育专业教学的特殊性，这两类教学方法使用较少，因此，本部分只就以上三类方法进行详细阐述。

二、有效教学理念下传统教学方法在教师教育专业教学中的运用

以上我们介绍了多种类型的教学方法，但是，教学实施的过程不是教师一个人的事情，教师、学生、教学内容、教学环境等因素都影响着教学实施的效果，如何在多变复杂的环境中进行有效的教学活动是当前老师们面临的核心问题。教学有法但无定法，教学最终的目的是促进学生进行有效学习，因此，"教"的有效性应体现为"学"的有效性，能够促进学生发展的教学方法都是有效的，没有哪一种教学方法是万能的。有研究者专门对学生的学习进行了研究，提出深度学习与浅层学习的概念。[①] 所谓深度学习是一种意义探寻型的学习方式，它注重学习者的理解和知识的内化，要求学习者积极主动的参与，凸显具体的学习过程，注重学习者的反思，追求其创新能力、问题解决能力和批判性思维能力等高阶思维能力的培养和发展。而浅层学习则是在外力驱动下的一种机械的、被动的学习，学习者获得的是孤立零碎的

---

① 苗倩.深度学习视角下高校课堂教学现状研究[D].东北师范大学，2018.

知识，学习过程中以记忆为中心，缺少深入的反思，不能灵活运用所学知识，学习结果也局限于低阶思维能力的发展。由此来看，能够促进学生深度学习的教学就是有效的教学。根据高校教师教育专业的特点，以及师范生专业能力发展的目标要求，为了促进教师有效教学提出以下使用教学方法的建议及策略。

（一）认识到不同教学方法的优缺点

每种方法都有它的优点和缺点，在教学中要根据教学目标扬长避短，这样才能有效发挥每一种方法的作用和价值。在高校纷纷掀起教学改革浪潮的大背景下，很多教师对讲授法产生了误解，过多地把教学中出现的问题归咎为讲授法，其实讲授法本身并没有问题，问题在于教师的使用方式。讲授法作为传统教学方法具有其他教学方法不可取代的地位和作用，是高校课堂教学中不可或缺的一种教学方法，它最大的优点是在较短的时间内使学生掌握大量的知识，有利于系统知识的掌握，具有较高的效率。但是，如果使用过多，或者使用不恰当就容易导致学习者被动的学习，而且这种教学方法有利于学生认知能力的发展，不利于操作能力的发展，对于认知能力发展不成熟的学生效果不明显，因此需要学生具备一定的认知基础。同时，也要求教师具备知识讲授、讲解的条理性和系统性，如果教师的知识不系统、讲解无条理，则容易使学生陷入学习混乱的状态，影响学习的效果。另外，讲授法的实施对教师个人素养要求较高，由于课程资源更多来自教师，需要展示严密的思维过程，因此，讲授者要有显著的知识优势。讲授法的实施还需要以学生具备相关学习内容的背景经验为前提条件，否则的话会使学生陷入机械学习的困境中，影响学生对学习的投入而导致浅层的学习。

（二）根据课程类型及教学目标进行教学方法的选择

教师教育专业课程类别多样，既有理论性较强的教育学、心理学理论课程，也有实践性较强的技能课和教学法课程，还有兼具理论与实践的班级管理、教育研究方法与实践等课程。不同课程在实现人才培养目标方面具有不同的价值与作用，有的课程偏重于理论知识的掌握，有的课程偏重于能力的提升，还有的课程偏重于教育理念和价值观的形成，更有一些课程偏重于技能的训练，同一门课程往往具有知识、能力、价值观等多重目标功能，这就需要我们在进行教学时根据不同的课程选择不同的教学方法，并结合内容综合运用，促进学生多方面的有效发展，开展有效的教学活动。

就教师教育专业课程而言，对于教师口语、计算机、三笔字、音乐技能、美术技能等技能类课程，教学方法多采用讲授、演示与练习法相结合的方式，便于学生技能的训练。而像教育学、心理学、教育心理学、中外教育史等理论性较强的课程，则以讲授法为主，在讲授的过程中采用课堂讨论、研讨、案例分析等多种形式来加强学生对知识的理解和应用，重视对学生综合运用能力的培养。对于理论与实践结合较紧密的教法课程，如学前儿童语言教育、学前儿童科学教育、小学语文教法课、中学语文教法课等，可以先进行讲解，然后通过模拟讲课、评课的方式进行实践教学，并结合校外实习基地完成实习作业，帮助学生在理解的基础上掌握教法课技能，学习教育教学背后的理念，有利于形成实践智慧，进行理性的实践。

（三）灵活使用多种教学方法

目前的角色扮演法、模拟教学法、项目教学法、案例教学法、头脑风暴法、对分课堂等，严格地说它们不是具体的教学方法，而是由两种或两种以上教学方法组合而成的教学模式。虽然从名称上来看与传统的教学方法不同，但是，大多都是来源于前面所说的几种传统教学方法，是传统教学方法与不同专业教学场景结合的产物。

模拟教学法就是练习法、讲授法、实习作业法相结合而形成的新方法，这一教学方法既有利于学生对理论的掌握，又能提升他们的实践能力，能很好地将理论与实践结合起来，供兼具理论与实践特征的课程使用。而案例教学方法则是讲授法的一种，为了加强学生对讲授内容的理解而引入了相应的案例，是帮助学生理解讲授内容的一种方法，更多适合于理论课的使用。而当前高校比较盛行的对分课堂，其实也来源于讨论法，其核心理念是把课堂的一半时间分配给教师讲授，另一半时间留给学生展开讨论，是将讲授法与讨论法有机结合起来的一种教学模式，能有效地提高学生的学习积极性和课堂参与性。项目教学法则注重学生主体地位的发挥，打破了原有的教师讲学生听的传统模式，注重调动学生学习的主动性、创造性、积极性等，有利于加强对学生自学能力、创新能力的培养。

以上每一种教学模式都有其独特的教学价值，但也都存在一定的局限性，如果我们在教学实施过程中没有充分认识到每一种教学模式的理念，不能进行适当运用的话可能会适得其反，下面就项目教学法、对分课堂、案例教学等教学模式的使用进行详细阐述，便于在课堂教学中灵活使用。

1.案例教学法

案例教学法是一种以案例为基础的教学法（case-based teaching），案例本质上是提出一种教育的两难情境，没有特定的解决之道，而教师于案例教学中扮演着设计者和激励者的角色，鼓励学生积极参与讨论，不像是传统的教学方法，扮演着单向传授知识者的角色。案例教学法非常适合于开发分析、综合及评估能力等高级智力技能，这些技能往往是教师处理比较复杂的教育实践问题时需要具备的技能。为使案例教学更有效，需要学生具有较高的参与度，并能够为问题的解决贡献自己的智慧。案例教学法的实施过程如图 3-1 所示。

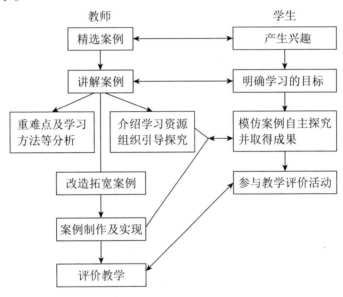

图 3-1　案例教学法的实施过程

案例教学法要求教师对案例进行精心的挑选，必要的情况下需要深入实践收集原创性的案例，要求提供的案例要真实可信、客观生动，并具有典型性和代表性特点。首先，提供的案例要符合课程教学目标，应该与所对应的理论知识有直接的联系，案例分析的目的是使学生加深对所学理论知识的理解和提高运用理论知识解决实际问题的能力，因此，所选案例必须是针对课程内容的。其次，案例要来源于实践，具有真实性、可靠性的特点，这样才能使案例发挥其对理论的支撑作用。再次，教师所选的案例要客观生动，不能是一堆事例、数据的罗列，要具有一定的吸引力，能调动学生的好奇心和探究欲，但是这里所说的生动，是在客观真实基础上的，旨在引发学生兴趣。最后，要注意案例的典型性特点，即案例内容要具有一定的代表性和普遍性，具有举一反三、触类旁通的作用。

案例教学方法的优点很明显，一是有利于师生互动，能够实现教学相长；二是能够调动学员学习主动性；三是生动具体、直观易学，便于学生对理论知识的理解与掌握，有利于学生能力的提升；四是能够激发学生的思维，能够调动集体的智慧和力量，容易开阔思路，收到良好的效果。但是，案例教学法也存在一定的缺点，最明显的缺点是案例的提供问题。案例教学的成效如何，很大程度上取决于案例的选择是否恰当，要求教师花大量的时间和精力收集相应的案例，这往往成为阻碍案例教学法使用的最主要原因，案例教学法的使用也往往会因为提供的案例不恰当而使效果大打折扣。另外，案例法的使用效果如何还要取决于教师对案例的使用方法上，案例教学法往往需要教师具有娴熟的案例使用引导策略和技能，一个好的案例如果没有适当的引导，也会影响到案例发挥作用。

基于以上诸多因素，建议教师在使用案例教学法时，一方面注意案例讨论的引导，把能力的培养作为案例引导的主要方向；另一方面，要明确案例教学的要旨，不要滥用案例法，要注重案例教学的质量；再次，要将案例教学与理论学习结合起来，深入实践收集真实案例，作为理论学习的支撑。

2. 对分课堂教学模式

"对分课堂"是复旦大学心理系张学新老师提出的一种课堂教学改革的新模式，这种教学模式的提出是基于传统课堂教学的弊端和讨论法的优势而提出的教学模式，其特点是把一半课堂时间分配给教师进行讲授，另一半时间分配给学生，并以讨论的方式进行交互式学习。[①] 对分课堂既注重教师的讲授，又强调学生主体性的发挥，有效地将教师讲授与学生讨论结合起来；既注重系统知识的传授，又强调学生发现问题、分析问题、解决问题的能力的培养；同时还关注学生在学习上的个性化需求，有利于学生多元化的发展。

对分课堂把教学时间分为三个过程，分别为讲授（Presentation）、内化吸收（Assimilation）和讨论（Discussion），因此对分课堂也可简称为 PAD 课堂。以上三个过程表明了学生从知识到能力和素养的发展过程：在教师的教授和学生内化吸收、复制、理解所学知识的同时，运用所学知识，通过独

---

① 张学新.对分课堂：大学课堂教学改革的新探索[J].复旦教育论坛，2014（5）：5-10.

立分析和思辨，来解决老师布置的相关任务；在讨论阶段，通过分享、质疑、探究，达到知识迁移，思维创新。从复制、理解、应用到创造，这是在同样一个能力维度上逐步提升的过程。要求老师在课堂讲授前对知识体系进行深度加工，厘清内容框架结构、基本概念和教学重点难点，并将这些内容分解成知识点以适当的方式提前布置给学生。学生需要在课堂外，阅读课本，对内容内化、吸收，为接下来的分组讨论做准备。课程末期对学生进行调查，就各个教学环节和总体效果收集学生的反馈和评价，了解教学效果。

"对分课堂"教学模式的实施，能有效改善学生学习的主动性与灵活性，使学生对知识与技能的掌握更牢固。特别是对于理论性和实践性都较强的课程，如班级管理、幼儿游戏理论与指导、幼儿园活动设计与指导、中学语文教法等课程的学习上，由于学生缺乏相应的实践经验，学习起来有一定难度，容易产生疲劳感。可以通过"对分课堂"教学模式的实施，在教师的指导下将课本知识与教育实践结合起来，激发学生学习的积极性，帮助学生进入深度学习，使学生获得相应能力的提升。

3. 以问题解决为导向教学模式

以问题解决为导向的教学模式是问题教学法、讲授法、讨论法、合作学习等多种教学方法和教学方式的组合，是将教学内容的知识点以问题的形式呈现给学生，让学生在寻求、探索解决问题的思维活动中，掌握知识、发展能力、培养技能，进而提高学生自己发现问题、解决问题的能力。问题教学法为学生提供了一个交流、合作、探索、发展的平台，使学生在问题解决中进行自主学习，能有效发挥学生学习的主动性，在教学活动中以"问题"为线索，基于问题情境发现知识、掌握技能，使学生学会学习、学会思考，有利于学生学习方法的掌握。问题教学法要激发学生学习主动性和实现教学目标必须有一定的前提：一是提出的问题要有一定的挑战性，是学生通过一定努力后才能够解决的；二是平等师生关系的建立，发扬学生在教学过程中的主体性作用，尊重学生的多方意见。目前就高校课堂教学改革而言，存在一些明显的问题，如教师把控课堂太严，课堂具有太多"预设与演练"，知识的"生成"性不足；形式主义色彩太浓，过度追求课堂表面上的热闹，而忽视了学生深层次的学习；往往从教师"主导"变为少数优秀学生"主导"，一些学生的被动反而被掩盖；学习讨论的内容往往是"低水平"的重复，缺乏实质性的解决问题的创造性讨论。因此，教师在使用问题教学法时要注意以下几点。

一是问题的提出。问题教学法效果不好，原因之一是教师提出的问题缺乏挑战性，学生不用讨论就解决了。因此，教师在教学中提出问题时要注意方法，提出的问题应该是能够激发学生思考的深层次问题，不要为问题而问题，沦为形式主义的问题教学。二是学生是否具备进行问题讨论的知识经验，这也是影响问题教学法效果的一个主要原因，如果学生缺乏与问题讨论相关的知识储备，就会导致讨论不够深入，课堂沦为教师讲授为主。因此，在进行问题教学法之前要给学生布置相应的准备作业，比如阅读、幼儿园实践观察、访问等，以便为学生进行课堂讨论做好准备，给学生提供讨论对话的平台，使学生有话可说。三是教师要注意教学的对象——学生的心理状态，避免使课堂发言权掌握在少数同学手里，要善于倾听每一位学生的发言，对他们的发言持接纳态度，不能嘲笑、无视个别学生。教师要营造一个民主、和谐、宽松的班级学习氛围。四是教师要具备指导学生进行问题讨论的技能，根据学生的讨论结合教学目标适时进行总结与引导，提高教学效率。

4. 项目教学方法

项目教学方法是在老师的指导下，将一个相对独立的项目交由学生自己处理，信息的收集、方案的设计、项目实施及最终评价，都由学生自己负责，学生通过该项目，了解并把握整个过程及每一个环节中的基本要求。[①]与传统的教师讲授学生接受教学方式不同，项目教学法更强调学生在学习中的主体地位，可以说是将传统教学中的教师角色与学生进行了交换。项目教学法是，教师把要学习的内容及问题给学生，学生围绕问题进行自主学习，最终获得答案的教学方法。教师在教学过程中起到支持、引导的作用。这种方法一方面有利于学生发挥学习自主性，提升学生的自主学习能力；另一方面通过活动探究，提升学生独立思考问题的能力和解决问题的能力。在教学过程中注重学生能力的提升多于知识的掌握；注重过程多于学习的结果；注重学生的主体地位多于教师的主导作用。

5. 模拟教学法

模拟教学法是指在导师指导下，学员模拟扮演某一角色，或在导师创设的一种背景中，把现实中的情境微缩到模拟课堂，并运用专用的教学器具进

---

① 郑金洲. 教学方法应用指导 [M]. 上海：华东师范大学出版社，2006.

行模拟讲演的一种非传统模式的教学方法。模拟教学法强调教学现场要与实际场景相似，通过模拟现场教学使学生身临其境，激发学生学习的趣味性，学生在这样的教学环境中更容易进入状态，展现自己。这种方法更适合《幼儿园语言教学与活动指导》《小学数学教学法》等教法课程的教学。在模拟教学中，学员得到的不再是空洞乏味的概念、理论，而是极其宝贵的实践经验和深层次的领会与感悟。

教师教育专业是实践性较强的专业，特别是教法类课程，是一门融合理论与实践的应用型课程，既具有一定的理论性，又具有较强的实践特点，要使学生在掌握理论的基础上提升实践能力和技能，必须遵循理论联系实际的教学原则，教学要从封闭式走向开放式，强化训练、参加实践。采用模拟教学法进行教学，一方面可以使学生将理论与基础教育场景结合起来，加深学生对理论知识的掌握；另一方面，实践场景有利于学生实践技能的训练，使学生的教育教学实践能力得到相应提升。可以说模拟教学法是活化课堂的好形式，是帮助学生巩固知识、加深理解的好方法，是培养学生多种能力，如：观察能力、思维能力、操作能力、应变能力、创造能力、组织能力、口头和书面表达能力等的工具，是培养学生素质，将知识转化为能力和素质的桥梁，是学生认识社会的窗口和顺利步入工作岗位的捷径。[①]

课堂是影响师范生培养质量的核心因素，只有抓住这一核心，才能从根本上保证师范生的培养质量。在课堂教学中没有哪一种教学方法是万能的，只有能促进学生有效学习的教学才是有效的教学，而有效的教学往往不是一种教学方法就能够实现的，需要结合具体的教学情景综合运用多种教学方法，形成一个有机整体，促进学生的学习。教师教育专业课程类型多样，需要根据不同课程特点采用恰当的教学方式进行教学，提升课堂教学的深度与活力，使学生获得多方面能力的提升，来支撑卓越教师的培养目标。

第二节　课堂教学方法的变革

当前，互联网技术在全球范围内取得了长足发展，互联网的运用范围已遍及生活各个领域，对教育的"革命性影响"则更为显著。互联网在教育中

---

① 张晓玲，王冬兰.模拟教学法在《幼儿园教育活动设计》课程中的应用[J].当代学前教育，2011（3）：28-30.

的应用，一方面可以突破传统课堂教学的时空限制，学生可以在课堂教学以外的场所和时间进行学习，给教学带来了一定的灵活性；另一方面，学生可以根据自己的进度进行学习，就某个知识点可以进行重复性学习。可以说，互联网在教育教学方面的应用颠覆了以往的课堂教学方式和学习方式，给传统课堂带来了更多的活力。随着互联网在教学中的运用，陆续出现了慕课、翻转课堂、微课、混合式教学等新的教学形式，新的教学模式正改变着我们的教学。那么，面对信息技术的发展，高校教师教育专业的教学如何实现课程、教学与现代信息技术的融合，以有效提升教学效率，促进卓越教师的培养，这是当前很多高校正在探索的课题。

一、翻转课堂

翻转课堂（Flipped Class Model）又被称为"翻转课堂式教学模式"。最初起源于美国一所高中的两位科学教师——乔纳森·伯格曼和亚伦·萨姆斯的"翻转课堂"实验。主要是将自己的授课过程录制成视频，作为学习资源发布给学生，学生可以根据自己的学习情况进行针对性地学习，取得了较好的效果。随后孟加拉裔美国人萨尔曼·可汗基于视频教学的实践建立了"可汗学院"（Khan Academy），通过在线图书馆收藏的教学视频，向世界各地的人们提供免费的高品质教育。

随着因特网的高速发展，视频成为因特网重要的内容之一，也给教学视频的传播提供了外部技术环境。特别是录屏技术的发展，使得教师在没有摄像机和学生参与的情况下，也能够很容易将自己的上课过程录制下来，作为一种资源供学生学习使用，使得"翻转课堂"很快在学校里传播开来。无论从教学论角度还是从信息技术发展角度来看，"翻转课堂"是信息技术与教育融合的有效手段，呈现出社会教育发展的信息化趋势。基于信息化、数字化的翻转课堂与传统的课堂有所不同，它能够对学习过程、教学流程进行观测、监控，要求教师像医生一样基于具体情况，开展有针对性地教学工作，从而降低教师经验对教学实效影响的权重。[①]

（一）翻转课堂的特征

数字化、实证化是教育发展的趋势，基于信息技术与教育深度融合的视

---

① 陈凤燕."翻转课堂"：信息技术与教育的深度融合[J].教育评论，2014（6）：127-129.

角，"翻转课堂"可在教学创新上凸显自己的优势。翻转课堂可以充分利用互联网和线下教学的优势，将教学资源呈现给学生，并进行互动。这样的教学方式可以解决课堂教学满堂灌的问题，将课堂教学与学生讨论有机结合起来，既有利于系统知识的传授，也能够有效发挥学生学习的主动积极性，促进学生问题探究能力的发展。

"翻转课堂"基于人机交互组织课堂教学，能充分考虑人、机关系，让机器代替教师完成较难的工作，实现与学生的个性化互动，从而减轻教师的教学工作负担。在传统的课堂教学中，教师很难及时了解每个学生的学习状况，通过计算机的参与，教师可以很轻松地获取每个学生学习的状态数据，便于进行相应的指导与调控。翻转课堂的实施，还有利于学生进行个性化的学习，学生可以根据教师发布的资源和自己的学习程度调整学习进度和时间，实现个性化学习。人机交互模式还能对学习结果进行及时反馈，为学习者营造即时互动的氛围，营造"在场"的学习心理。因此，人机融合是信息技术和课堂深度融合的关键。

学生能否通过人机交互环境突破难点的学习，人与机器的交互过程是否顺畅，能否达到理想的学习效果，很大程度上还要受到学生的实际操作水平和教师对学生学习状态预设水平的影响。在实施过程中，教师的教学设计直接影响到学生对知识的获得效果，教师需要准确了解学生的学习规律和心理特征，以构建科学的学习导航过程。此外，教师还可以通过人机交互技术收集关于学生学习过程的大量数据，以便于了解学生的学习状态，对自己的教育教学进行诊断、总结，以提出改进措施。当然，翻转课堂的实施，如果没有强大的信息技术、数字学习技术、认知科学理论支撑，难以达到预期效果，难以实现信息技术与教育教学的深度融合。

（二）"翻转课堂"实施应注意的问题

无论是行政管理、科研层面，还是学校教育教学实践层面，都面临教育理念和观念的变革。翻转课堂能否收到应有的效果，还取决于教师、技术环境、学生的操作水平，因此，翻转课堂的实施是信息化对教育领域提出的严峻考验，也对一线教师在信息技术和课程设计等方面提出了更高的要求。

1. 教师需要有充分的前期准备，为学生提供相应的资源，否则课堂的"后教"就会低效甚至难以实施。

2. 课堂教学起点提高后，会导致学生之间的学习水平差距拉大，出现两极分化现象。

3. 要设计出符合学生需求的教学方案，不仅需要教师对教学内容有深入的研究，还需要教师具有较高的信息化素养和技术，能够将信息技术与教学内容有机融合在一起。

4. 基于人机互动的"翻转课堂"教学模式，可能弱化师生之间的情感交流，造成学生对智能设备的过分依赖，不利于学生沟通能力的发展，需要教师组织相应的互动，加强师生之间、生生之间的交流，以促进学生人际关系的健康发展。翻转课堂的实施过程如图3-2所示。

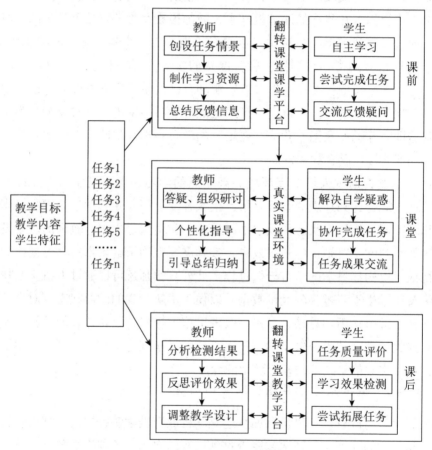

图 3-2　翻转课堂的实施过程

（三）教师是有效实施翻转课堂的关键①

翻转课堂的实施包括课前教师制作视频、学生深入自学、课堂教师引导、教师学生交流互动等多个环节。可以看出，翻转课堂对教师在传统课堂中的角色提出了挑战，需要教师重点做好如下工作。

1. 树立新的教学理念

在翻转课堂的教学模式下，教师需要先将授课内容以视频、文本等形式发布给学生，学生先进行自主学习，然后教师根据学生的学习情况，对教学难点、重点和学生学习过程中存在的疑难问题，组织学生进行讨论，通过教师与学生的互动、学生与学生的互动，促使学生发现问题的答案，促进学生对知识的深度学习。翻转课堂中，如何制作教学视频，如何指导学生学习，如何支持学生学习，如何对学生的学习进行评价，都是教师面临的新问题。因此，教师在翻转课堂的教学过程中要关注新的教学特点。

（1）关注现代信息技术的应用

传统课堂中，教师往往通过口头语言的讲授将知识传授给学生，主要方式是将教学内容以 PPT 的形式呈现出来，其实质并没有改变，仍然是以知识传授为主进行教学。翻转课堂则要求教师将知识以多元化形式呈现给学生，而不仅仅是 PPT，PPT 只是呈现教学内容的其中一种载体而已。教师还需要就教学内容录制教学视频，以微课的形式发布给学生，并提供图片、文本等辅助资料，待学生自主学习后还要组织学生讨论，进行总结。因此，翻转课堂中的教师除具备传统教学模式下的教学能力外，还必须掌握一定的现代信息技术，具备制作教学视频、电子课件、发布和使用网络平台组织教学的能力。

（2）关注教学方式的变化

传统课堂教学往往以教师为主，教师讲—学生听是常有的教学模式，学生处于被动状态。而翻转课堂则颠覆了教师与学生的角色，学生成为自主学习者、课堂的主体，教师由讲授者转变为学习任务的发布者、资源提供者、课堂讨论的组织者，为学生的学习提供全方位的服务，以促进学生的学习与发展。传统课堂中，教师是知识的提供者、是问题答案的提供者，教师通过

---

① 朱宏洁，朱赟.翻转课堂及其有效实施策略刍议[J].电化教育研究，2013（8）：79–83.

讲授使学生获得系统的知识；而翻转课堂中，学生通过自主学习并提出问题、探究问题，其问题探究能力获得了明显发展，学习方式由被动接受学习转变为自主学习、问题探究、合作学习。学习方式的变化使教师在新的理念指导下以新的思维方式、新的教学方法展开教学活动。

（3）关注教学结构的变化

学生的学习过程一般由"知识传递"与"吸收内化"两个阶段组成。传统课堂中知识传递在课上，学生的吸收内化主要在课后来完成。但课后学生缺乏与教师交流互动的机会，往往对疑难问题不了了之。翻转课堂则是教师在课前将知识点录制成视频发布给学生，供学生自主学习"吸收内化"，在学习的过程中把存在的疑问和遇到的问题集中汇总起来反馈给老师，然后通过课堂上同学之间、师生之间的互动加以吸收内化，使得难点得以消化，问题得以解决，有助于促进学生知识的内化吸收。

2. 提高实施翻转课堂的能力

在翻转课堂中，教师的角色发生了很大改变，教师不仅仅是知识的传播者、讲授者，更是微课程的开发者、意义建构的促进者、学生的引导者及现代教学理念和新型教学模式的研究者。[①] 因此，翻转课堂对教师的教学能力提出了新的要求，总结已有经验，教师应该从以下几个方面提高翻转课堂教学实施的能力。

（1）熟练掌握现代信息技术并能合理运用

目前大部分教师已经意识到现代信息技术对教育教学改革的重要性，但是由于缺少相应的应用信息技术而不能有效实施翻转课堂教学。因此，作为新时代的教师，需要积极参与相应的培训，在 PPT 制作、多媒体使用、视频录屏软件的使用、在线建课、网络资源的维护、网络课程建设等方面掌握相应的技术。通过各种培训和进修，有针对性地进行学习，努力掌握和应用现代信息技术，提高自身素质，以适应翻转课堂的教学需要。

（2）努力提高微课程设计的能力

在传统教学中，教师的备课主要体现在教案上，教案设计是否成功，对教学效果的好坏有着直接的影响。而在翻转课堂上，教学已经由线下转移到线上，微课设计是否合理，直接影响到翻转课堂实施的效果，教师必须把握

---

① 张金磊，王颖，张宝辉.翻转课堂教学模式研究[J].远程教育杂志，2012（4）：46-51.

住微课程设计过程中的几个重要环节。

一是重视微课程的整体设计。一门课程是一个整体，教师在制作课程前，先对一门课程的知识体系有一个整体的梳理，运用系统论和整合的理念来进行课程知识体系框架的设计，使学生对整个知识体系有一个清晰的了解。

二是重视微课程单元教学设计。课程总体教学目标能否实现，要通过单元教学设计来完成。就一门课程而言，整个课程知识体系是一个整体，也可以分为一个个相对独立的知识单元，因此需要更为具体的教学设计。单元教学设计一方面要考虑其在一门课程中的地位和作用，另一方面还要考虑相对于其他单元的独特之处，要突出本单元的特点。由于是微课，就要把握视频的录制时间控制在 10～15 分钟之内，准确把握每个单元的知识点的分割，以及重点和难点问题，以讲清、讲透彻。为突出与传统课堂教学的不同，需要利用现代信息技术的优势突出内容的趣味性，避免死板、单调地讲述，突出和强调主题的重点与要点，录制情感丰富、生动活泼的教学视频。

三是重视微课程单元的检测设计。学生是否掌握了知识点，对每个知识点的掌握情况如何，需要通过必要的检测来了解。设计合理的单元测试，一方面有利于我们引导学生学习知识点；另一方面有利于我们客观全面评价学生的学习效果，以便教师及时掌握学生的学习状况。

（3）努力提高课堂教学组织的能力

翻转课堂提倡的是个性化学习，课堂教学的实施是建立在课前微课程教学完成的基础上，是对学生在学习过程中产生的共性问题和个别问题加以解决的过程。教师在课堂上需要做的并不是单纯的讲解，而是利用情境、协作、会话等要素充分发挥学生的主体性，组织、引导学生去解决问题。教师可以通过以下几个方面来提高课堂组织教学的能力。

一是总结与分解问题的能力。教师应该根据学生学习的情况，及时获取学生学习的信息，了解学生在学习过程中存在的疑惑和问题，并进行总结，以便于为课堂中的研讨提供有探究价值的问题。对于较为复杂的问题，可以将之分解成若干个子问题，并将这些问题设置为符合学生兴趣的题目，在课堂上作为作业布置给学生完成。

二是组织学生进行协作学习的能力。翻转课堂强调学生进行必要的协作，共同探究，以提升学生探究解决问题的能力。学生的协作学习涉及学生的分组、组员角色分配、共同完成任务等项目，如果不能有效组织学生进行协作学习，就会出现冷场、个别人的活动主场、争抢发言等现象，不但起不到团结协作、形成学生批判性思维的积极作用，反倒会不利于知识的掌握、学生的团结。教师可以根据学生课前学习的情况以及学生的兴趣专长等方面，将学生进行分组，对探究性的问题进行解决，并适时地做出决策，选择合适的交互策略，以保证小组活动的有效开展。

三是对学生学习成果进行展示及评价的能力。翻转课堂虽然以发挥学生主体性为主，但是这并不意味着教师可以不管不问，总的来说教师在整个教学过程中的调控作用至关重要，教师对学生探究活动的引导不可避免地涉及对学生成果的评价，因此教师要及时了解学生活动的进展，并适时对学生的成果进行客观的评价，以引导活动的进行。一方面，教师可以引导学生通过多种形式呈现自己的学习成果；另一方面，教师应从多个角度对学生的学习结果进行评价。

（4）不断提高教学研究能力

作为 21 世纪的新型教学模式，翻转课堂有着新的教学规律，教师对于新规律的发现和掌握，直接影响着教学效果。教学有法但无定法，同样的教学方法用在不同的课程、不同的教学内容上，操作的具体过程和方法可能存在差异，需要教师具备一定的教学研究能力，对新的教学规律加以研究，不断推进翻转课堂的发展。

（5）重视自身知识与技能的更新

随着社会的飞速发展，无论信息技术还是教育技术都在不断发展，教师必须重视自身知识与技能的更新，以"活到老学到老"的态度通过多种途径展开继续教育与学习，不断更新自身知识和技能。教师的终身学习是社会发展的需要，也是教育改革对教师职业的要求。

3. 重视培养学生的学习技能

新的教学模式要求学生具备新的学习技能，以保证学习效果的提升。教师要从以下几个方面对学生的学习技能进行培训。

首先，培养学生使用现代教育媒体的技能和获取信息的技能。主要包括使用网络教学平台的技能，通过网络接受教师微课程的技能，进行网络信息检索的技能，获取网络信息的技能，对信息进行整合、处理、创新、发布的技能，等等；其次，培养学生独立学习的能力。翻转课堂的微课程需要学生在课外时间进行学习，相应的检测也需要学生自己完成，这就要求学生必须具备独立学习的能力，既能制订科学的学习计划，又能合理安排学习时间，从而保证翻转课堂的教学质量；最后，培养学生进行协作学习的能力。协作学习是个体之间采用对话、商讨、争论等形式充分论证所研究问题，以达到学习目标的途径。在翻转课堂上进行协作学习，有利于发展学生个体的思维能力、增强学生个体之间的沟通能力及提高学生相互之间的包容能力，有利于教学活动的开展和学生对于知识的获取。

翻转课堂是一种创新型的教学模式，它的出现颠覆了传统教学的固有模式，它是现代信息技术发展条件下教学改革的重大突破。作为与时代发展同步的教育者，我们不能仅仅停留在翻转课堂的理论研究阶段，而应将其更多地应用于教学实践当中，为我国的现代教育改革作出应有贡献。

本研究说明目前人们对翻转课堂的认识还不够全面，很多方面有待更多验证；翻转课堂有积极作用，但也有局限性，我们应理性看待其作用和价值，量力而行，而不可盲信和盲动。[①]

二、慕课及其在高校课堂中的运用

"慕课"是一种大规模开放式的在线课程（Massive Open Online Course，简称 MOOC），是借助现代信息技术试图将传统高校的课堂教学活动转移到互联网平台，让更多的学习者在这个虚拟的教室里自由的学习。[②] 学习活动并不局限于传统的课堂，学习者可以借助互联网技术在任何地点、任何时间参加到这个虚拟课堂的教学活动中。简单地说，"慕课"就是借用现代科技实施教学的一种手段。尽管"慕课"在本质上并没有改变高等学校的教学指导思想，在理论上也没有太多的创新，但是其积极作用不能被低估。慕课最突出的积极作用就是优质资源共享和自主学习的灵活性。我国高校发展水平参差不齐，各校师资力量悬殊，特别是地方高校的学生很难享受到高水平大学的教学。而慕课的实施就可以部分地解决这个问题，学生可以根据自己的需要择优选择名校、名师的课程来丰富自己的学习资源，提升知识、能力发展水平。但是，慕课最大的劣势是学习者缺乏与教师的即时互动交流，容易沦为机械性的学习，由此，"慕课"不能完全颠覆传统的实体课堂，不能代替老师在课堂上的现场点拨和指导，只能作为课堂教学的一种补充。[③] 其作

---

① 尹华东.对国内外翻转课堂热的冷思考：实证与反思[J].民族教育研究，2016（1）：25-30.

② 李斐，黄明东."慕课"带给高校的机遇与挑战[J].中国高等教育，2014（7）：22-26.

③ 王秋月."慕课""微课"与"翻转课堂"的实质及其应用[J].上海教育科研,2014(8)：15-18.

用主要表现在以下几个方面。

1. 适于教师在备课时借鉴学习

通过"慕课"可以募集到许多优秀教师的讲课课件，这些优秀教师对课程标准的理解、对教材的分析、对课堂教学的设计都是难得的课程资源，如果教师在备课时能学习借鉴这些优秀资源，一方面会提高个人的专业素养，另一方面可以直接借鉴学习，提高自己的教学水平。因为微视频不同于过去网上的课堂实录和优秀教案，它是以 PPT 课件的形式配以教师的讲解，对教师的备课能起到直接的启迪借鉴作用。

2. 适合于学生个体性的学习

学生可以根据自己的需求对视频进行回放学习，进行"重复"学习、"针对性"学习，符合学生个体学习的进度和需要。这是课堂教学无法达到的，课堂教学更多照顾大多数学生的进度与需要，很少因为少数学生而中断教学重复讲授。过去靠课堂笔记难以复现教师讲课的情境，现在有了教学视频，学生在课后复习时可以反复观看，加深理解。

3. 适于学生的课后复习、缺课补课、异地学习、自主学习

根据艾宾浩斯的遗忘曲线规律，学生在课堂上学得再扎实，过后不复习也会遗忘，而学生在复习时如果能够观看老师的微视频，就能加深自己对教材的理解，激活记忆的细胞，提高复习的效果。所以老师在课后可以把自己的微视频放到网络上，供学生复习时参考。此外，学生因病、因事缺课，可以利用慕课进行学习，将不理解的地方在线反馈给老师。慕课还可以突破时空的限制，实现异地学习，对于有需要的学生还可以增进学生的自主学习，使学习更加便利、灵活。

简单地说，慕课就是将课堂教学从课堂转移到了网络，实现课程的在线教学，是现代信息技术和网络与教育发展的一种体现，虽然慕课在内容和教学理念上没有突破传统教学观念，但是，给学生的学习带来了便利。高校慕课既不要盲目跟风，又不能拒之门外。慕课的制作需要花费大量人力、财力，也需要学生具有足够的课余时间，如果条件不具备可能会既花费了人力和财力，又给学生增加了学习负担，还没有得到相应的效果。同时，我们也要看到慕课给高校课堂带来的积极影响，主动应对。

三、微课及课程设计

以往的在线开放课程、网络课程等提供的教学视频都在 40 分钟以上，有的一个视频近 2 个小时，与传统课堂教学没有什么区别，只是把课堂教学搬到了网络上供学生学习，往往导致学生的学习因缺乏兴趣而中断，或者学习内容太多使学生抓不到重点。微课则是根据重难点将单元内容分成一个个知识点，由讲授教师精彩地演示、表达出来，同时借助摄像机现场录制出来制作成微视频，并将与教学内容相对应的教学设计（微教案）、素材课件（微课件）、练习测试（微练习）、专家点评（微点评）、教学反思（微反思）等资源添加在课程内容里，供学生学习使用。微课以短小精悍为其主要特点，是进行翻转课堂的主要载体，更是实现优质教育教学资源共享的有效途径，微课的课程设计直接影响到翻转课堂和慕课价值的发挥。

微课最主要的载体是视频，记录的是教师在课堂内外教育教学过程中围绕某个知识点或者教学环节而开展的精彩的教与学活动的全过程，且每节都有相应的时间规定性，即在 5 ～ 10 分钟的时间内讲解或者演示一个知识点。对于微课概念的界定虽然还没有定论，但是已经达成以下共识：

（1）微课时间段，限定在 5 ～ 10 分钟时长内的音视频剪辑；

（2）突出重点、难点，主题明确；

（3）跨时空可"面对面"学习，也可网络学习的灵活模式；

（4）非分散凌乱而具有完备设计的一套方案计划；

（5）给观看学习者留下足够的思想空间以修改完善。

限制微课的时间，主要考虑到人的认知心理和注意力的集中程度，过去那种整堂课几十分钟的视频公开课让师生都很疲倦，难以吸引学生的眼球。而微课要求主题明确、内容鲜活，内容鲜活有利于吸引学生的注意力，而主题明确能帮助学生迅速掌握教学内容。同时，微课还要求情境生动、资源多样，要围绕课堂教学来设计，情境生动形象更易于吸引学生的注意力。除了视频外，微课还包含很多其他资源元素。除此之外，微课的制作要考虑到学习者的学习需要，突破时空限制，使学习者观看便利。录制好的微课不仅适用于课堂教学，还方便于学生在课堂以外、教室以外用移动设备观看，加深学生的理解。最后，微课的时间有限，不可能全面呈现知识的全貌，但是可以通过半结构的微课设计启发学生的思维，使学生带着问题进一步地自行思考，培养学生的独立思维能力。

微课的出现，在一定程度上打破了传统的教学方式，实现了学生对不同学科知识点的个性化学习、按需选择学习，既可查缺补漏又能强化巩固知识，是传统课堂学习的一种重要补充和拓展。高校学生的学习自主性强，学习能力也强，如果有效利用的话，高校学生可以从微课中思考出更深层次的问题，并能进行更深入地理解。

第四章 全程实践教学模式的建构

实践教学是影响高校教师教育专业学生专业实践能力提升的重要因素，学生对理论知识的吸收、内化，以及理论向实践能力的转化等方面都需要合理的实践教学体系来支撑。中小学教师需要多方面的专业能力，作为教师教育专业的师范生在校学习期间也应该培养多方面的专业能力，为入职做好准备。

第一节　实践教学与教师专业发展

教师教育专业主要是为中小学幼儿园培养一线教师，是否具有较强的实践能力是教师教育专业毕业生能否受到社会欢迎的关键。师范生教育实践是教师教育课程的重要组成部分，是教师培养的必要环节。通过开展系统设计和有效指导教育实践，促进师范生深入体验基础教育教学工作，逐步形成良好的师德素养和职业认同，更好地理解教育教学专业知识，掌握必要的教育教学设计与实施、管理等能力，为从事基础教育教学工作和持续的专业发展奠定扎实的基础。

一、实践教学是沟通理论与实践的桥梁

教师教育专业是实践性较强的专业，需要师范生既具有教育理论又具备一定的实践能力，只有理论的准教师不是合格的教师，只会教书的准教师只能是教书匠，不会成为优秀的教师。但是，当前高校教师教育专业过于关注理论知识学习，缺少专业能力实训，或者只是"推沙盘"式的演练，使得师范毕业生专业知识与专业实践相脱节，无法解决利用专业知识在基础教育过程中实践时遇到的问题。实践教学是在一定理论指导下，通过引导学习者的实践活动，来传承实践知识，形成技能，发展实践能力，提高综合素质的教学活动。实践教学能够使师范生认真思考理论与实践的关系，在理论指导下

实践，在实践中体验理论的价值，加强理论与实践的有机联系。

二、实践教学是坚定师范生教育理想信念的重要环节

师范生在培养过程中，学生从高中生转变为师范生之前，一直是在教室里学习，书本学习是学习的主要方式。这种学习方式会使师范生对从事基础教育工作产生一定的恐惧感。通过实践教学，学生可以获得基础教育的直接经验，从而弥补单纯学习间接经验的不足，学习形式全面化。毛泽东同志说过："读书是学习，使用也是学习，而且是更重要的学习。"学生通过实践学习，贴近基础教育实际，会减少基础教育工作的神秘感，提高学生做好基础教育教学工作的信心，为成为一名合格的中小学幼儿园老师奠定良好的心理基础。

同时，通过参加教育实践，能够从前辈、同行身上感受到基础教育的价值，体会到自己作为人民教师的光荣使命，更加坚定职业信念，提升从业的理想信念。

三、实践教学是提升师范生教学能力的主要途径

教学能力是中小学幼儿园教师必备的基础能力。高校理论课教学为学生奠定了从事基础教育的理念，积累了丰富的教育理论，但是要将理论转化为教学能力还需要经过实践的锻炼。通过实践教学，师范生对理论的理解更加深入，同时班级管理能力、教学能力也得到了提升。高校的课堂教学给学生提供了学科知识和教学理论，但是在进入实践领域前，这两方面的知识是相互隔离的，很难融合在一起。只有通过实践教学，学生才能将教学理论与学科知识结合在一起，形成学科教学能力。就学前教育专业而言，学前教育专业主要培养幼儿园一线教师，学前教育专业的学生除了需要具备一般教师所应具备的素质外，还应具备弹琴、唱歌、跳舞、绘画等特殊职业技能，这些技能主要不是在课堂上学会的，而是在实践中逐步形成的。实践技能是幼儿教师的从职之本，也是保教单位看重的求职名片。人的能力是在实践中形成和发展的，通过实践教学，师范生在参与教学实践活动中，实践能力会逐步形成。

四、实践教学是提升师范生综合育人能力的关键场所

"班级管理、综合育人"是师范专业认证中的"学会育人"的指标内容。虽然高校开设了《班级管理》《综合实践活动》《教育学》等课程，但是如何进行班级管理、如何结合学校各种活动实现育人目的，需要在实践中不断探

索才能形成。可以说，中小学幼儿园实践场所是师范生学会班级管理、综合育人的练兵场，也是必不可少的一个环节。

五、实践教学是促进学生专业发展、形成专业反思能力的重要环节

卓越教师具有较强的专业反思能力。专业反思能力的形成离不开实践场所和实践教学。在实践教学过程中，师范生能够通过多次的问题—尝试解决—转变方法再次尝试—分析问题—优化措施—解决问题的过程，形成反思能力，同时也促进自身的专业发展。

第二节　全程实践教学模式的构建

地方本科院校教师教育专业的主要任务是培养高级应用型人才，更具体而言就是中小学幼儿园教师，实践教学对教师的专业成长和发展起着至关重要的作用。目前，高校教师教育专业在进行人才培养时存在一些问题，一是注重理论讲授，开设的理论课过多；二是中学教师教育专业过于注重学科课程的讲授，忽视教师技能的获得；三是没有充分发挥教育实习在教师专业发展中的作用。以上问题直接影响到教师培养的效果，进而影响到师范生对中小学幼儿园教育实践的适应。为落实教育规划纲要，促进教师专业发展，建设高素质基础教育教师队伍，教育部研究制定了针对不同学段学生的教师行业标准，其中一个比较明显的特点就是重视教师的教育教学实践能力和反思能力，强调教师要具有专业化学习、实践、反思和提高的意识与能力，强调教师必须具备教育教学实践能力。为此，本研究就地方本科院校应用型人才培养的目标，构建本科教育专业全程实践教学模式。

一、全程实践教学模式的含义

全程实践是把工学结合作为人才培养的切入点，在充分理解"学生"的基础上，强调教学的实用性、开放性和职业性，重视在实验、实训、实习情境中构建知识与行动之间的联结，使学生在校期间就能够积极完成"预备职业人"向"职业人"的转变，同时实现职前教师、在职教师和高校教师的教

学相长、协同发展。[①] 具体到高校教师教育专业来说，全程实践在时间上，体现为将实践教学贯穿在大学四年中，在形式上，体现在课堂教学、教育实习、课程实习、教育见习、课外活动、第二课堂上，将理论与实践相结合、课内与课外相结合，在理论学习的同时促进学生教育教学实践能力的提高，使学生成为反思型、智慧型的准教师。

二、构建全程实践教学模式的基础

突出实践并不意味着不重视理论学习，而是强调理论学习要实践化、实践教学要理性化。理论知识的学习要和中小学幼儿园行业实践密切结合起来，要对接行业需求。同时，教育实习、见习并不是漫无目的地实习实践，而是在一定理论指导下的理性实践，需要有合理的目标指引，具备系统化的设计、科学合理的评价标准体系、严格的管理等，以确保实践教学获得预期的效果。通过实践使课堂教学中的理论知识得到验证，使得学生的技能得以提炼应用，通过实践—验证—运用—反思—提升的过程帮助学生获得专业反思能力。但教育教学反思能力的形成不是一蹴而就的，也不是单靠课堂教学或者盲目实践就能完成的。教学的研究不同于一般研究，它是基于教育现场的实践性研究，突出了教育研究的情境性、反思性，也是对理论的验证和运用，更是对理论的创新，而教师基于教育现场的新发现正是理论学习和理论创新最重要的源泉。教师的实践如同医生的临床实践，需要通过实践去发现问题，做出决策，进行反思，获得自己的专业成长，形成教学智慧，实践教育必须贯穿教师教育的全过程。针对高校培养高级应用型人才的目标，本研究构建了地方院校本科学前教育专业的全程实践教学模式。

三、全程实践教学模式内容体系

从事基础教育专业教导与研究的高校教师在确定人才培养目标和进行课程设置时不仅要考虑到人才市场的需求，同时还要从专业发展的视角来设计课程方案。因此，高校构建教师教育专业全程实践教学模式的目标是提高学生的教育教学实践能力，形成学生的教育研究与反思能力，使学生将理论与实践结合起来，运用理论指导实践，在实践中不断反思形成新理论，最终成为一名发展型基础教育教师。为实现学生专业实践能力的提升目标，根据

---

① 梁周全.专科层次学前教育专业全程实践教学的模式建构[J].学前教育研究，2011
（5）：30-33.

高校教师教育专业人才培养特点和课程设置情况，可以制订全程实践教学模式，如图 4-1 所示。

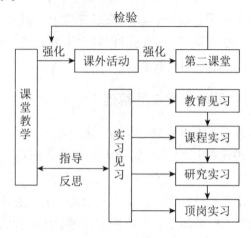

图 4-1　全程实践教学图式

（一）课堂教学

在大学四年中，根据每门课程的特点和内容，安排比例适宜的讲授课和实践课。对于教师口语、计算机、三笔字等教师职业技能类课程，课堂讲授只占其中 1/2 的课时，其他时间要强化学生的练习。对于琴法、舞蹈、声乐、绘画、手工等艺术类技能课，课堂讲授也只占一小部分时间，教给学生技能训练的要领和方法，关键在于学生要多练。而像教育学、心理学、教育心理学、中外教育史等理论性较强的课程，也要安排适宜的实践课程，通过课堂讨论、研讨、案例分析、实验等形式来加强学生对知识的理解和应用，重视对学生综合运用能力的培养。对于理论与实践结合较紧密的教法课程，如小学语文教学设计、学前儿童语言教育、中学语文教学，可以通过模拟讲课、评课的方式进行实践教学，并结合校外实习基地进行课程实习，通过现场实践教学，帮助学生更好地掌握教法课技能。通过课堂内实践教学加强学生对理论知识的理解和运用，形成学生的问题意识，提高学生综合运用知识的能力。

（二）教育实习、见习

在了解了关于不同年龄阶段儿童发展和教育的相关理论和知识后，培养基础教育教师还强调从教育实践中学习，使学生循序渐进地适应教育现场，帮助学生形成教学智慧，处理多变的教育情景和教育事件。为此，与以往集中实习不同，全程实践教学理念下的教育实习分布在大学四年中，根据实习的目的分为教育见习、课程实习、科研实习、顶岗实习，每个阶段实习的目的和内容是不一样的。其中，教育见习的目的是初步了解基础教育教学与一日生活，了解中小学幼儿园教师的职业特点和任务，并产生职业认同感。课程实习的目的是，结合所学课程，加强课程与实践的联系，将理论与实践结合起来，将课堂教学与临床实践结合起来，学会反思，学会研究。科研实习的目的在于使学生在亲临现场，发现问题，学会选题，体验研究的过程，为成为一名智慧型教师做准备。顶岗实习的目的在于使学生置身于教育现场，承担起教师的职责，将理论与实践有效结合起来，并不断进行创新，形成教学智慧。

（三）课外活动

对于教师口语、计算机、三笔字、舞蹈、绘画、声乐等技能类课程，光靠课堂上讲授和练习是远远不够的，课堂讲授只是告诉了学生如何去练，但是，技能能不能掌握，掌握得如何，取决于学生在课外要多下功夫，要长时间坚持。

（四）第二课堂

除了期末课程考试外，我们通过开展第二课堂的方式检验学生对技能、知识的掌握程度，主要是通过教师技能大赛、艺术作品展与艺术技能大赛、语言技能大赛、教育名著选读、课件设计与制作、合唱团、舞蹈队、教案展示、儿童画绘本作品展、班级文化环境创设作品展等形式来检验学生对知识和技能的掌握程度。从而形成"课内—课外—第二课堂"连贯一致的学习和发展空间，有利于学生教学实践能力的持续发展。

第三节　实践教学的有效性及实现路径

随着教师专业化的提出，以及教师教育理论与实践研究的不断进步，人们越来越重视实践教学。教育部在《关于加强高等学校本科教学工作提高教学质量的若干意见》（教高〔2001〕4号）中，明确提出要进一步加强实践教学，深化实践教学改革。2011 年教育部出台了《教师教育课程标准（试行）》，将教育实习的时间延长至 18 周。目前，很多高校都意识到了实践教学的重要性，把教育实习延长到了 18 周，甚至超过 18 周。教育实习是准教师专业社会化的一个重要因素，但实习期的延长并不一定能够保证提供实习教师专业发展的机会，对教育实习而言时间只是让师范生或教师获得教育经验的一个必要条件，而非充分条件。要有效发挥教育实习在教师专业成长中的作用单单延长教育实习的时间是远远不够的。实践教学的有效性还要受课程设置、指导教师、高校与实践基地的合作、学生、评价与监控、相关政策支持等多种因素的影响。

一、教育实习与实践教学

教育实习有广义和狭义之分。主要体现在教师教育专业，狭义的"教育实习"主要指师范生在集中的一段时间内到中小学幼儿园开展教育教学等实践活动；广义的"教育实习"涵盖了师范生职前阶段所参加的全部教育实践活动，除了包括狭义的专业教育实习外，还包括师范生在集中实习阶段之外开展的参观、访问、教育见习、模拟实习、毕业论文、课外活动、课程实践等实践性活动。随着近几年研究领域的扩大以及研究视野的开阔，人们更多地将教育实习放在实践教学领域进行研究，把研究的热点转向了实践教学。就教师教育专业实践教学而言，除了具备大学实践教学"问题探讨""深度体验""批判思维"的特征以及多元化的表现形式外，就是要把已有的关于基础教育的专业知识、理念和教育信念付诸实践，实现理论与实践的对接，坚定信念，获得新知识，提升实践能力，形成实践智慧。

二、实践教学的有效性

根据有效性的含义，对实践教学是否有效的判断从三方面来界定，即效果、效益、效率。首先从效果的有无来判断，实践教学有效果主要是指通过实践教学之后学生所获得的具体进步和发展，因此，学生有无进步和发展是衡量实践教学有没有效果的唯一指标。其次，从效益层面来说实践教学的有效性，效益指效果和利益。[①] 实践教学的效益反映的是实践教学的结果与实践教学的目标、社会和个人的教育需求是否吻合，由此，有效实践教学可以

---

① 中国社会科学院语言研究所词典编辑室．现代汉语词典（修订本）．北京：商务印书馆，1999：1390.

界定为实践教学的结果与预期目标、与社会和个人的教育需求一致或吻合的教学。就教师教育专业而言，结合高校人才培养目标及实践教学的目标，实践教学是否有效要看通过实践教学，学生产生了怎样的职业情感，是否提高了专业实践能力，是否形成了实践智慧。最后，从效率层面上讲，效率是"单位时间内完成的工作量"[①]。效率与时间是紧密联系的，实践教学效率指单位时间内实践教学投入所获得的教学产出。也就是说，衡量实践教学是否有效还要看所投入的时间、人力、物资等资源，例如为了突出实践教学的重要性，将教育实习的时间由原来的 8 周延长至 18 周，但是体现在学生身上的发展（即结果）并没有改进或者改进不大，与我们所作的实践教学投入不成比例，那么这就不是有效的实践教学，所以，有效的实践教学在保证有效果、有效益的前提下，还必须做到有效率。

影响实践教学的因素是多样的、复杂的，延长教育实习时间并不必然带来师范生相应能力的提高，在其他条件不具备的情况下则会造成时间的浪费，对学生的发展产生不良的影响。因此，在当前大力提倡实践教学、延长实践时间的环境下探讨实践教学有效性的问题很有必要。

三、影响实践教学有效性的因素

很多高校花了大量时间和精力进行调研、改革人才培养模式、修订人才培养方案、制订教学大纲、制订课程改革方案等一系列大张旗鼓的活动后发现，要让师范生的实践能力达到最初设想的目标，我们所作的工作如同电影的序幕只是刚刚开个头，影响实践教学有效的因素多而复杂，除了要进行顶层人才培养模式、人才培养方案设计外，还要考虑实践教学中的指导教师、准教师、合作学校教师、实践基地、评价与监控、资金与政策支持等多重因素，而这些因素又相互影响，关系复杂异常。因此，首先要梳理实践教学各方面因素之间的逻辑关系，为有效实践教学的构建奠定基础。

从图 4-2 可以看出，实践教学与各种因素之间存在复杂的关系：第一，人才培养目标是制订实践教学目标首先要考虑的因素，专业人才培养目标规定了培养对象的从业领域及规格，实践教学目标的制订要以此为依据；第二，确定了专业人才培养模式后要设置课程，实践课程作为整个课程系统的一个部分要考虑与其他课程的关系，形成一个系统，共同实现育人目的；第三，实践教学能否实现其目标还要看具体的体系设计是否合理，如目前很多

---

① 冯志纯. 现代汉语用法词典 [M]. 成都：四川出版集团·四川辞书出版社，2010：623.

研究者提出"全实践"模式、"三位一体"模式、"五位一体、五环交互"全程化实践教学体系等，实践教学体系设计是否合理是实现实践教学有效性的核心；第四，对师范生的实践指导是落实教学目标，实现有效实践教学的关键，对师范生的指导取决于高校指导教师与基地园指导教师本身所具备的实践能力和责任心，目前大多数高校实践教学无效或者低效的主要原因就在于缺乏指导教师对师范生的实践指导；第五，能否使实践教学持续、有效地进行，还需建立科学合理的评价监控体系，以评促学、以评促教，这是实现有效教学的必要条件；第六，有效的实践教学离不开高校与中小学幼儿园的深度合作，特别是对于大部分新建本科院校而言，鉴于硬件、师资、设备的有限性，高校与中小学幼儿园深度合作共同育人只能看作是高校一厢情愿的构想，要真正实现深度合作需要政府在政策、资金、制度等方面给予支持，由此，高校与中小学幼儿园的深度合作成为实现实践教学有效性要突破的难点。

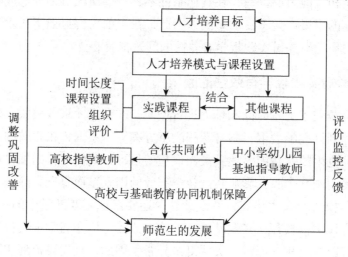

图 4-2　教学系统示意图

三、构建有效的实践教学

实践教学本身是一个多因素相互作用的系统，以往所采取的行为只是"头痛医头、脚痛医脚"的举措，要提高实践教学的有效性需要从理念至行动、从方案至实施、从宏观至微观、客体与主体做整体的变革。

（一）确定恰当的实践教学目标

就当前我国高校确定的实践教学目标而言，大多高校存在两个方面的问题，一是目标定位不清楚，二是目标定位不恰当。目标定位不清楚体现在大多高校并没有明确规定实践教学的目标，更多的是根据政策规定把教育实习看作实践教学，把它作为人才培养的一个必要环节，进行教育实习只是为了完成政策规定的任务。由于缺乏明确的实践教学目标，指导教师在对师范生进行指导的过程中缺乏指导意识，仅限于实习结束时听一节课，作为对学生的终结性评价而记入档案。有的高校确定了实践教学目标，但是，由于缺乏对师范生专业发展、基础教育教师职业特点的关注，导致所定目标不恰当，主要体现在三方面：一是目标过高，以合格教师的标准来要求师范生；二是突出技能训练，忽视准教师教学反思能力的形成以及专业情意的培养；三是过于注重对师范生进行外在的塑造，而忽视了师范生的内在生长发展需要。因此，在确定实践教学目标时，需要从以下几个方面进行思考。

1. 目标要切合实际——培养基础教育准教师

反思一下当前我国大部分高校学前教育专业职前教育的人才培养目标，诸如"从事中小学幼儿园教学、科研、管理的高级应用型人才""科研人才"等，有的甚至将目标定为"优秀的中小学、幼儿园教师""卓越中小学幼儿园教师"，这样的表述似乎很诱人，但是却既不现实也不科学。因此，应该从实际出发以培养中小学幼儿园准教师为实践教学目标，以区别于教师专业成长不同时期的合格教师、优秀教师。教师的成长是需要一个过程的，近年来，美国开始分别对准教师、初任教师和优秀教师的专业形象加以界定，为三类教师打造在知识领域和能力水准层次上具有清晰区别的教师标准，这也体现了由一个高校师范生成长为优秀教师所经历的成长与变化。

2. 目标要关注师范生的内在生长

在学前教育专业人才培养中存在三种实践教学目标，一是主张实践教学就是教学技能的训练，"具有如此实践素养的教师，充其量只是一个'教学技术员'或是'半技术工人'"[①]；二是主张实践教学是对理论知识的验证。这两种实践教学的目标定位都忽视了中小学幼儿园教师职业的实践性、创造性、复杂性的特点，更是对师范生作为"人"的主体性的漠视，不利于人才培养质量的提升。目前，国外很多大学将职前实践教学的目标定位为培养师

---

① 杨燕燕. 教师实践素养观的变迁——兼论教师职前实践教学的目标变革[J]. 教育研究与实验，2012（1）：15-19.

范生的实践智慧，实践智慧的形成关键在于师范生的现场反思，突出强调实践教学追求的是学生由内至外的发展。因此，实践教学的目标除了关注社会需要、课程发展外还应充分考虑师范生自身发展的内在规律和需要。

（二）建构合理的实践教学体系

考虑到中小学幼儿园教师职业特点和师范生专业发展的规律，应该树立多元化的教育实践内容观，以实践教学目标为导向，以准教师专业发展的过程作为主线，参照《幼儿园教师专业标准（试行）》《小学教师专业标准（试行）》《中学教师专业标准（试行）》，整合以教师专业素养为核心的理论课程与实践课程，共同实现准教师的培养目标。

1. 实践课程内容的多元化

传统的教育实践内容观把实践教学狭隘地看作教育实习，同时又把教育实习作为人才培养的一个普通环节，对实践教学内容的这种看法过于狭隘，没有充分认识到实践教学在准教师专业成长中的重要性，更是对实践教学内涵及特点的漠视。因此，要真正发挥实践教学的实效性构建合理的实践教学体系，首先要转变这种狭隘的观念，充分考虑中小学幼儿园教师专业成长的规律和特点，结合不同时期理论知识的学习把多种形式的实践内容纳入教育实践课程中。如教育见习、课程实习、模拟教学、课题实习、课内实践、课外实践等内容，凡是具备实践课程情境性、体验性、问题研讨性的内容都纳入教育实践课程体系中，加以合理的组织以达到培养师范生实践能力、形成师范生实践智慧的目的。

2. 实践教学的全程性、渐进性

针对以往高校在安排教育实习时段上过于集中的做法，有学者提出全程实践的教学模式。[①] 全程实践教学模式关注准教师培养过程的全程性和连贯性。同时，在安排实践教学时还要有渐进性，逐渐增加准教师的实践参与程度，帮助他们循序渐进地融入实践情境。我们可以根据实践内容的不同灵活安排时段，教育见习、课程实习、模拟实习以分散安排为宜。初级阶段，根据专业课程学习的需要给学生布置相应的实践作业，学生与指导教师协商共

---

① 梁周全. 学前教师教育"全程实践教学模式"研究 [J]. 教育理论与实践，2013（27）：171-173.

同确定入园入校时间及相应的见习事例，理论与实践交融中形成对少儿发展与教育的初步认识。中级阶段，已经具有一定的专业理论基础与实践经验，重点在于结合不同年龄阶段教法课程的学习，于课程所在学期集中安排短时间的课程实习，并结合模拟实习，形成"理论—实践—理论—实践"的螺旋上升的学习过程，培养学生的反思能力，提升学生的教学实践水平。最后，安排较长时段的顶岗实习，使学生在真实的实践场地通过独立教学和带班体会完整的中小学幼儿园教师职业生活，养成基本的教师专业素质，在此基础上形成实践智慧。

3. 实践内容的融合性

实践内容的融合体现在两个方面，即不同阶段实践内容的融合与同一时段理论课程与实践课程的融合。以《幼儿园教师专业标准（试行）》为参照，以合格准教师专业发展不同阶段所需的教师职业素质为核心，整合理论课程与实践课程，共同实现培养合格准教师的目标。如图 1-3 所示，为理论与实践课程整合模型。

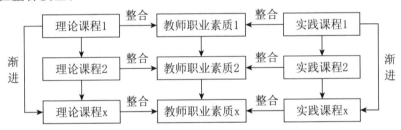

图 4-3　理论与实践课程整合模型

（三）重视实习指导团队的建设

目前，对师范生的实习指导主要由高校教师和中小学幼儿园合作教师组成。受师资匮乏的现实条件制约，高校在选派指导教师时具有很大的随意性，指导教师普遍缺乏基础教育实践经验，就连没接触过专业学习与训练的美术老师、音乐老师也可以单独带队进行指导。"很多准教师并没有对一些教学技能、专业知识等做到认真的反思与深入的理解。而这种情况部分地是由于负责对他们指导的教师教育者本身缺乏这样做的专业知识与能力。"[1] 同

---

① 杨秀玉，孙启林.教师的教师：西方的教师教育者研究 [J]. 外国教育研究,2007(10)：
6-11.

时，受现有制度、管理、经费问题的制约，由于基地园接收实习生的态度和行为较被动，并没有发挥实质性的指导作用。而高校教师、合作教师在指导过程中不会孤立地作用于师范生，因此，要提高实践教学的有效性，实习指导团队的建设是关键。

1. 明确指导教师团队中各指导教师的角色与职责

在实习过程中，很多指导教师对自己应该做什么并不清楚，在指导过程中流于形式，仅仅在实习结束前 1～2 周去中小学幼儿园"听一节课"就结束实习指导，严重缺乏对实习生实习情况的了解、信息反馈和指导。造成此情况的其中一个原因就是，我们的教育实习大纲和方案对指导教师的职责规定不明确，笼统而不具体。相比而言，美国在教育实习手册中对实习生应该达到的要求与发展水平、大学督导教师的工作内容与职责、合作教师的工作职责与内容都做了较为具体而详细的要求与说明。如美国田纳西州孟菲斯大学教育学院早期教育专业的临床教学实习手册，分别就大学督导教师与协作教师的角色和职责提出了具体要求，手册还对这些方面的职责履行提出了操作性的说明①。使不同的指导教师明确自己实习指导任务，能有效地发挥自身在实习指导中的作用。

2. 重视教育实习，转换指导教师角色

美国佩尔蒂埃博士从有效教学的角度提出教学实习三人组，包括合作教师、实习教师、大学督导三方，每个人在新教师的成长发展中发挥着部分作用。②在我国传统的教育实习中，合作教师一般以榜样示范的角色对实习生进行言传身教，实习生在实习中的发展与成长直接受制于合作教师本身所具有的技能和行为，不利于反思智慧的形成。要改变这种单向的示范指导模式，需要合作教师转变现有角色定位，确立合作教师与实习教师在实习过程中获取共同成长的角色理念，使合作教师与实习教师优势互补、反思进取，获得各自的专业发展。同时，对于大学教师而言，高校要重视教育实习在学生专业发展中的作用，制订相应的激励和评价体制鼓励教师参与到教育实习指导中，大学教师的工作不仅仅是教学还要参与实习生的实习指导。

---

① 高敬，张凤.美国早期教育专业临床教学实习手册简介及启示 [J].外国中小学教育，2014（4）：48-53.

② 佩尔蒂埃.成功教学的策略有效的教学实习指南 [M].李庆，孙麒，译.北京：中国轻工业出版社，2002（5）：62.

3.加强指导教师的培训

高校教师作为师范生的主要指导者，应该具备一定基础教育实践经验，"能够有丰富教学经验和娴熟教学技能的教师承担实习指导教师的工作，是促进实习生顺利完成教育实习任务的前提条件。"[①] 在美国，很多高校把教学经验看作选拔指导教师的重要前提条件。因此，针对高校多数教师基础教育实践经验缺乏的问题，应该制订高校教师入校、入园实践计划，并给予制度和经费上的支持。

（四）实践教学的瓶颈——大学与中小学幼儿园协同合作

就目前对教师教育专业人才培养的现状而言，大学与中小学幼儿园协同合作人才培养模式已经成为各师范类院校培养教师的必要选择。协同合作的前提必然要求双方共赢、互利，但是，目前高校与中小学幼儿园在合作的过程中更多考虑的是高校专业发展的需要，而很少考虑中小学的真实需要，即使是考虑到中小学的需要，限于师资、资金等方面的匮乏性，真正能够为中小学带来的利益微乎其微。同时，在相关制度、文件里并没有赋予一线学校教师教育师范生的职责任务，因此，大学与中小学的协同合作就成了教师教育专业实践课程实施的瓶颈。要提高实践教学的有效性，解决大学与中小学幼儿园协同合作中遇到的问题是前提。

1.政府转变立场，积极发挥对高校—中小学幼儿园合作的协调作用

政府要认识到高校教师教育专业的主要任务是为当地基础教育机构培养师资，"作为人才使用方的实习学校和作为分管各地教育的教育行政部门理应对未来教师的培养负起责任，将对未来教师的培养纳入教师培养计划"[②]。高校培养出来的教师最终要进入基础教育机构，为基础教育的发展做出贡献。由此看来，教育行政部门应该承担起高校教师教育专业人才培养的责任，同时发挥政府在协调高校与中小学幼儿园合作关系的作用。

2.明确高校与中小学幼儿园在协同合作中的责任

政府为高校与基础教育的合作发展提供了制度保障，但是，制度保障

---

① 张博伟，曹月新.美国实习指导教师研究述评 [J].外国教育研究，2014（8）：82-93.
② 原晋霞.对高校学前教育专业教育实习课程改进的思考 [J].早期教育，2012（11）：34-36.

并不一定促成有效的合作，还需要高校与基础教育机构从自身利益与共同发展上达成共识。"合法性认同并非唯一地由制度环境所决定，若合作行为能给合作双方带来利益，合作主体也可能会通过'协商性认同'突破制度障碍而达成'合法性认同'。"① 目前，高校对基础教育机构的依赖性要远远大于基础教育机构对高校的依赖性，这并不能说明中小学幼儿园不需要高校的支持，而需要高校在办学理念和服务方向上多向一线实践领域倾斜，将基础教育的发展也纳入合作共建计划中，利用自身优势为基础教育的发展提供智力支持和物资设备支持，谋求双方互利共赢合作发展。同时，基地学校要为高校提供长期的、稳定的教育教学实践场所，将接收准教师的见习和实习列入学校每年的工作计划，并选派专人监管。

3. 建立相应的教师考核标准

要使高校与中小学幼儿园的协同合作有效开展，需要将教师参与教师教育的行为，纳入高校与中小学幼儿园的评价机制中，将教师参与教师教育的行为与职称晋升、聘任、报酬等个人利益联系起来，激励教师积极参与到对师范生的实习指导中。高校要发挥科研优势，将基础教育教学工作、教师专业成长、儿童发展等纳入课题研究中，通过拨付课题经费、提升教研课题在职称评审中的比重、成果认定等形式，激励高校教师积极参与基础教育实践研究。另一方面，提高教育实习指导课时报酬，将教育实习指导效果作为重要项目纳入年终教学工作考核中，适当减少实习指导教师的课内授课任务，使指导教师有更多时间参与实习指导。同时，适当增加中小学幼儿园教师的编制，在赋予中小学幼儿园教师教育义务的同时适当减少带班、任课等工作量，将教师参与教师教育的工作纳入学校常规工作之中，并通过教师的工作量、师范生的实践成绩等给予相应的评价，并将之与职称评审、年终考核联系起来，激发一线教师参与到师范生的实践指导中。

（五）全程监控以评促学

在以往的教育实习过程中，对学生的评价过多地注重终结性评价，而对学生进行的终结性评价往往局限于学生的一节课、给学生写教育实习鉴定表，教师倾向于给出比准教师的实际水平更高的成绩。除非学生不交实习鉴

---

① 张翔.教师教育 U-S 合作的结构性障碍与路径选择 [J].现代教育管理，2014（6）：95-99.

定表，否则是不会出现实习不及格现象的，可是学生真完成了实习任务，达到了实习目的吗？当然不是。要实现实践教学的有效性，制订相应的评价体系是必要的。第一，从评价对象来说，应该将师范生的实践行为、合作教师的指导行为、高校指导教师的指导行为都纳入评价范围，关注实践过程中人为因素，通过实践教学师范生、合作教师、高校教师分别获得了怎样的发展，从而进一步地为实践教学提供反馈信息。第二，从评价内容上来说，不仅要对看得见的行为进行评价，还要对理念、观念、师德等这些内隐行为通过恰当的方式进行评价，将知与行结合起来，注重师德、理念等与师范生职业成长密切相关的职业素养的评价。第三，要将评价贯穿实践教学整个过程，充分发挥评价在实践教学中的导向、激励作用，将评价作为合格准教师的硬门槛，把好质量关。

要提高实践教学的有效性，除了从以上方面进行努力外还要加强高校对人才培养的责任感，不要一味地追求自身利益而盲目扩招，要本着为国育人、为民服务的办学精神虚心学习、不断创新，为基础教育事业培养出优秀的教师做好准备。

第四节　教育实习评价

教育实习是学前教育专业非常重要的实践课程，对学生专业实践能力的提升具有重要作用。2012年学前教育专业制订了全程实践教学模式，对教育实习的安排采取"集中＋分散"的形式，2014年又进一步明确了全程实践的教学理念，并制订了双导师制，对学生的教育实习实施双导师指导。近年来学前教育专业实践教学在理念和课程设置上取得了一定进步和发展，但是，在实施过程中除了实习大纲和教育实习鉴定表外没有专业实习手册的规范与指导，致使学生的实习目的性不强，指导教师的指导缺乏针对性，全程实践教学模式的效果并不是很明显。总体上来讲，高校重视教育实习，却忽视了对教育实习的质量监控和评价，使得教育实习效果并不明显，并没有发挥教育实习在教师教育专业人才培养中的重要作用。从评价的价值来看，评价一方面能够鉴定实习效果，判定专业实习目标是否达成；另一方面，评价可以为学生的实习和教师的指导提供引导，使学生的实习行为和教师的指导行为具有目的性，有利于实习目标的达成。

一、高校教师教育专业教育实习的现状

教育实习评价是测评师范生教学实践成效的关键环节，有利于师范生了解自己在实践过程中的不足和劣势，不断地完善自我，从而有利于提升未来教师的整体质量。近些年来，我国虽然也出台了一些加强师范生的教育实习文件，建立了完善的多方参与的实习考核评价体系，但我国的师范生教育实习评价环节仍然存在一些问题。为了解高校教师教育专业学生教育实习评价现状，课题组对实习生、指导教师、实习基地老师进行访谈，调查结果发现高校教师教育专业教育实习评价还存在以下问题。

（一）评价主体单一，以单向评价为主，师生之间缺乏互通互认

调查中发现，虽然高校和实习基地建立了合作关系也认可基地实习指导教师对师范生实习指导的重要性，但是，实习评价过程中仍然以高校指导教师为主，缺乏基地指导教师的实质性评价和实习生的自我评价。师范生对自己实习成绩的评价并没有参与权，基地指导教师也因缺乏对实习生的培养职责使评价流于形式。

此外，高校指导教师、基地指导教师、实习生三者之间在评价过程中缺乏必要的沟通，使得评价由指导教师单向进行，实习生直到实习结束才知道自己的分数，对自己在实习中的表现缺乏客观的认知，处于被动地位。这样的评价，一方面缺乏客观性，不能为实习生提供真实的反馈；另一方面，实习生往往处于自我摸索状态，不清楚自身的不足，也不明确后面实习努力的方向，直接影响实习效果。

（二）注重结果评定，忽视教育实习的过程性评价

教育实习是一个相对较长的过程，在整个实习过程中，应包括观摩、探究、教学等阶段，教育实习的评价应该循序渐进，通过对各阶段的反馈，对师范生在较短时间的教育实习后所取得的成绩和不足进行及时提示。但是，通过对高校相关人员的调查，发现基地指导教师自身的工作任务繁重，且缺乏对实习生进行培养的责任意识，高校教师缺乏一线经验，部分监督管理不严，致使大多数高校指导教师对实习评价的方式过于简单，有的仅仅依据1～2次的听课就给学生进行成绩评定；有的只是在期末结束时给学生填写实习鉴定表，成绩来源也缺乏客观性，分数普遍较高，缺乏实质意义。结果评价忽视了实习生在实习过程中的发展变化，实习生不能及时获得阶段性建

议与指导，影响了其教育实习效果和专业化发展。

（三）评价的功能没有得到发挥

评价具有导向、发展、激励的功能。评价的目的不仅仅是给出一个成绩，重点在于实习中师范生的能力是否获得了真正提升。实习评价本身对实习生而言也是一种学习活动，是整个学习过程不可分割一个重要组成部分，评价的标准、内容和方式在一定程度上左右着学生努力的方向，如同"指挥棒"对实习起着重要的导向作用。通过实习评价，使实习生了解自己已经达到的水平和在实习过程中存在的不足，引导实习生分析原因，确定实习下一阶段计划。

（四）评价的指标体系不健全

评价标准是教育实习评价的核心，没有明确的评价标准，就无法进行有效的教育实习评价。从实习生培养上来说，科学的评价标准对教师的指导行为、内容和实习生的实习行为具有一定的导向作用，使指导教师明确自己的指导内容和指导方向，同时也让学生更加明确自己的实习目的。但是，总体来说目前我国师范生教育实习评价标准相对比较笼统、模糊，不够具体，大多凭借指导教师的整体感觉进行评分，缺乏严谨性、科学性和客观性。指导教师也不需要对成绩评定的结果进行解释，出示证据，评价的结果说服力不足。这使得评价人员无法根据评价标准作出客观公正的评价，师范生也无法根据评价的标准确定自己努力的方向。

（五）实习评价管理体系不健全，缺乏目标达成评价

教育实习是提升学生综合实践能力的重要环节，教育实习评价是对学生是否达到实习目标的价值判断。以往高校在进行实习评价时往往把实习作为独立环节来进行，而没有把教育实习放在人才培养目标体系中来安排，缺乏对与专业毕业要求的关系的考量，评价往往以教师为中心，存在随意性、主观性、简单化的现象。一轮实习结束后，指导教师既没有通过实习评价来具体分析学生在实习总体目标上的达成情况，也没有对某一具体目标达成情况进行详细分析，不利于实习工作的持续开展。

另外，就实习管理而言，缺乏对实习过程的监控，指导教师是否对学生进行了指导？学生是否达到了实习目标？实习评价标准是否科学？实习结果是否客观真实？学生通过实习获得了哪些方面的发展？高校对于以上问题没有明确的管理和监督机制，导致实习评价效果甚微。

二、基于 CIPP 的高校学前教育专业教育实习评价体系建构

基于高校教师教育专业课程评价现状，依据师范专业认证标准，结合教师教育专业课程特点，借助 CIPP 评价模型构建教师教育专业教育实习评价体系。

（一）CIPP 评价模型在教育实习中的作用

CIPP 模型更注重评价对于项目的改进作用。以往教育实习评价多注重终结性评价，通常在实习结束时对学生进行终结性评定，而没有将评价结果及时反馈于下一年的实习实施中。CIPP 模型注重对教育实习过程的反馈和改进，注重收集学生实习过程中学生实习态度以及关于环境创设、幼儿管理、活动组织、教研活动等方面的信息，并将结果与之相关联，建立系统的反馈机制，促进学生持续不断发展，以达到教育实习目的。

另外，该评价模型注重对影响成效的多种复杂因素的分析，符合教师教育专业教育实习综合化、多样化特点。中小学幼儿园教师应具备多方面的实践能力，既有态度上的也有实施操作上的、既有知识又有能力、既有内在的素质又有外在的技能，需要具备多元化评价方式，这与 CIPP 模型诊断性功能的发挥相符合。

此外，CIPP 模型的成果评价契合了师范专业认证背景下课程评价的成果导向理念。CIPP 方法强调对学生的学习成果进行评价，特别是对预期成果的评价，同时也包含了非预期的成果评价，这就意味着评价包括直接评价和间接评价，通过多种途径了解学生在某一方面的学习结果，深入挖掘影响学习的因素，为评量和进一步改进提供依据。

（二）学前教育专业 CIPP 评价模型建构

依据 CIPP 模型含义，基于师范专业认证理念和要求建构了教师教育专业教育实习 CIPP 评价模型，如图 4-4 所示。

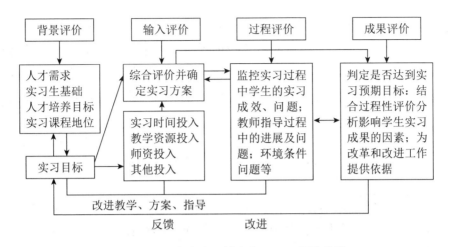

图 4-4 教师教育专业教育实习 CIPP 评价模型

1. 背景评价

针对高校教师教育专业教育实习评价，背景评价主要目的在于对实习方案制订背景进行综合评价与分析，为制订科学合理的实习方案提供决策建议。主要的评价包括教师教育专业人才需求、人才培养目标定位、实习生需求及已具备的职业素养、教育实习在人才培养中的地位和作用、实习基地条件等方面。

背景评价直接影响到实习方案的合理性，实习方案中目标的制订、实习内容的确定、评价方法的确定都需要建立在对影响实习因素的综合分析的基础上。不仅要考虑专业基础、人才需求和培养目标定位，还要考虑学生已有的基础和实习意愿。同时，还要考虑影响实习过程和效果的师资因素和实习基地条件，既要制订科学的教育实习方案，同时又要与实践相结合，能够落实下去。

2. 输入评价

输入评价关注的是对教育实习的投入，在设计教育实习方案时，不仅要考虑产出，还要考虑相对应的投入，确保教育实习的最大效益。CIPP 模式的输入评价强调的是教育实习的可行性评价，依据现有的条件，结合专业人才培养目标，制订相应的实施方案，择优选用。在制订方案过程中，重点对现有的师资条件、设备条件、基地条件、资金投入等进行综合评价，择优制订实习方案。师资条件着重对指导教师的指导能力、态度，以及指导时间进行分析评价；设备条件重在对专业具有的实训条件进行评价，这是学生获得实习准入、适应实习工作的保障；基地条件评价主要对基地教育理念、基地园所硬件、场地、基地协同合作态度等进行评价；资金投入评价是对学校拟投入在交通、指导、协调等方面的资金进行评价，是实习运行的必要保障。

在制订实习方案时，不仅要考虑实习目标，还要考虑实习的可行性，综合评定多方面条件，确定最优方案，在现有条件下实现实习产出的最大化。

3. 过程评价

CIPP 模式的过程评价注重对教育实习过程的全程监控，目的在于及时了解教育实习运行情况，据此对方案进行调整，推动实习目标的实现。相对于终结性评价而言，过程性评价更注重反馈与改进，具有动态性和反馈性特征，有利于高校及时把握教育实习方案执行情况，了解实习过程中存在的问题，针对问题进行调整。

就教育实习而言，过程评价需要对学生在实习过程中的发展进行及时评价，并对影响学生发展的教师指导、教育理念、基地管理、学生需求、实习管理、评价体系等进行多方面测评，综合监控并分析影响实习的因素。一方面通过过程评价收集关于学生发展的信息，并将信息反馈给学生，使学生对自己在实习中的表现有个客观而全面的认识；另一方面，分析影响学生发展的因素，提出持续改进的措施，调整优化方案，促进学生的发展。

4. 成果评价

CIPP 模式在关注过程评价的同时也强调对实习成果的评价，通过这些评价的反馈来判定学生实习目标是否达成，分析还存在哪些薄弱环节需要改进。对实习成果的评价要能客观地反映学生通过实习获得的自身发展。这就需要建立科学合理的实习评价体系，根据学前教育专业实习的特点，以及学前教育专业教育实习目标，并结合学生自身实际制订科学合理的评价维度及标准，多种方法收集数据，全面评价学生的发展。教育实习具有很强的实践性，可以采用座谈会、反思报告、中期汇报、公开课、开放日等多种形式来进行；在评价主体上，可以吸收中小学幼儿园指导教师、高校指导教师、同伴、小组等多元主体参与到评价中来，尽量做好客观公正，为学生提供有价值的反馈信息。

三、实施路径及建议

CIPP 评价模式的背景评价、输入评价、过程评价以及成果评价四个过程对教育实习的评价有一定的现实启示。结合当前高校教师教育专业教育实习评价的现状，构建基于 CIPP 评价模式的教育实习背景、实习投入、实习过程以及实习成果指标体系，能够提升教育实习评价的有效性，促进教育实习价值的发挥，提升毕业生的专业实践能力。下面以学前教育专业为例进行说明。

（一）综合评价分析影响教育实习的背景，为制订实习方案提供依据

1. 背景分析

从人才培养的宏观系统中可以看出，教育实习是人才培养的重要环节，与师资队伍、实验实训条件、其他课程、人才培养模式、基地条件、师范生基础、管理制度等共同致力于专业人才培养目标的实现。但是，与其他理论课程不同，教育实习重在对学生进行实践训练，提升学生的专业综合实践能力，包括师德规范、幼儿园保教、班级管理、教学研究等多方面能力。从教育实习这一微观系统来看，教育实习效果如何受制于实习时间的长短、实习指导团队师资、实习基地条件、高校与基地协同关系、实习评价等多个因素，因此，在制订实习方案前要从宏观和微观层面厘清教育实习内外各因素的关系，对关键因素进行测评，为制订实习方案提供依据。

2. 确定教育实习目标

通过对以上各因素的评判和综合分析，来确定教育实习的目标。一方面实习目标要切合实际，不能要求太高。教师的成长是需要一个过程的，要立足师范生实际，区分"准教师、初任教师和优秀教师"在知识领域和能力水准层次上的标准。同时，实习目标要符合专业人才培养目标定位，要结合国家相关政策、学校人才培养目标定位和专业特点来进行确定。根据师范专业认证标准要求，按照"人才培养目标—毕业要求指标点—教育实习目标"思路确定教育实习目标。以学前教育专业为例，可以确定实习目标为如下几点。

实习目标 1：能够贯彻党和国家的教育方针，遵守教师职业道德规范，自觉加强师德修养，形成良好的职业道德。

实习目标 2：能够理解、认同幼儿园教师工作的意义，热爱幼儿园教育事业，能够以幼儿为本，尊重幼儿，对幼儿富有爱心。

实习目标 3：能够规范书写、使用普通话，熟练使用多媒体技术开展教育教学活动。

实习目标 4：熟悉不同领域活动内容和保育知识，能够规范编写教案、组织教育教学活动、撰写活动反思报告，形成保教能力。

实习目标 5：能够辅助班主任进行班级管理，组织班级综合活动，形成班主任工作能力。

实习目标 6：能够辅助幼儿园组织开展家长活动、节日活动、区角活动等，形成活动育人能力。

实习目标 7：能够与家长、老师、幼儿等进行沟通、交流。

实习目标对毕业要求的支撑矩阵如表 4-1 所示。

表 4-1　实习目标对毕业要求的支撑矩阵

实习目标	践行师德				学会教学				学会育人					学会发展	
	1.师德规范		2.教育情怀		4.保教能力（教学能力）				5.班级指导		6.综合育人			8.沟通合作	
	1.1	1.2	2.1	2.2	4.1	4.2	4.3	4.4	5.1	5.2	6.1	6.2	6.3	8.1	8.2
教育实习		*H*	*H*			*H*	*H*			*H*			*M*	*H*	
实习目标1		*H*													
实习目标2			*H*												
实习目标3						*H*									
实习目标4						*H*									
实习目标5										*H*					
实习目标6													*M*		
实习目标7														*H*	

注：关联强度符号 *H* 强相关（80%）；*M* 中等相关（50%）；*L* 弱相关（20%）。

实习目标对毕业要求指标点的对应关系如表 4-2 所示。

表 4-2　实习目标对毕业要求指标点的对应关系

毕业要求	毕业要求指标点	实习目标
师德规范	1.2[立德树人]忠诚党的教育事业，贯彻党和国家的教育方针，树立立德树人的教育理念，遵守新时代教师职业道德规范，为人师表应具有依法执教、廉洁从教意识，立志成为"四有好老师"	能够贯彻党和国家的教育方针，遵守教师职业道德规范，自觉加强师德修养，形成良好的职业道德
教育情怀	2.1[职业认同]理解认同幼儿园教育工作的价值，认同幼儿园教师工作的意义和专业性，具有扎根基础教育的使命感、从教意愿和积极的情感、端正的态度、正确的价值观。争做幼儿锤炼品格、学习知识、创新思维、奉献祖国的引路人	能够理解、认同幼儿园教师工作的意义，热爱幼儿教育事业，形成从事幼儿教育工作的从教意愿
保教能力	4.2具备比较扎实的"三字一话"教师基本技能，比较熟练运用现代信息技术开展教育教学活动	能够规范书写、使用普通话，熟练使用多媒体技术开展教育教学活动
	4.3掌握幼儿园教育教学基本规律，掌握不同领域不同年龄段教育教学要求，熟悉不同领域内容和保育知识，具有基本的活动设计、组织实施、教育评价、教学反思的能力，具备基本的课程资源开发和整合意识	熟悉不同领域内容，做好保育工作，能够规范编写教案、组织各种活动、撰写教学反思报告，形成保教能力
班级指导	5.2理解班主任工作的价值，掌握班级组织建设的基本理论和方法，参与班主任工作实践，具备设计、开发、实施和评价幼儿园活动的基本能力	能够辅助班主任组织开展班会、学生管理等班级教育活动，形成班主任工作能力
综合育人	6.3理解教育活动和幼儿园文化的育人价值，形成组织和实施主题教育活动和一日生活育人的基本能力	能够辅助幼儿园组织开展主题教育、一日生活，形成活动育人能力
沟通合作	8.1具有交流、倾听、沟通、合作等基本技能，掌握与幼儿、家长、同事、同行、社区沟通的基本方法	能够与家长、老师、幼儿等进行沟通、交流

（二）进行输入评价，制订教育实习计划

确定了教育实习目标后，要对达到目标所需条件、资源等进行综合评定，从多种层面设计实习方案，进行综合分析，力求形成一个合适的、可操作的教育实习计划，这体现了输入评价的优点，其实质就是对教育实习的可行性和效用性进行判断。制订教育实习计划，一方面应在考虑专业人才培养目标的大前提下，结合师范生实际，确定教育实习内容及任务。另一方面，做好与基地的沟通工作，共同研制方案，相互认同。同时，还要做好实习管理计划与方案，为实习提供制度保障。

1.依据实习目标确定目标达成途径

以学前教育专业为例，实习目标与达成途径如表4-3所示。

表4-3 实习目标与达成途径

实习目标	达成途径
实习目标1：能够贯彻党和国家的教育方针，遵守教师职业道德规范，自觉加强师德修养，形成良好的职业道德	达成途径：师德师风实习、教学工作实习、班主任工作实习、综合实践育人活动实习
实习目标2：能够理解、认同幼儿园教师工作的意义，热爱幼儿教育事业，形成从事幼儿教育工作的从教意愿	达成途径：师德师风实习、教学工作实习、班主任工作实习、综合实践育人活动实习
实习目标3：能够规范书写、使用普通话，熟练使用多媒体技术开展教育教学活动	达成途径：保教工作实习
实习目标4：熟悉不同领域内容，做好保育工作，能够规范编写教案、组织各种活动、撰写教学反思报告，形成保教能力	达成途径：保教工作实习
实习目标5：能够辅助班主任组织开展班会、学生管理等班级教育活动，形成班主任工作能力	达成途径：班主任工作实习
实习目标6：能够辅助幼儿园组织开展主题教育、一日生活，形成活动育人能力	达成途径：综合育人活动实习
实习目标7：能够与家长、老师、幼儿等进行沟通、交流	达成途径：班主任工作实习、综合实践育人活动实习

2.确定教育实习内容

（1）师德师风实习。学生在实习中形成良好的职业道德，热爱幼儿教育

事业，能够以学生为本，尊重幼儿，对幼儿富有爱心。

（2）教学工作实习。撰写教案，进行教学设计，运用恰当的教学方法，熟练运用普通话和现代教育技术进行教育教学，完成幼儿园教育教学任务。

（3）班主任工作实习。参与或担任实习班主任工作，协助班主任参与一日生活管理，设计和组织班级主题活动或常规教育等。能够与指导老师、班主任、幼儿、家长进行很好的交流与合作。

（4）综合实践育人活动实习。运用学校文化和教育活动的育人途径和方法，参与组织主题活动、一日生活，促进幼儿全面、健康发展。

3. 确定教育实习要求

（1）师德师风实习

遵守国家法规政策，具有良好的职业道德，服从实习安排，遵守学校规定的教学规范和要求；树立"以人为本，德育为先"的理念；能做到教书和育人相结合；能依据幼儿身心发展规律，开展教育教学活动，对幼儿富有爱心，对工作具有事业心。

（2）教学工作实习

一是备课。认真学习《幼儿园教育指导纲要（试行）》（简称《纲要》）和《3-6岁儿童学习与发展指南》（简称《指南》），准确领会《纲要》和《指南》精神，把握幼儿园教育教学规律，制订活动方案。

二是编写活动方案。根据不同年龄阶段特点，选择合适的内容设计教育教学活动，活动目标表述科学、重难点适宜、方法恰当，格式规范。

三是活动组织与实施。积极参与到幼儿园活动组织中，虚心向指导教师学习，语言表达适宜、教学行为符合师德规范，具有一定教学技能和应对突发情况的教学机制，能够独立完成教学活动组织与实施任务。

四是听课和评课。积极参与听课和评课，会听课，能从听课中积累经验，为其他同学提出改进建议。掌握评价技巧，知道一节好课的标准，并以此进行评课。

（3）班主任工作实习

一是认识班主任工作对于自己成长的重要性，积极参与班主任工作，开展班级管理。

二是了解班主任工作的职责，一日常规管理工作的内容和方法，了解实习班级的学情，拟订班主任工作计划。

三是实际从事班主任工作，能够与所在班级学生进行有效沟通、良好互动，设计主题活动。参加主题活动，协助班主任做好一日生活的管理工作。

（4）综合育人活动实习

一是了解学校文化和教育活动的育人内涵和方法，设计综合实践活动实施方案。

二是参与学校组织的主题活动，进行文化育人和活动育人。

（三）注重过程评价，提升教育实习评价的持续改进价值

教育实习过程性评价的主要目的在于及时了解学生在实习过程中获得的成长和存在的薄弱方面，相应地对实习管理进行监控，包括实习基地的管理、指导教师的指导、学生的管理等方面，以便于持续改进教育实习目标。这里重点介绍几种教育实习评价方法。每一种评价方法都是一种组织课程和教学、评价职前教师发展能力的手段，无论这种组织是在课程内部，还是课程之间，没有一种能呈现教学的全貌。然而每种方法都能展现教学的各种实质性方面，并且可以这么说，它们各自反映了教学的不同侧面。认知领域把心智过程分为六类：知识、领会、应用、分析、综合、评估，其中前两类是最为基础的，后四个涉及复杂的思维和同化。不同的评价目的需要使用不同的评价方法，学前教育专业教师应该根据不同类型课程的特点以及课程评价目的选择恰当的评价方式，特别是兼具理论与实践的课程应该综合使用多种方法。就教育实习而言，可以综合使用表现性评价、档案袋评价、案例、作品分析、模拟等评价方法。

（四）优化评价维度和标准，进行教育实习目标达成情况的分析

有研究者对澳大利亚高校教师教育专业教育实习指导手册进行了研究[①]，从手册中可以看出，澳大利亚非常重视对学生教育实习的评价，并研制了相应的评价标准和可操作性的工具供评价使用，注重评价对实习教师的指导和发展价值。相比国外的实践评价体系，我国在教育实习领域的评价体系还不完善，最突出的问题是缺乏科学的、可操作性强的评价工具，以及相应的教育实践评价策略。评价标准和评价工具对教育实习或者实践性课程具有价值导向功能，如果没有科学、明确的评价标准，学生在教育实践中会无的放矢，直接影响教育实践的效果；评价策略体现了评价的理念，是落实实践评价的

---

① 王菠、王萍.澳大利亚高等院校学前教育实习指导手册：解读、分析与借鉴 [J].外国中小学教育，2018（5）：39-48.

具体做法，为实践能力评价提供了技术性支持。我国高校学前教育专业实践领域的评价还没有明确的标准，评价结果由指导教师给出，具有很大的随意性，缺乏一定的客观性，这样的评价难以使高校和指导教师认识到实习生的真实情况，也难以为实习生提供认识自我的客观数据。为此，需要结合专业人才培养目标和学生实际制订科学合理的评价维度和标准。教育实习评价可以帮助我们客观认识学生个体及群体教育实习目标达成情况，并针对问题提出进一步改进的措施。以学前教育专业为例，可以从以下方面进行操作。

1. 确定考核方式

教育实习考核方式如表 4-4 所示。

表 4-4　教育实习考核方式

毕业要求指标点	实习目标	考核内容	考核方式及成绩比例（%）						折合综合成绩（百分制）
			师德师风鉴定	班主任工作评价	综合实践活动情况评价	感悟体会评价	教案及听课记录评价	教师听评课	
1.2	1	1. 遵守本校和实习学校纪律的情况； 2. 遵守教师职业道德规范，为人师表，具有依法执教意识	60			40			10
2.2	2	在各种活动中的表现，工作的责任心，有事业心，对幼儿园教师职业的认同和热爱等	40			60			10
4.2	3	1. 普通话、语言表达的规范性； 2. 板书、教案等字体书写的规范性						30	9
4.3	4	备课、撰写教案、活动设计与组织、一日生活组织与管理、保育、教学反思等保教活动情况					100	70	41
5.2	5	参与班主任工作，辅助班主任组织开展主题活动、一日生活常规管理		70					14

续表

毕业要求指标点	实习目标	考核内容	考核方式及成绩比例（%）						折合综合成绩（百分制）
			师德师风鉴定	班主任工作评价	综合实践活动情况评价	感悟体会评价	教案及听课记录评价	教师听评课	
6.3	6	参与学校组织的各种主题活动，进行活动育人的情况			70				7
8.1	7	与家长、老师、幼儿等进行沟通、交流、讨论的情况		30	30				9
各环节原始分合计（百分制）			100	100	100	100	100	100	100
各环节成绩占综合成绩比例（%）			10	20	10	10	20	30	

2. 制订教育实习评价标准

教育实习评量表如表 4-5 所示。

表 4-5　教育实习评量表

实习目标	评价方式	优秀	良好	中等	有待改进	满分值	校内指导老师评分（权重：0.3）	校外指导老师评分（权重：0.7）
1	师德师风鉴定—师德规范	1. 在实习期间能按时到实习学校实习，能够做到不迟到、不缺勤，保持全勤。2. 没有请假现象。3. 能够严格遵守教师职业道德规范，为人师表，具有依法执教意识	1. 在实习期间有缺勤情况，累计不超过1天；2. 在实习期间迟到累计不超过3次；3. 在实习期间请假累计不超过3次，且每次不超过一天；4. 能够较好地遵守教师职业道德规范，为人师表，有一定的依法执教意识	1. 在实习期间有缺勤情况，不超过2天；2. 在实习期间迟到累计不超过5次；3. 在实习期间请假累计不超过5次，时间累计不超过一周；4. 基本能够遵守教师职业道德规范，基本能够做到为人师表，基本能够依法执教	1. 在实习期间缺勤3天（含3天）以上者；2. 擅自未参加实习者；3. 请假超过实际实习期三分之一以上者；4. 不能遵守教师职业道德规范，不能为人师表，缺乏依法执教意识	6		

实习目标	评价方式	优秀	良好	中等	有待改进	满分值	校内指导老师评分（权重：0.3）	校外指导老师评分（权重：0.7）
2	师德师风鉴定—教育情怀	热爱幼儿教育事业，在各种活动中表现积极，工作责任心强，有事业心，对幼儿有爱心、辅导有耐心、细致	热爱幼儿教育事业，在各种活动中表现比较积极，工作责任心较强，有事业心，对幼儿比较有爱心，辅导比较有耐心、细致	能参加学校的一些活动，表现比较被动，对幼儿护理和指导不够积极，不够耐心、不够细致，基本能完成实习任务	不参加学校开展的任何活动，或在活动中表现差，对学生辅导态度粗暴，不关心幼儿，不能完成实习任务	4		
1	感悟体会评价—师德规范	完成个人实习总结撰写，围绕师德规范总结深刻而全面，感悟体会很深	完成个人实习总结撰写，围绕师德规范感悟体会比较深刻；撰写比较全面	完成个人实习总结撰写，围绕师德规范有一定的感悟体会；撰写基本全面	未完成个人实习总结撰写，或者撰写不全面，敷衍应付	4		
2	感悟体会评价—教育情怀	完成个人实习总结撰写，围绕教育情怀总结深刻而全面，感悟体会很深	完成个人实习总结撰写，围绕教育情怀体会比较深刻；撰写比较全面	完成个人实习总结撰写，围绕教育情怀有一定的感悟体会；撰写基本全面	未完成个人实习总结撰写，或者撰写不全面，敷衍应付	6		
3	教师听评课—语言与书写	1. 普通话标准、语言表达能力强；2. 板书、教案等字体书写规范	1. 普通话比较标准、语言表达比较规范；2. 板书、教案等字体书写比较规范	1. 普通话基本标准、语言表达基本规范；2. 板书、教案等字体书写基本规范	1. 普通话不标准、语言表达不规范；2. 板书、教案等字迹潦草、书写不规范	9		
4	教案及听课记录评价	1. 完成校内外备课教案任务；2. 教案设计合理、规范；3. 完成校内外听课任务；4. 听课记录详细完整，有评价内容，能进行教学反思等，评价教学活动好的方面与不足	1. 完成校内外备课教案任务；2. 教案设计比较合理、规范；3. 完成校内外听课任务；4. 听课记录比较完整，有评价内容，能进行教学反思等，能较好评价课堂教学好的方面与不足	1. 完成校内外备课教案任务；2. 教案设计基本合理；3. 完成校内外听课任务；4. 听课记录基本完整，对听课内容仅有简单或一般性的评价	1. 未完成校内外备课教案任务；2. 教案设计不合理；3. 未完成校内外听课任务；4. 听课记录不完整，对听课内容缺少评价	20		

续表

实习目标	评价方式	优秀	良好	中等	有待改进	满分值	校内指导老师评分（权重：0.3）	校外指导老师评分（权重：0.7）
4	教师听评课—课堂教学	1. 活动目的明确，备课充分； 2. 讲解知识完整、透彻、条理清楚； 3. 能把握活动重点、难点； 4. 教法运用合理得当，能调动幼儿活动积极性； 5. 幼儿能理解、掌握所学内容，教学效果好； 6. 对幼儿护理和指导耐心，及时纠正错误； 7. 能及时进行教学反思，发现教学中的不足等	1. 活动目的比较明确，备课比较充分； 2. 讲解知识比较完整、透彻、条理比较清楚； 3. 能较好把握活动重点、难点； 4. 教法运用比较合理，能较好调动幼儿活动积极性； 5. 幼儿能理解、掌握所学内容，教学效果比较好； 6. 对幼儿护理和指导比较耐心； 7. 能较好进行教学反思等，改正不足	1. 活动目的基本明确，备课基本充分； 2. 讲解知识基本完整、准确、条理基本清楚； 3. 基本能把握活动重点、难点； 4. 教法基本运用合理，基本能调动幼儿学习积极性； 5. 幼儿基本能理解、掌握所学内容，教学效果一般； 6. 对幼儿护理和指导基本耐心； 7. 基本能进行教学反思等，改正不足	1. 活动目的不明确，备课不够充分； 2. 讲解知识不完整、不准确、条理不够清楚； 3. 不能把握活动重点、难点； 4. 教法运用不合理，不能调动幼儿活动积极性； 5. 幼儿不能理解所学内容，教学效果不好； 6. 对幼儿护理和指导不耐心； 7. 不能进行教学反思等，改正不足	21		
5	班主任工作评价—班主任工作	1. 能积极参与班主任工作，配合班主任组织开展主题活动和一日生活，做好班级管理工作，效果良好； 2. 班主任工作计划设计科学合理	1. 能参与班主任工作，配合班主任组织开展主题活动和一日生活，做好班级管理工作，效果较好； 2. 班主任工作计划设计比较合理	1. 能参与班主任工作，协助班主任组织开展主题活动和一日生活，效果一般； 2. 班主任工作计划设计基本合理	1. 不能参与班主任工作，不能协助班主任组织开展主题活动和一日生活管理工作； 2. 班主任工作计划没有撰写或撰写不合理	14		

实习目标	评价方式	优秀	良好	中等	有待改进	满分值	校内指导老师评分（权重：0.3）	校外指导老师评分（权重：0.7）
6	综合实践活动情况评价—活动育人	1. 班级活动实施方案设计科学合理，条理清晰；2. 能主动配合学校，参与开展主题教育活动、一日生活教育，方法灵活，活动育人效果好	1. 班级活动实施方案，设计比较合理，条理比较清晰；2. 能较好配合学校，参与开展主题教育活动、一日生活教育，方法灵活，活动育人效果较好	1. 班级活动实施方案，设计基本合理，条理基本清晰；2. 基本能配合学校，参与开展主题教育活动、一日生活教育，活动育人效果一般	1. 班级活动实施方案没有完成或者设计不合理，逻辑混乱，敷衍了事；2. 不能主动配合学校，参与开展主题教育活动、一日生活教育，方法不灵活，活动育人效果差	7		
7	班主任工作评价—沟通能力	能积极与家长、老师、幼儿等进行沟通、交流、讨论问题	能较好与家长、老师、幼儿等进行沟通、交流、讨论问题	与家长、老师、幼儿等进行沟通、交流、讨论比较少	不能与家长、老师、幼儿等进行沟通、交流、讨论问题	6		
8	综合实践活动评价—沟通能力	能积极与老师、幼儿等进行沟通、交流、讨论问题	能较好与老师、幼儿等进行沟通、交流、讨论问题	与老师、幼儿等进行沟通、交流、讨论比较少	不能与老师、幼儿等进行沟通、交流、讨论问题	3		
总分						100		
合计								

3. 进行教育实习目标达成情况分析

实习目标达成情况评价方法由直接评价和间接评价组成，以直接评价为主，以间接评价为辅。直接评价来源于各种考核方式的成绩，间接评价来源于学生对实习目标达成情况的自评问卷调查结果。

（1）教育实习达成情况直接评价

取实习所有学生各考核环节考核成绩，若学生总数为 N，实习目标 i 总成绩包含 J 个部分，则第 i 个实习目标的直接评价的计算公式为：

$$P_i = \frac{\sum_{j=1}^{J} \dfrac{\sum_{n-1}^{N}（课程目标i的考核成绩）}{N×（课程目标i考核环节目标分值）}×（占总成绩的比例）}{课程目标i的考核环节占总成绩的比例总和}$$

实习目标直接评价达成情况如表4-6所示。

表4-6　实习目标直接评价达成情况

毕业要求指标点	实习目标	达成途径、评价依据	评价结果		
			平均分	满分	达成度
1.2忠诚党的教育事业，贯彻党和国家的教育方针，树立"立德树人"的教育理念，遵守新时代教师职业道德规范，为人师表，具有依法执教、廉洁从教意识，立志成为"四有好老师"	实习目标1：能够贯彻党和国家的教育方针，遵守教师职业道德规范，自觉加强师德修养，形成良好的职业道德	达成途径：通过教育实习，使学生体验作为教师的职责和责任，端正实习态度，严格要求自己，遵守师德规范 评价依据：师德师风鉴定、感悟体会评价			
2.1理解认同幼儿园教育工作的价值，认同幼儿园教师工作的意义和专业性，具有扎根基础教育的使命感、从教意愿和积极的情感、端正的态度、正确的价值观。争做幼儿锤炼品格、学习知识、创新思维、奉献祖国的引路人	实习目标2：能够理解、认同幼儿园教师工作的意义，热爱幼儿教育事业，形成从事幼儿教育工作的从教意愿	达成途径：通过教育实习，使学生体验作为教师的职责和责任，端正实习态度，热爱教育事业，能够关心、爱护学生，为人师表 评价依据：师德师风鉴定、感悟体会评价			
4.2具备比较扎实的"三字一话"教师基本技能，比较熟练运用现代信息技术开展教育教学活动	实习目标3：能够规范书写、使用普通话，熟练使用多媒体技术开展教育教学活动。	达成途径：通过教育实习，使学生能够运用普通话开展教学，有一定的讲话艺术和语言表达能力；板书或书写规范，字体工整。能够运用多媒体等进行教学 评价依据：指导教师听评课			
4.3掌握幼儿园教育教学基本规律，掌握不同领域不同年龄段教育教学要求，熟悉不同领域内容和保育知识，具有基本的活动设计、组织实施、教育评价、教学反思的能力，具备基本的课程资源开发和整合意识	实习目标4：熟悉不同领域内容，做好保育工作，能够规范编写教案、组织各种活动、撰写教学反思报告，形成保教能力	达成途径：通过教育实习，使学生熟悉所教学科课程标准要求和教材，能够编写教案，进行教学设计，组织课堂教学、教学评价，能够撰写总结报告，进行教学反思 评价依据：教案、听课记录评价、指导教师听评课			

续表

毕业要求指标点	实习目标	达成途径、评价依据	评价结果		
			平均分	满分	达成度
5.2 理解班主任工作的价值，掌握班级组织建设的基本理论和方法，参与班主任工作实践，具备设计、开发、实施和评价幼儿园活动的基本能力	实习目标5：能够辅助班主任组织开展班会、学生管理等班级教育活动，形成班主任工作能力	达成途径：通过教育实习，学生参与班主任工作，能够协助班主任组织开展班会等活动，掌握一定的方法，能够对班级教育活动进行设计、开发、实施和评价 评价依据：班主任工作评价			
6.3 理解教育活动和幼儿园文化的育人价值，形成组织和实施主题教育活动和一日生活育人的基本能力	实习目标6：能够辅助幼儿园组织开展主题教育、一日生活，形成活动育人能力	达成途径：通过教育实习，学生能配合学校，组织、实施主题教育活动、社团等活动，并能理解活动育人的价值 评价依据：综合实践活动情况评价			
8.1 具有交流、倾听、沟通、合作等基本技能，掌握与幼儿、家长、同事、同行、社区沟通的基本方法	实习目标7：能够与家长、老师、幼儿等进行沟通、交流	达成途径：通过教育实习，学生能够与小学生进行交流对话；能够与同学、老师进行沟通与合作；能够与学生家长进行沟通 评价依据：班主任工作和综合实践活动中的表现			

直接评价不同考核方式的达成情况如表4-7所示。

表4-7 直接评价不同考核方式的达成情况

实习目标	师德师风鉴定（10%）			班主任工作评价（20%）			综合实践活动情况评价（10%）			感悟体会评价（10%）			教案、听课记录评价（20%）			教师听评课（30%）			实习目标达成度
	目标分值	实际分值	达成度	目标分值	实际分值	达成度	目标分值	实际分值	达成度	目标分值	实际分值	达成度	目标分值	实际分值	达成度	目标分值	实际分值	达成度	
实习目标1																			
实习目标2																			
实习目标3																			

实习 目标 4										
实习 目标 5										
实习 目标 6										
实习 目标 7										

（2）教育实习目标达成情况间接评价

间接评价法是向学生发放实习目标达成情况自评调查问卷，收集实习目标间接达成情况评价数据。实习目标间接评价的计算公式为：

$$K_i = \frac{\sum_{i=1}^{5}（课程目标i各项目标分值 \times 问卷份数）}{N \times 5}$$

每个实习目标的评价标准设定为五个档次，对应实习目标达成情况从高到低的达成情况分布，取值分别为 5 分、4 分、3 分、2 分和 1 分，5 分表示完全达成，4 分表示较好达成，3 分表示基本达成，2 分表示部分未达成，1 分表示完全未达成。实习目标间接评价达成情况表如 4-8 所示。

表 4-8 实习目标间接评价达成情况

实习 目标	完全 未达成	部分 未达成	基本 达成	较好 达成	完全 达成	参与 人数	达成度 评价值
	1	2	3	4	5		
实习目标 1							
实习目标 2							
实习目标 3							
实习目标 4							
实习目标 5							
实习目标 6							
实习目标 7							

直接评价采取多种方式进行，力争评价结果的客观性，作为判定学生实习成绩及目标达成的主要依据。间接评价主要对实习生自身是否达成教育实习目标进行调查，可以将间接评价结果与直接评价结果进行比对，间接评价作为参考和分析实习存在问题的依据，为进一步调整方案和整改提供参照。

第五章　师范生培养中的专业思想教育

近年来，基础教育教师的生存状态一直受到人们的关注，包括幼儿园教师、小学教师和高中教师的生存状况，涉及教师的职业压力、心理健康、职业幸福感等方面。随着研究的深入，研究者纷纷把关注点聚焦于职前培养阶段，开始对高校教师教育专业的师范生展开了研究，涉及师范生的就业取向、专业认同、专业承诺、专业能力发展现状、就业准备等。高校教师教育专业师范生是未来基础教育师资的后备军，师范生的发展直接影响到未来基础教育师资队伍的总体水平。但是，近几年对教师教育专业师范生生存状态的研究结果显示，高校教师教育专业师范生的专业认同虽然处于中等偏上水平，但是缺乏一定的专业理想信念，存在明显的就业人才流失现象，由此可见，高校教师教育专业在进行人才培养时更多关注了外在因素，而忽视了教育的接收者——师范生的内在发展需求和生存状态，虽然花了大量人力、物力、财力培养人才，却导致了大量学生流失的结果，既浪费了国家的资源，又浪费了学生的时间和精力。从另外一个层面来讲，要提升师范生的专业化水平，就要从提升学生自身的专业理想信念入手，使学生认识到教师职业的价值，提升学生的专业发展水平，满足其内在学习需求。

第一节　高校教师教育专业师范生生存状态

学生是学习的主体，外在的教育影响只有作用于学生才能发挥其教育价值，作为教育实施者和管理者，教师在进行教育教学时应该先了解受教育者自身的状态，这是进行教育教学的前提。只有了解学生的学习动机、思想、学习基础，才能进行因材施教，做到有的放矢，进行有效的教育教学，从而促进学生的发展。

一、教师教育专业学生的专业认同

专业认同感，是指学习者对所学专业的接受与认可，并以积极的态度和愉悦的情绪，积极主动地参与专业学习和活动的一种心理状态。[①] 专业认同感是教师专业理念与师德的重要组成部分。专业认同能使学生对专业价值产生认同，继而产生接纳本专业的意识态度与思想行为。[②] 教师教育专业本科生对专业的认可和接纳程度一方面会对其学业成功、学习动机、专业发展有积极影响，另一方面会直接影响他们选择这一行业的态度，这将关乎未来基础教育教师队伍的稳定及基础教育质量的整体发展水平。主要从以下几个方面来了解教师教育专业学生的专业认同情况。

（一）对课程的认同

本研究根据教师教育专业的特点，把课程分成理论课程、专业技能课程、实践课程，主要从学生对这三类课程的认同以及课程自主性程度的认同方面，来具体了解学生对课程的认同水平。就地方高校而言，学生对专业技能课认同度较高，对理论课的认同度次之，对实践课的认同较低。学生之所以对技能课认同度稍高，主要原因在于技能课教师往往在技能指导时，与学生的互动频率较高，另外，技能课的实践性较强，目标明确具体，如绘画、弹唱等课程，学生的参与性较高。由于专业理论课的授课方式以讲授为主，特别是理论性较强的课程由于缺乏与实践的衔接，很容易出现"满堂灌"或"照本宣科"，使学生缺乏学习的兴趣，注意力容易分散，学习效果比较差，从而导致学生对理论课认同度较低。而实践类课程，如教育实习、见习等，主要受学生在实习学校的生存状态所影响，很多实习学校过多地让学生做机械性工作，而忽视对学生其他专业能力的指导，使学生对实践课程的认同度较低。

由此可见，学生对课程的认同度不在于课程本身，而更多受课程实施方式的影响。就目前而言，学生对课程设置的认同度较高，就认为开设的课程比较合理。

---

① 刘桂宏.民族地区高校学前教育专业本科生专业认同感研究以新疆三所高校为例[J]. 教育探索，2014（10）：142-144.

② 陈妍，梁莹，强丽君.学前教育专业本科生专业认同情况的校别比较[J].学前教育研究，2008（3）：21.

（二）对教师与教学情况的认同

从整体上看，学生对教师自身的职称、学历没有特别的要求，对教师的认同更多受到教师教学方式、态度等方面的影响。大多数学生认为只要老师教得好，职称高低并不是最重要的。就地方本科院校教师教育专业本科生而言，他们对教师的教学认同度较高，对教师的教学态度、教学方式等比较满意。但是，部分专科学生对教师的认同度不高，特别是对要求比较严格的教师的认同度较低。这样的认同现象一方面与学生自身的学习态度和观念有关，另一方面也说明教师的教学方式有待进一步改进，应该以多元的教学方式促进不同教育对象的学习。在本研究调查的院校中有 50% 以上学生认为教师上课有照本宣科的现象，认为方法比较陈旧，需要进行改进。

（三）对专业发展前景和就业方面的认同

地方高校教师教育专业人才培养的目标主要是基础教育教师，学生对这一培养目标普遍持认同态度。但是，近一半的学前教育专业本科生谈及发展规划时并不打算选择从事幼儿园教师这一职业，职业认同感较低。主要原因有两个方面：一是学生的就业观念与当前学前教育发展形势存在一定误差，很多学生仍然秉持铁饭碗的就业观念，希望能够在公办幼儿园里找一份有编制的工作，而当前我国的幼儿园中教师编制有限，幼儿园岗位较少，不能满足学生的需求；二是幼儿园教师的工作特点，目前幼儿园教师工作繁重，而且工作待遇不高，社会地位较低，这是导致大多数学前教育专业学生不愿意从事幼儿园教师这一职业的主要原因。很多学生认为学前教育专业的发展空间不大，特别是对于男同学而言，还要承担养家糊口的责任，因此，大部分男同学放弃了幼儿园教师的职业岗位，而另谋他路。

二、教师教育专业学生的专业承诺

作为高校教育工作者，在对学生施加教育影响前，首先要了解学生的学习现状，这样才能进行有针对性地教学。特别是在当前提倡的以学生为中心、以学生的发展为主的教育改革大环境下，我们更要了解学生的学习需求及学习状态。而专业承诺和学习倦怠作为反映学生学习现状的两个重要指标，能够为我们从事教育活动提供必要的信息，提升教育教学的有效性。

（一）专业承诺概述

有研究者对大学生的专业承诺进行了研究。专业承诺概念来自企业的组织承诺和职业承诺，指的是个体对某一特定对象有着积极的认同感，愿意承担角色应负的职责，履行角色应尽的义务，是一种内在的心理状态，同时这种心理状态又影响到成员采取相应的行为。将组织承诺引入到大学生的学习领域中，大学生对专业学习的承诺反映了其对所学专业的认同、喜爱、愿意付出的努力和良好的行为表现等积极的学习心理，是指大学生认同所学专业并愿意付出相应努力的积极的态度和行为。研究结果显示大学生的专业承诺水平并不高，而且会直接影响到学生的学习倦怠。① 大学生的专业承诺主要包括四个方面，分别是规范承诺、情感承诺、继续承诺、理想承诺。

（二）教师教育专业学生的专业承诺现状

专业承诺包括规范承诺、情感承诺、继续承诺、理想承诺四个方面，其中情感承诺主要反映大学生对所学专业的感情、愿望，主要考查学生对专业学习的喜爱程度和积极态度；继续承诺主要反映大学生出于自身素质、能力、就业机会以及与该专业相应的工资、待遇等经济因素而愿意留在该专业学习，反映了学生对学前教育专业和未来幼教工作的执着水平，是反映学前专业教育成功与否的重要因素；理想承诺反映大学生认为所学专业能发挥自己的特长，有利于实现自己的理想和抱负，是大学生对学前教育专业价值的一种判断；规范承诺指大学生认同所学专业的规范和要求，是出于义务和责任的考虑留在所学专业，反映了学生对专业学习的责任意识和义务意识；情感承诺反映学生对专业的喜爱程度和积极态度。有研究者以师范院校、理工院校、医科院校学生为研究对象，通过分析每项的均值，发现不同类型学校的学生在专业承诺上存在一定差异，数据如下表5-1所示。②

---

① 连榕，杨丽娴，吴兰花.大学生专业承诺、学习倦怠的状况及其关系[J].心理科学，2006（1）：47-51.

② 连榕，杨丽娴，吴兰花.大学生专业承诺、学习倦怠的状况及其关系[J].心理科学，2006（1）：48.

表 5-1　不同类型学校大学生在专业承诺各维度上的平均数与标准差

项目		情感承诺 M±SD	理想承诺 M±SD	规范承诺 M±SD	继续承诺 M±SD
学校	师范院校	3.241±0.757	3.488±0.809	3.488±0.809	2.951±0.633
	理工院校	3.341±0.703	3.708±0.732	3.708±0.732	3.113±0.649
	医科院校	3.437±0.649	3.976±0.643	3.976±0.643	3.209±0.585

从以上数据可以看出，师范院校的专业承诺无论是总体上还是单项的得分都低于理工院校和医科院校，特别是继续承诺上的得分最低，甚至低于中值（中值为3）。就师范院校专业承诺各项水平而言，从高到低依次是理想承诺和规范承诺、情感承诺、继续承诺。

有研究者对地方高校师范生专业承诺现状进行调查，调查结果显示师范生的专业承诺总体水平均值为 3.544，处于中等水平。[①] 目前师范生专业承诺水平处于中等，其中，规范承诺水平最高，理想承诺水平最低，这说明师范生的专业认同感还不高，对教育的热爱程度还不够，立志从教的专业意志还不坚定，终身从教的献身精神还亟待加强。研究还发现，女生的专业承诺水平略高于男生，大一师范生的专业承诺水平最高，艺体专业师范生的专业承诺水平最高，基于个人志向就读师范专业的师范生专业承诺水平最高。另外，研究还对师范生的学习适应性进行了调查，发现师范生的学习适应性总体水平一般，在学习能力和学习态度因子上的适应性相对较高，在环境因子方面的适应性相对较低，较低的学习适应性制约了师范生的专业发展。女生的学习适应性水平略高于男生，大一师范生的学习适应性水平最高，理科师范生的学习适应性水平最低。

还有研究者专门对专科学前教育专业学生进行了专业承诺的调查，发现学前教育专科生的专业承诺水平呈中上水平（中值为3），其中规范承诺与情感承诺的水平高于平均值，理想承诺与继续承诺的水平低于平均值；按均值由大到小依次是：规范承诺、情感承诺、继续承诺、理想承诺。进行 t 检验（students test）后发现，学前教育专科生的专业承诺以规范承诺水平明显居高，而理想承诺水平明显最低。[②] 这说明学前教育专科生的责任意识和专业情感还是不错的，但是，缺乏相应的职业理想，很多学生并不认为学前教育专业可以充分发挥自己的潜能或实现个人理想，给予个人的发展空间也不

---

① 侯小兵.师范生专业承诺现状及其影响因素探析 [J].教师教育学报，2021（1）：69.
② 张建玲，姬彦红.大学生专业承诺发展特点与教育对策 [J].当代教育科学，2012（9）：30-32.

大，主要原因在于人们对幼教这一行业的社会地位、报酬待遇、晋升空间的认识。有一部分人认为"幼儿园教师工作虽然稳定，但是也只能养家糊口"，这种认识直接影响到男生的择业观，很多该专业的男生毕业后没有选择幼教职业的原因在于幼教职业待遇和社会地位不高。同时，专科院校较为重视学生的技能提升，虽然专科学生的表现能力明显优于本科生，但是，专业发展潜力较低，可持续性发展的动力不足。另外，在继续承诺这一维度上，无论农村还是城市学生都表现出了随年级升高而降低的趋势，这也反映了这一专业的学生流失现象严重，很多学生虽然进行了三年或四年的专业教育，但是在选择职业时却没有从事幼儿园教师这一工作，一部分学生争着去做小学教师或考公务员，甚至宁肯跨入完全陌生的领域，也不愿意当幼儿教师。

为了了解不同专业师范生的专业承诺，笔者以地方本科院校学前教育专业学生为调查对象，采用问卷法对河南三所地方本科院校的学前教育专业大一至大四的 318 名学生进行了调查，涵盖不同性别、年级、城乡区域的学前教育专业学生。调查结果显示地方本科院校学前教育专业学生总的专业承诺平均分为 $M=3.21$（3.21 ± 0.47），处于中等水平，专业承诺水平不高。从四个维度看，规范承诺最高，高于中等临界值分，分值为 3.84。情感承诺、理想承诺和规范承诺低于临界值分，其中继续承诺最低，分值为 2.93。四个维度的大小排序为：规范承诺＞理想承诺＞情感承诺＞继续承诺。由此可见，学生的继续承诺最低，这是导致大部分学前教育专业学生毕业后人才流失的主要原因。另外，不同类型学校的学前教育专业学生专业承诺现状也不相同，因此，学生的专业承诺一方面与专业有关，另一方面也与高校自身的教育、教学条件等有关。

三、教师教育专业学生的学习倦怠

学习倦怠（learning burnout）的概念来自职业倦怠（job burnout）的研究。已有的倦怠研究多聚焦于教师、医生、警察等职业，极少人研究学生的学习倦怠。倦怠是沮丧、疲乏、不满意、焦虑、抑郁、冷漠、迷惑、无力、低自尊等消极的心理表现。大学生的学习倦怠反映了大学生消极的学习心理，指的是由于学习压力或缺乏学习兴趣而对学习感到厌倦的消极态度和行为。

有研究者在对学生学习倦怠进行研究的基础上提出了学习倦怠成因模型，指出造成学生学习倦怠的主要原因是学习资源和学习要求，学习资源包括环境原因、自身原因和专业原因，学习要求包括学习压力、情绪压力，这些因素并不是孤立作用于学生的学习，学习要求还作用于学习资源，容易造成学生的情绪低落、行为不当和低成就感，如图 5-1 所示，为大学生学习倦息成因的模型。

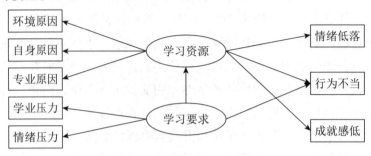

图 5-1　大学生学习倦怠成因模型 [1]

有研究者以师范院校、理工院校、医科院校的学生为研究对象，进行学习倦怠的调查，结果如下表 5-2 所示。[2]

表 5-2　大学生在学习倦怠各维度上的平均数与标准差

项目		情绪低落 $M\pm SD$	行为不当 $M\pm SD$	成就感低 $M\pm SD$
学校	师范院校	2.860±0.699	3.110±0.703	2.787±0.665
	理工院校	2.636±0.703	2.844±0.653	2.717±0.633
	医科院校	2.623±0.713	2.806±0.657	2.700±0.592

从表 5-2 可以看出，在三类院校中，师范院校学生的学习倦怠无论是总体水平还是各项维度上都处于最高水平，说明师范院校学生的学习倦怠水平较高，学生的学习积极性不高、学习带来的积极体验比较少，出现行为不当的频次比较高。而且，该研究通过对四个年级学生的学习倦怠现状进行对比发现，学生的学习倦怠水平具有随着年级的升高而增加的趋势。

还有研究者专门对 1346 名学前教育专业学生的学习倦怠进行了调查，将学习倦怠及其各因子的平均数和标准差进行了统计，其中最高分 5 分，最低分 1 分，中等临界值是 3 分，结果发现，学前教育专业学生的学习倦怠总平均分 M=2.62，略低于中等临界值 3 分，从总体上来看，学前教育专业学生的学习倦怠处于较低水平。[3] 从情感倦怠、行为不当、成就感低三个维度来看，平均分均低于中等临界值分，其大小排序为：行为不当＞成就感低＞

① 向晓蜜.大学生学习倦怠的成因模型及其量表编制 [D].重庆：西南大学，2008.

② 向晓蜜.大学生学习倦怠的成因模型及其量表编制 [D].重庆：西南大学，2008.

③ 刘晓丽.大学生专业认同、专业承诺与学习倦怠的关系——以学前教育专业为例 [D].山东师范大学，2013.

情感倦怠。其中倦怠水平最高的因子是行为不当，这说明学前教育专业学生对专业学习的倦怠更多地体现在行为上。但总体来说，学习倦怠水平处于中等偏下，说明学前教育的大多数学生学习兴趣较高，加上近几年国家出台一系列学前教育政策，使更多学生有了学习动力，并愿意从事学前教育专业。从影响学生学习倦怠的拉力因素看，年级、志愿和家庭所在地在大学生学习倦怠总分上存在交互作用。学习倦怠的年级差异可以解释为，学生在进入高校前对大学生活的认识不准确，以为大学生活比较轻松愉快，对大学生活充满了憧憬，但是进入大学以后发现并不想自己所想的那样，产生了心理落差。学生应不断调整自己的心态适应大学生活，否则将会导致情感上和行为上的倦怠。大二时期随着专业课的增加，学生在应对各种类型的课程，如舞蹈、钢琴、声乐、美术的同时，还要进行专业上的学习，导致学生课业负担过重，学业压力增大。到了大三，大部分学生面临教育实习、考研、择业等问题，还面临教育实践带来的挑战，这些因素都会影响学生的学习倦怠。

总体而言，与其他教师专业相比，学前教育专业学生的专业认同度偏低，直接影响学生的学习态度和学习投入，间接导致就业人才流失现象，往往表现为学前教育专业的学生就业时往往不选择幼儿园教师及相近职业就业，而选择小学教师、公务员等其他相关职业。

第二节　专业思想教育

通过对以上专业认同、专业承诺、学习倦怠的研究可知，专业认同是影响学前教育专业学生学习态度的主要原因，学生的学习倦怠与专业承诺、专业认同具有明显的相关度，专业认同是导致学生学习倦怠的主要原因。从学生专业承诺、学习倦怠的年级差异特点可知，学生的学习倦怠、专业认同存在一定的年级差异，不同年级学生的专业认同和学习倦怠水平不同，这一方面与基础教育教师的职业特点以及待遇报酬有一定关系，同时也与学生对专业的认知、学习认知有很大的关系。因此，我们应该针对学生不同学习阶段的具体任务进行相应的专业思想教育，引导学生产生积极的专业认同，激发学生学习的积极性，提升学生的学习效率。根据教师教育专业特点和学生的学习现状，可以从以下几个方面进行专业思想教育。

1. 分阶段进行专业思想教育

学生在不同的学习阶段具有不同的学习任务，学习的内容、任务量的大小、学习压力等因素都影响到学生对自身专业的认识和学习体验。要根据大学四年的学习内容及任务，跟踪学生专业学习，及时把握不同阶段的学习需要、思想变化，做好专业的思想引导与教育工作，培养学生良好的价值观和人生观。从已有数据来看，大学一年级学生的专业承诺水平较高，而到了大学二年级，学生的专业认同和专业承诺水平则成为四个年级阶段中最低的，学生的学习倦怠水平也最高。二年级是学生广泛学习专业知识的阶段，也是学生逐渐了解专业的关键时期，由此，在整个大学四年学习中，二年级的专业思想教育是重中之重。

在大学四年中，应根据每个阶段的学习任务和内容制订相应的专业思想教育计划。大一阶段是学生由高中生活向大学生活过渡的时期，很多学生对大学生活充满了憧憬，认为大学的学习比较轻松，大部分时间可以用来玩耍，没必要那么用力学习，因此，这一阶段的专业思想教育重在引导学生转变学习观念，提升自主学习能力，让学生对今后四年的课程及学习任务有初步的认识，使学生对四年的学习有一个总体规划，做到有规划、有目的、有实施、有反思、有改进。与一年级相比，二年级要大量增加专业课程，一些重要的专业核心课程都会安排在这一学期中，而且在学习任务量上会有明显的增加，因此，这一阶段要侧重对学生进行学习方法、学习实践规划的指导，使学生在有限的时间内安排好自己的学习，完成学习任务。到了三年级，一般都会安排实践性较强的课程，如学科教法类课程，或者安排一学期的教育实习课。学生面临的主要问题是理论向实践的转化，很多学生怀疑自己的能力，认为自己缺乏相应的专业实践能力，担心自己不能够顺利找到一份幼儿园教师的工作。为此，在这一阶段应该为学生提供相应的实践指导，提供相应的技术支持，使学生有效提升自己的专业实践能力。大四阶段，学生面临就业、毕业论文写作、考研等任务，往往为毕业论文能否通过答辩、能否顺利就业而产生焦虑，学生的关注点已经由学习转移到了就业及未来发展上，因此，这一阶段要注重对学生进行就业方面的思想教育，使学生树立正确的择业观和发展观，提升专业成就。

2. 教师言传身教，为学生提供积极的专业态度

"学高为师、德高为范"，教师对待工作和学习的态度会直接影响到学

生对待专业的态度和行为。教师通过课堂教学、论文指导、教育实习指导、生活交往等对学生传递的专业思想会潜移默化影响到学生对待专业的态度。同时，教师自身对待工作和学习的态度也会影响到学生对待学习的态度。因此，教师与学生进行交往的过程中要特别注意自己一言一行对学生所造成的影响，要把国家对于教师教育专业的相关政策及时传递给学生，也要把教师教育专业的发展形势以恰当的方式告知学生。教育实习是教师教育专业的重要环节，也是践行学生教育理论、提升学生专业实践能力的重要课程，有效的教育实习能够坚定学生从事基础教育教师职业的信念。但是，通过对以往实习生的调查发现，很多学生在实习期间获得了实习基地老师的误导，很多实习指导教师通过显性的或隐性的方式给学生传递"教师工作又累又苦""收入低、没'钱'途""压力大"等观念，使学生的专业认同受到影响，不利于学生专业承诺的发展。因此，除了高校教师自身要言传身教给学生传递积极的专业信息外，还需要高校与中小学幼儿园建立良好的合作关系，提升中小学幼儿园教师的责任感，使基础教育教师能够为学生提供积极的专业认知，提升学生的专业认同。

同时，要通过专门的活动对学生进行德育，特别是与学生生活关系密切的辅导员、任课教师和实习指导教师、论文指导教师，要通过一定的活动对学生进行有意识的专业思想教育，提升学生的专业认同度。

3. 合理设置课程，改革教学方法，提升学生的学习效能感

学生的专业认同度低，一方面与学生自身的认识及教师职业特点有关，另一方面，高校的课程设置及教学方法的适宜性也是影响学生专业认同的主要原因。繁重的课业和枯燥的课堂教学往往导致学生缺乏学习兴趣，学习效能感低，容易做出违反课堂纪律的行为。教师既要具备广博的文化科学知识，同时还要具备深厚的少儿发展与教育知识及相应的能力，除此之外，还需要掌握一定音乐美术知识和技能。高校教师教育专业作为未来基础教育教师的主要职前培养机构，需要开设相应的课程，如果对人才培养的目标认识不清晰，有可能导致开设的课程门类偏多，学生虽然什么知识都学了，但还是缺乏相应的专业实践能力。为此，高校在进行课程设置时，一定要突出课程在学生能力培养中的地位和作用，对相近课程的内容进行整合，建构模块化课程体系，减少课时，适当减轻学生的学习负担。同时，在课程的学习上提升学生的自主选择权，加大选修课程的比例，做到主干课程开足、选修课程多开，让学生在掌握专业基础知识和技能的前提下，进行知识、能力的拓

展，适应社会发展对基础教育提出的新要求。除此之外，高校要不断进行课堂教学改革，提升学生学习的主体性，将任务驱动教学法、对分课堂、模拟教学、翻转课堂等形式运用于课堂教学中，提升课堂教学质量，使学生在有限的时间内获得多方面的发展。

4. 实施学业导师制度，为学生提供优秀教师进行学业指导

为提升教师教育专业人才培养质量，需要根据学生自身发展情况提供有针对性的学习指导，加强学生与教师之间的交流，使学生充分参与到导师的教学与科研项目中，全面提升学生的专业思想、专业知识、专业能力，可以在教师教育专业学生培养中实施学业导师制度。学业导师可以负责学生多方面学习的指导：一是学习态度指导，学业导师要定期组织学生进行学习状态汇报，根据每个学生的情况提出相应的改进意见，使学生具有端正的学习态度，引导其养成积极的专业情感；二是学习方法指导，学业导师要根据学生学习中的困惑，为学生提供相应的学习方法建议，提升学生的学习效率；三是学习规划指导，根据学生的具体情况，指导学生做好自己的学业规划，并制订阶段学习目标，督促学生完成阶段学习目标；四是教育见习与实习指导，指导学生的教育见习和实习，定期进行听课，并提出改进意见，提升学生的实践能力；五是毕业论文写作指导，负责学生的毕业论文指导工作，为学生提供相应的选题指导，研究方法、论文写作等方面的指导，提升学生的科研能力和论文写作能力；六是指导学生参加各项技能竞赛，根据学生意愿，为学生参加技能比赛提供相应的指导或者资源，提升学生的技能竞争力。

同时，高校还可以通过多种途径，如请专家开展讲座、一线优秀员工或往届毕业生成长经验交流、工作现场观摩、国家政策解读、课程中的专业思想渗透等，使学生正确认识本专业工作于国于民于个人的长远价值，改变急功近利的思想与行为，培养他们扎根国家专业事业的精神。

第三节　专业指导手册的开发

专业指导手册有助于学生了解自己的专业，树立正确的专业学习观念，制订四年专业学习与发展计划，提升学习的效率。目前，我国的高校虽然都

有学生手册，但是都偏重于学生生活、学习方面的纪律、规范性要求，而缺少对学生专业学习的指导。美国高校供学生使用的学生手册有两种：一种是适用于全校学生的，主要用于对学生和学校资源进行管理；另一种是针对每个专业制订的学生手册，我们这里主要就教师教育专业学生手册进行分析。在美国，教师教育专业学生手册的使用对于教师职前培养起着重要作用，不仅有利于对学生进行生活和学业的管理，而且更重要的是对学生的专业成长和发展起着引导作用。威斯康星州阿尔维诺学院教师教育专业师资培养方面在美国享有较好的声誉，取得了用人单位的一致好评[①]，以下介绍美国威斯康星州阿尔维诺学院教师教育专业学生手册（*Handbook for Undergraduate Teacher Education Candidates*），希望给国内高校教师教育专业开展学生管理与专业发展提供一些启示和参考。

一、美国阿尔维诺学院教师教育专业学生手册简介[②]

手册由五部分组成，第一部分侧重于对学生学业的管理，介绍了学校的相关政策、纪律和相关程序，包括项目课程、人际关系、现场经验、教学实习、接纳与进步、技术、学术诚信、学生荣誉、教育委员会、学生教育协会、学士后项目课程等方面的信息和政策规定，便于学生能够顺利完成学业。手册第二～五部分侧重对学生进行专业引导，就教师教育专业整体的概念框架进行了详细分析，对于学生知识、性情、能力方面的形成与发展具有专业引导作用。总体上来说，手册为学生顺利完成学业提供了重要的信息和资源，并对学生的专业发展和成长进行了专业化引导，有利于学生对自身的专业发展进行自我管理，提高学习的有效性。

（一）教师教育专业项目相关政策与程序

手册第一部分，对制订手册的目的及涉及的内容进行了说明，就教育学院在专业方面的理念和要达到的主要目的进行了阐释。本部分内容涉及专业项目招生信息要求、学业完成要求、参与项目的指南、对准教师行为的评价、现场实践和教学实习的期望等方面，主要用来为主修教师教育专业的学生、实习生、指导教师、合作教师、学校管理者和学院主管提供专业指导。

---

① Linda Darling-Hammond.有力的教师教育：来自杰出项目的经验 [M].鞠玉翠，译.上海：华东师范大学出版社，2009：35-37

② *Alverno College Handbook for Undergraduate Teacher Education Candidates*[Z].2011.1-89.

1. 项目课程信息

这部分介绍了教师教育专业本科生大学四年所要完成的任务；教师教育专业将要取得的成果；威斯康星州教师发展与资格认证十项标准；指导教师的责任与要求和被指导者（准教师）的责任与要求；学业测试以及相关免试政策；威斯康星州教学执照的获取及相关制度；该项目的相关政策，包括出席、出勤、出席率、出勤率等的规定；期中进展报告；教学实习的费用；纪律等规定；保险和责任等规定。此外，针对教师教育专业特点，本部分强调了对准教师在性情方面的要求，手册明确指出"阿尔维诺学院教师教育项目高水平的效果取决于知识、技能、性格的整合。这三个要素共同发展，相互支持，共同作用于你的专业成长。"这一思想贯穿手册始终。

2. 人际关系法则

要想取得威斯康星州教师资格证必须履行人际关系法则，阿维诺教育学院提出了要完成项目要求的人际关系法则，主要包括尊重和重视不同历史、文化、风俗、社会制度的价值、生活方式、女性和不同种族的贡献；注意种族歧视、性别歧视对人际关系的影响，并避免种族歧视、性别歧视；在课程评价与调整中确保多元文化差异和非歧视性内容。

3. 现场经验

这部分阐述了现场经验（专业初步体验）要达到的目标和安排现场经验的目的，指出现场经验有两个方面的目标，一是帮助准教师选择与他们个人的目标、能力、价值观和兴趣匹配的教学职业，二是给教育学院提供准教师前进中发展的证据。现场经验的目的是通过日志、研讨会的形式帮助准教师取得专业成果，将教与学的理论应用到学校实践环节中，强化专业敏感性以及与威斯康星州教师发展和认证标准相对应的能力。本部分对实践学校合作教师提出了相应要求，并安排了相应的课程供不同专业准教师选择：如观察优秀的教师、理解文化课的学习、理解学习、识别有效的课堂管理、发展适宜性教学、将教案付诸实践、理解包容性的环境等。

4. 教学实习

本部分包括教学实践学校的选拔，实习项目的时长以及作息时间，教学实习相关政策，如健康检查政策、职业责任保险、教学实习前的学习评估等。并具体规定了如何选择实习生；选择实习生的标准；实习过程及程序；合作教师对实习教师的期望；阿尔维诺学院和实习教师对合作教师的期望；合作教师对大学督导和大学的期望。指出选择实习生的标准主要从大学课程表现、工作的及时性、守时、主动性、灵活性、责任心、尊重、协作、反思、专业化、在认证领域的经验水平等多方面综合考虑，以确定该学生能否进入教学实习环节。

5. 准入和提升

本部分规定了学生参与不同水平项目和课程的准入条件，包括职前水平的实地工作和课程作业的准入条件，专业水平实地工作和课程作业的准入条件，教学实习的准入条件。在培养教师方面，美国高校的一个突出特点是专业实践设计的序列化[①]，体现为领域课程、现场体验、教学实习课程的学习具有先后顺序，只有前面的课程学习合格后才能进入到下一阶段的学习。

6. 技术

这部分涉及的内容有技术整合的教学、技术带来的新资源、技术带来的新型学习方式、技术形成的新的学习共同体。

7. 学术诚信

这部分列出了阿尔维诺学院关于学术诚信的政策：避免剽窃别人的成果；实事求是，客观陈述；避免自我剽窃；对团队工作负责任。

8. 学生荣誉

列出了选择荣誉学生的过程，选择荣誉学生的标准，以及对优秀学生的申请事宜进行了说明。

9. 教育委员会

介绍了教师教育委员会、人际关系咨询委员会、读写咨询委员会，介绍了这些组织的职责、成员构成，以及这些机构的运行过程。

---

① 邓艳红. 中美三高校小学教育专业本科培养方案的比较研究 [J]. 比较教育研究，2014（8）：31-36.

10. 学生教育组织

介绍学生教育组织的成员、任务、运行机制。

11. 学士后学位项目相关信息介绍

取得学士学位后还可以参加为期一年的学士后学位项目，手册对学士后学位项目进行了简单介绍。

12. 附录

本部分后面附有一些申请表，供学生使用。

（二）教师教育专业发展概念框架

手册的第二～五部分主要就教师教育专业发展中的核心概念及其结构进行解释说明，呈现了一个关于专业发展的三维模型，分别是能力、概念、过程三个维度。所有的学生都可以根据自身的情况选择一个维度来监督自己的学习与发展。该部分从三个维度分别阐述了专业领域的核心概念及其相互关系，并对每个核心概念进行解释说明，列出对学生在每个核心概念的相应期望及行为要求。

1. 能力

阿尔维诺学院教师教育项目以本科学生的教学、学习、评价活动为基础，提出了概念化、诊断、协调、沟通、整合互动五大能力。

（1）概念化

本部分首先提出了概念化能力的含义及其表现，概念化能力就是将学科内容知识、教育理论、人文科学有机整合来制订教学计划和实施教学行为的能力。概念化能力的关键在于准教师能够对与教学有关的诸多因素进行综合分析，并作出教学计划，具有实施教学行为的能力。其次，分析了阿尔维诺学院教师教育专业课程项目对于发展准教师概念化能力的作用，包括专业课程、现场体验、教学实习、教育哲学等课程项目对概念化能力发展分别所起的作用。最后，提出了对学生概念化能力的行为期望，包括掌控主题：主题的难度要合适；主题的发展要符合逻辑性；创设合适的学习环境；教学计划既要满足学习者当前的需要又要引导其向更高水平发展；新主题要与以前的内容衔接；结合发展心理学相关知识分析学生的行为；结合学生所处的文化背景理解学生的行为；理解动机与行为之间的关系；帮助学生将学习主题与生活经验联系起来；针对突发情景对计划作出适当的调整；理解学校结构和角色关系；评价自身的行为。

（2）诊断

诊断能力就是根据相关理论构架评价学生的行为，以此作出决策并进行相应的教学指导，主要表现为教师通过不同的途径如观察学生、询问学生、询问家长和同事等方式收集学生的相关数据，将收集到的数据信息与相关的理论架构进行对比，从而做出诊断并进行改进。手册将教师教育项目课程学习与准教师诊断能力的发展联系起来，为学生课程的学习和诊断能力的发展做出指导。最后，手册提出了对准教师诊断能力的行为期望：通过课堂互动的观察收集信息；通过提问提炼信息；权衡观察到的行为与各种学生发展理论框架；对学生的学习需要作出判断；选择合适的评价程序评价学生的学习结果；用恰当的标准对学生的行为作出评价并提供反馈；将学生的需要整合到教学计划中；对自己的行为作出评价，进行反思，获得持续的专业发展。

（3）协调

协同能力指准教师有效管理实现目标的各种资源的能力，主要表现为教师安排布置物质环境的能力，如课桌、公告栏、储存间；教师如何做一日活动计划、周活动计划、月活动计划、年活动计划；教师如何为个体、小组、整个班级准备材料；教师如何评估、反馈、记录以及指导整个教育过程。手册就提高学生协调能力方面对学生的学习做出指导，并提出了对学生协调能力的行为期望：制订清晰的经验型学习目标；恰当地使用材料实现学习目标；合理地使用上课时间；有效地创设学习环境满足学生的需要；与其他人协作共同完成学习；将学生的其他环境融入班级环境创设中；监控学生的进步；保持清晰的记录；通过主动性和灵活性展示自信；有效而恰当地将家长、教师、管理者、学校关联起来成为一个系统；评价自己的行为。

（4）沟通

沟通能力就是用语言的、非语言的媒体模式创建班级环境，建构和强化学习的能力。手册指出沟通技能是成为一名高效教师的关键，就教室内而言，一个教师的沟通包括课堂内容呈现、教室安排、激励、强化等内容；就教室外而言则，包括与家长和同事的沟通、专业演习、高质量的写作与口才、多媒体的运用等内容。此外，手册就沟通能力对学生课程的学习提出了指导意见。最后，手册提出了对学生沟通能力的行为期望：制订清晰的课堂活动目标；呈现的材料能够吸引学生的注意力；用准确清晰的口语进行沟通；用准确清晰的书面语言进行沟通；精确地传递信息进行沟通；用实例、插图为学生提供学习的支持；提供支持性的环境；表达对学习主题的热情；巧妙地使用媒体和技术；合理的变化音量、音高、音速和频率，有效地传递信息；目光接触、眼神交流；通过姿势、身体移动强化一些重要观点；评价自己的行为。

（5）整合互动

手册指出整合互动是教师将教学中涉及的所有人视为相关联因素，一起参与行动。手册列出了准教师在不同活动中所承担的角色及人际互动行为：呈现与学生之间密切、和谐的关系；表现出对学生的创意、关注点、经验、兴趣爱好的兴趣；展示对学生个人兴趣，特别是对学生文化和心理上差异的足够理解；尊重不同学生的观点；集体活动中鼓励个体的参与；激发学生的提问和评论；对学生之间的讨论进行引导；对学习活动的进度进行引导；给学生及时反馈，帮助其成为自主的学习者；能够冷静、自信地处理一些课堂状况；展现决策的能力和责任心；对自己的行为进行评价。

2. 概念

手册在这部分指出对于教师成长来说的几个重要概念，如学习者的发展需要、多样性、专业化、学校和社会、媒体与技术，并对每个概念进行了描述和解释，并以图形形式展示每个概念是如何与以上五种能力相关联的。主要内容概括如下。

（1）学习者的发展需要：关注促进所有学生成功的理论框架

对于学习者的发展需要，手册指出，如果教师要满足学习者的需要，他们需要理解学习者的特质和学习的过程，主要包括关于学习者的理论框架，而处在这些理论框架核心位置的是发展心理学。此外，又指出了关于教与学的理论框架，这些理论涉及学习、认知、动机、学习方式等方面的理论。阿尔维诺学院教师教育项目很重视发展有助于生活和工作中获取成功的知识和技能，将学校的学习与社会大环境紧密结合起来。另外还指出，作为教师需要认识到其他环境对学习和行为产生的影响，如家庭文化、健康、家庭经济条件、先前经验等。

（2）多样性：营造积极正面的氛围，促进所有学生的成功

手册很重视并尊重学生的多样性特点，并列出学生的多样性对教学的影响以及多样性的具体体现。指出："为全体学生而教，这贯穿在你所有的教师职业准备过程中，作为教师无论何时何地都要坚持这一点。"这也是阿维

诺教师教育项目始终强调的。最后，将准教师对多样性概念的学习与教师教育专业项目联系起来，提出指导意见。

（3）专业化：进行持续的探究以改革教学

手册提出教师专业化的一个主要特征就是致力于学生的学习，这也是一个教师成为一名专家的标志。并列出在不同学习阶段对准教师专业化发展的要求，并阐述不同课程如专业课、现场体验、教学实习等对准教师专业发展的作用，引导学生在参加教师教育项目中进行专业化发展。最后，指出指导老师在准教师专业化发展过程中的作用。

（4）学校和社会：紧扣民主社会中学校教育的目标，相信每个学生都能够接受教育

手册指出，作为一名准教师必须理解一个社会大背景下的正义、权威、权力等概念，并知道实践中这些概念之间的相互关系。将学校教育与社会大环境紧密结合起来，列出教师教育项目对于准教师"学校和社会"概念掌握的作用，以及指导教师的作用。

（5）媒体技术：教育工作者必须掌握一定的媒体技术

在本部分，手册对媒体技术在教师成长过程中的作用作出高度评价，并列举出媒体技术对教学的影响，指出技术会对人际互动、评价、教学、课堂设计、学习团体的扩展等起到积极的作用，提倡对信息技术的安全的、合法的、道德的使用。

3. 过程

这部分呈现了教与学的整合模型，从教学过程、教学性情、阿尔维诺学院提出的高级教育能力、威斯康星州教学标准四个方面做了一个对应图，直观地呈现出教学过程、能力与性情之间的关系，以及阿尔维诺学院教师教育项目与威斯康星州教学标准之间的协同一致性。

（三）贯穿教师整个职业生涯的能力

在手册第四部分，根据教师职业发展过程将教师分为三个水平，分别是新手教师、处在发展过程中的教师、富有经验的专业人员，分别阐述了这三个水平教师在概念化、诊断、协调、沟通、整合互动五项能力方面的行为要求。

（四）专业成长和发展的参考文献和资源

在手册的最后列出了有关教师专业成长和发展的重要参考文献和资源，为学生进行文献学习提供指导。

二、美国教师教育专业学生手册对我国高校学生手册制订的启示

美国教师教育专业学生手册具有以下特点，可以为我国高校教师教育专业学生手册的制订提供借鉴。

（一）重视手册对学生专业发展的引导作用

在第一部分（政策与流程）中，手册从专业管理的角度详细地介绍了教师教育专业项目相关信息，使学生对教师教育专业有比较全面的认识和了解，便于学生选择适合自己的职业，制订合理的学业规划，增强了学生对自身学习的管理意识。手册的第二部分，则从专业发展与成长的高度对教师教育专业发展的过程、核心概念和主要能力进行更深入的探讨，展示了阿尔维诺学院教师教育项目的教师培养价值取向、技术支持和资源保障，从能力发展、专业发展过程、专业核心概念三个维度给学生提供多元化的引导。充分发挥手册对于学生专业发展的引导作用。

在我国，高校的学生手册是面向全体学生的，并不分专业。这样的手册更多地集中在学生的纪律约束和奖惩措施上，让学生了解学校的相关政策规定，重在对学生进行生活和学习的管理。学生来到学校后除了对学校的相关纪律规定有所了解外，对专业领域将要开设的课程、课程的安排、课程考核、实习见习、学分要求等课程信息却知道得很少，尤其是对专业发展过程、能力要求、核心概念知识更是茫然不知。任课教师更多关注自己所任教的那门课，缺乏对专业课程领域信息的了解。这样的状况造成盲目性的教与学，使得学生的学习缺乏主动性和规划性。因此，针对每个专业的特点，开发立足于学生专业成长和发展的指导手册，增加人才培养的透明度，使每个学生对大学四年将要修习的课程及课程安排有所了解和认识，为学生提供专业学习的引导和资源，增强学生学习的主动性和规划性，从而提高学生学习的有效性，对于教师职前教育具有重要意义。同时，对于教师来说，对专业课程有个整体的认识更有利于提高教学的有效性，发挥所教课程在学生专业发展中的作用。

（二）完整地将教师教育项目内容及相关制度呈现给学生，便于学生进行学业规划

手册重点对项目课程信息进行了详细的介绍，主要是教师教育项目的课程设置与相关学业修习政策和规定，具体包括教师教育专业本科生毕业所需条件，教师教育专业将要取得的成果，对准教师在专业性情方面的要求，指导教师的责任与要求和被指导者的任务与要求，威斯康星州对教学的相关要求与学业成绩考核，对威斯康星州教学执照的获取及相关制度进行了说明。手册还对现场实践和教学实习进行了阐述，包括现场实践的目的、实践学校的选拔、实习项目的时长以及作息时间、如何选择实习生、实习过程及程序、合作教师对实习教师的期望、阿尔维诺学院和实习教师对合作教师的期望、合作教师对大学督导和大学的期望等做了阐述和解释。除此之外，手册还对教师教育项目必须履行的人际关系法则、现代技术与教学的整合、学术荣誉、准入和提升、学术诚信、组织机构等进行了介绍，并在后面附上相关表格，供学生使用。特别是第二部分，手册立足于学生的专业成长与发展，给学生呈现了一个关于专业发展的三维模型，并提供有关教师专业成长和发展的重要参考文献和资源，为学生的专业学习提供帮助。

从以上可以看出，阿尔维诺学院在对学生学业管理的同时，更注重对学生进行专业成长与发展的引导，在手册中既提出了学生入学的条件也对毕业做出了明确规定；既关注专业发展成果的展示又关注学生的专业发展过程；既关注课堂教学又重视学校与社会大环境的影响和作用；既有对学生的要求又有对指导教师的规定。手册对学生获取学位的整个过程及程序做了详细阐述，是一个比较完整详细的手册，也是一份引导学生专业成长与发展的学习手册。

（三）从能力、性情、过程三个维度为学生的专业成长提供多元化视角

手册第二部分开宗明义地指出阿尔维诺学院教师教育课程项目要培养致力于学生能力发展的能够有效地将学科领域内容、发展适宜性教学和评价整合起来的教师，理解和尊重学生的多样性。为此，手册第二部分呈现了一个能力、概念、过程的三维模型，所有的学生可以根据自身的情况选择一个维度来监督自己的学习与发展，为自身的反思与发展提供一个多元化视角。

就能力维度，手册指出阿尔维诺学院教师教育项目确定了五项核心概念，分别为概念化、诊断、协调、沟通、整合互动。就核心概念维度，手册提出了对教师成长必要的几个概念，分别是学习者的发展需要、多样性、专业化、学校和社会、媒体与技术，并指出这些概念对于教师来说是知识基础的重要部分，通过对这些概念的探讨与研究形成了一个理论框架用来指导教师的各方面工作。而且，手册将准教师能力的发展和概念的掌握与教学过程联系起来，直观地呈现出教学过程、能力与性情之间的关系，以及阿尔维诺学院教师教育项目与威斯康星州教学标准之间的协同一致性。从能力、核心概念、学习过程三个维度为准教师提供一个审视自身专业发展的多元化视角，学生可以根据自身的情况选择其中一个维度对学习进行监控、评估和反思。提供多元化学习资源供学生选择，是适宜性教学优势所在，也是评价教学质量的一个保障。以往我们给学生呈现的往往是单一维度的标准，学生只能从这一维度来评估自己的学习，很多学生会在学习过程中遇到这样那样的问题，如果换个角度可能问题就会迎刃而解了。

（四）注重将威斯康星州教师发展标准结合起来

手册第一部分列出了威斯康星州教师资格认证与发展的标准，依据这十项标准从知识、性情、行为三个方面规定了阿尔维诺学院培养准教师三个水平的基准，分别是进入教师教育项目课程的水准要求、进入教学实习的水准要求、完成项目的水准要求。在手册第二部分，呈现了教学过程、能力、核心概念与威斯康星州教学标准相对应的模型图，从专业能力、核心概念、专业发展过程三个维度呈现与威斯康星州教学标准的一致性。以上体现出美国高校教师教育专业在中小学师资培养方面比较注重与州教师标准的符合度，从另一个方面可以看出国家对高校在中小学师资培养方面质量的保障，通过州教师资格证审查和标准的规定来确保高校教师教育专业人才培养的质量和规格，相应的，高校也将对学生学位的取得要求与州教师执照制度和教师标准要求紧密联系起来，保障人才培养的质量。"现代大学教师教育专业设置要以教师专业发展标准和教师教育课程标准为基础。"[1] 我国虽然也颁布了教师专业标准，由于缺乏相应机构的监督，各高校在制订人才培养方案时缺少统一的标准，各行其是，并不能起到应有的效果。因此，为了发挥专业标准对准教师专业发展的引导作用，需要加强对教师专业发展过程的研究，引导

---

[1] 朱旭东.教师教育标准体系的建立：未来教师教育的方向[J].教育研究，2010（6）：30-36.

准教师在不同成长阶段获得相应的发展。

（五）将教师教育专业人才培养目标与项目课程学习密切结合起来

　　手册指出教师教育专业发展需要掌握的五项能力和五个核心概念，并分别对每个概念和能力在专业领域的表现进行了阐述，同时也对如何通过教师教育项目发展相应的能力和掌握核心概念进行了说明，将能力的培养和概念的掌握与教师教育项目有机结合起来，避免出现能力发展要求与课程学习错位的现象，为学生的课程学习提供引导作用。如对于概念化能力的发展，手册指出发展心理学理论的学习、现场工作、教学实习、教育哲学在准教师概念化能力发展中的作用；教学实习、方法论课程在准教师诊断能力发展中的作用；可以通过现场体验和教学实习观察指导教师的行为、课堂教学中的自我呈现等以提高协调能力；通过演讲和协作训练、现场体验和教学实习、理论课学习、方法论课程的学习等提高沟通能力。

　　对于核心概念的掌握，手册指出对"学习者的发展需要"这个核心概念的学习可以从两个方面进行，一是关于学习者的理论框架的学习，二是关于教与学的理论框架的学习。处在关于学习者的理论框架中核心位置的是发展心理学，主要揭示人类生长发育的规律和特点，包括身体、心理、情绪情感、认知、语言、社会、文化、精神等方面的发展规律和特点。手册进一步指出，教学、学习、评价的设计是教与学理论框架的主要内容，也是阿尔维诺学院教师教育项目的核心。作为一名准教师应该熟知一系列的关于学习的理论，这些理论涉及学习、认知、动机、学习方式等方面。手册中关于准教师对多样性、专业化、学校与社会、媒体与技术等核心概念的掌握也与教师教育项目紧密结合起来，为学生的理解与学习提供比较具体的引导。

（六）为学生提供比较丰富的专业发展资源库

　　在手册的最后部分列出了有关教师专业成长和发展的重要参考文献和资源，共计 453 项，分别是行为研究文献 22 项、评价设计研究文献 42 项、课堂管理研究文献 26 项、建构主义研究文献 14 项、发展心理学研究文献 27 项、多样性研究文献 54 项、性别差异研究文献 8 项、特殊儿童教育研究文献 23 项、教学设计研究文献 20 项、班集体的建设研究文献 16 项、认知与学习研究文献 39 项、读写能力研究文献 26 项、传媒与技术研究文献 52 项、专业化和专业性情研究文献32项、学校与社会研究文献52项。这些文献反映了教师专业发展不同方面的研究历程和进展状况，也反映了当前关于教师专业发展的研究热点。了解前人关于教师教育专业方面的研究成果有助于准教师今后的学习和发展，任何人的成长和发展都建立在已有知识和经验的基础上，学生在阅读相关文献资料的基础上能够快速了解教师教育相关信息，为今后的学习和发展奠定基础。

在我国，学生一进校就开始按部就班按照课程表上课，除了课堂上老师讲的内容外学生获得的信息很少。这种学习状态一方面是因为学生缺乏学习主动性，另一方面是教师缺乏对学生进行文献阅读引导和管理的意识，很多教师是临时抱佛脚教授专业课，自己对所教课程领域都不甚了解，更不可能给学生提供有效的文献资料。即使有的教师有这个意识，提供的文献也缺乏一定的考究，加上缺少对学生文献阅读的引导，往往失去了其应有的价值。而且，任课教师所提供的文献资料更多是站在所任课程角度提出来的，缺乏教师专业发展的整体性，学生得到的信息比较零散，缺乏系统性。因此，为学生提供比较系统的、专业化的文献资料对于学生的自主学习和专业发展具有重要意义。

三、高校教师教育专业学生手册的制订

根据我国高校教育教学的实际情况，结合各师范专业特点，吸取美国教师教育专业学生手册的优点，可以从以下几个方面制订专业学生手册。

第一，专业简介。将学校专业发展现状、师资情况、教学条件、取得的成果，以及专业发展前景、专业特色等做简要介绍，使学生明确专业服务对象、就业行业及职业，并对学生有总体的了解，有的放矢。

第二，专业培养什么样的人。使学生明确专业人才培养目标及规格，明确自己努力的方向。

第三，专业未来就业岗位。使学生明确专业培养的人未来将要从事的职业及岗位。

第四，使学生明确经过四年的学习，毕业时应该具备的素质，包括应该具备的知识、能力、技能及专业情感。

第五，针对"如何学好本专业"提供相应的指导，包括教学方法和学习途径的指导，以及能力考核的方式及办法等，为学生学好本专业提供方法与技术方面的指导。

第六，提供专业核心课程及对应的能力培养目标，具体包括专业课程体系、每学期课程及主要教学环节的安排。

第七，对选修课程和选修模块进行说明，根据未来就业应具备的能力和素质，引导学生选修合适的课程。

第八，提供专业四年学业学习规划的建议，根据四年学习任务和培养目标，为学生提供学业学习规划的建议，明确每学期的能力培养目标及相应的学习活动计划。

第九，本专业应参加的实践活动。对学生在四年专业学习中应该参加的实践活动进行说明，包括教育见习、教育实习、毕业论文、军事训练、暑期实践等，并就每项活动的目标进行详细说明。

第十，对如何选择职业、未来从事岗位进行指导，对本专业的就业领域及其就业形势、发展前景等进行介绍，并对本专业的进一步深造提供相应信息，指导学生根据自身实际情况进行选择。

第十一，学有余力如何安排。提供本专业持续性发展的机会、领域，供学有余力的学生进行选择。

制订教师教育专业学习指导手册，可以使学生明确专业人才培养目标及规格要求，知道四年来将要学习的课程，并提供学习方法及学习规划上的建议与指导，使学生的学习更加理性，提升学习的有效性。

第六章 高校教师教育专业协同育人模式的建立

协同创新是高校与企业共同发展的必由之路，高校通过协同创新增加人才培养的活力，提升人才培养的适应性，提高高校人才培养的应用型水平。教师教育专业以培养教师为主要任务，需要建立高校—中小学幼儿园协同合作人才培养模式，使中小学幼儿园参与到高校人才培养全过程中，提升人才培养的适应性水平。

第一节　高校协同创新的背景

一、高校协同创新的提出

为贯彻落实《教育部、财政部关于实施高等学校创新能力提升计划的意见》（教技〔2012〕6号）精神和高等教育质量提升工作会议精神，促进高等教育与经济社会的有机结合，密切高等学校与政府、行业企业、科研院所的多方合作，构建要素完备、特色鲜明、充满活力、富有成效的高校科技创新体系，切实增强高校创新和服务能力，各省纷纷实施高等学校协同创新计划（简称"协同创新计划"）。2014年起，国家提出应用型技术性大学的建设，培养高级应用型人才走协同创新是必然选择。走协同创新之路是区域经济社会发展的必然选择，也是地方高校自身发展的必然选择。但是，从目前地方高校协同创新的现状来看无论是内在体制机制还是外在环境都存在一定的问题。从高校内在的体制机制来看，高校内部的组织机构之间界限分明，学科之间、专业之间、科研与教学之间都有着非常清晰的边界，很难做到资源共享、相互支撑和相互渗透，更不利于为学生提供跨学科、跨专业的教育培养。使得学生难以运用多学科的知识来认识和把握重大问题，更谈不上综合运用不同学科知识来分析问题和解决问题了。一切科学研究创新的根本在于实践，要实现协同创新，大学生除了要接受良好的课堂教学外，还要积极参与科学研究、社会实践，在科学研究和社会实践中锻炼成长，发掘创造潜能。然而，目前各省在进行协同创新时所具有的资源差异较大，就河南省而言，地方高校的师资条件和基础设施还比较薄弱，科研机构、企业与大学之间的合作交流不够，导致学生科学研究和社会实践环节缺失，理论学习与实践锻炼严重脱节。这些问题也都是地方高校创新能力不高的主要原因所在。

二、高校协调创新的概念内涵

1. 关于"高校协同创新"概念界定的文献研究

从协同创新的相关文献来看，协同创新的主体包括区域经济协同创新、企业协同创新、国家或者政府协同创新，本文中所说的协同创新是高校主导的协同创新。有关学者将高校协同创新的概念界定为："高校协同创新是指高校内部各学科之间、高校与高校之间以及高校师生与科研院所和企业的研究者、生产者、管理者之间，围绕国家重大战略需求、重大科技项目，为解决行业关键和共性技术以及生产实际中重大问题，投入各自优势资源和能力，在政府、科技服务中介机构、金融机构等相关主体的协同支持下，合作攻关，从而力求在科学研究、技术开发上取得重大进展和突破的创新活动。"[①]

研究者对高校协同创新概念的界定呈现由外在形式到内涵实质的趋势，对高校协同创新的内涵、实质、类别、特点、影响因素等展开了丰富而深入的研究，为高校正确审视和理性对待协同创新、提高协同创新的实效性提供了理论支撑。有研究者指出，与产学研合作相比，"协同不是一般性的合作，而是一种深入、默契、高效的协作，其关键在于要素或子系统的'有序'达到了一定程度"，并把协同创新分为：目标层协同、资源层协同和运营层协同。[②]还有研究者指出协同创新不是某行业、某战线的单独式的创新，而是全方位的系统工程。而且，协同创新也不是资源、要素的简单叠加或整合，而是这些资源和要素在整体发展运行过程中的灵活协调与有机合作。由此，协同创新实质是一种管理创新，或者说是一种资源的有效互动和优化

---

① 李忠云，邓秀新.高校协同创新的困境、路径及政策建议 [J].中国高等教育，2011（17）：11-13.

② 邱栋，吴秋明.产学研协同创新机理分析及其启示 — 基于福建部分高校产学研协同创新调查 [J].福建论坛（人文社会科学版），2013（4）：152-156.

利用①。协同创新是一种复杂的创新组织方式，其关键是形成以大学、企业、科研机构为核心要素，以政府、中介组织、金融机构等为辅助要素的多元主体协同互动的网络创新模式，通过知识创造主体和技术创新主体之间的深入合作和资源整合，产生系统叠加的非线性效用。②高校协同创新是指高等学校在国民经济和社会发展重大需求的导引下，结合自身人才和科研优势，联合其他高校和科研院所、行业企业、地方政府乃至国外相关机构，协作攻关，力图在科学研究、人才培养、科技成果转化等方面取得突破性进展的创新性活动。与传统的产学研不同，高校协同创新具有原创性、协作性和任务导向性等基本特征。③

文献对高校协同创新的范围也进行了分析，有研究者将高校的协同创新范围分为两个层次：一是高校主体内部知识共享层级，如不同院系之间在科研思想、技能与技术等方面的交流合作；二是高校与其他主体的产学研协同创新，如高校与企业的校企合作、高校与政府的校地合作、高校之间的校校合作等。④有研究者把高校协同创新分为校内协同创新和校外协同创新。⑤按照合作主体分，可分为校校协同、校所协同、校企（行）协同、校地（区域）协同、国际合作协同等类型；按照协同领域分，可分为人才培养的协同创新、科技研发的协同创新、学科交融研究的协同创新、产学研协同创新等。⑥

有研究者对影响协同创新的因素进行了研究，认为影响协同创新的因素包括个体内部因素、双方因素和外部环境因素，个体内部因素主要包括个体的协同创新意识、组织协调能力、研发能力、优质资源、知名度和权威性；双方因素主要包括文化兼容性、制度兼容性、知识技术兼容性、沟通渠道、

---

① 杨思帆，梅仪新.高等教育协同创新的意蕴与意义[J].教育评论，2014（2）：12-14+24.

② 仲崇娜，苏屹.高校协同创新平台组织结构与运行机制研究[J].科技进步与对策，2015（6）：29-34.

③ 徐魁鸿.高校协同创新的内涵、特征及运行机制[J].职业技术教育，2015（13）：49-52.

④ 董馨，吴薇，王奕衡.基于协同创新理念的校企合作模式研究[J].国家教育行政学院学报，2014（7）：59-63.

⑤ 李文博.高校协同创新的内涵、运作机理及保障机制[J].教育与职业，2015（35）：14-17.

⑥ 仲崇娜，苏屹.高校协同创新平台组织结构与运行机制研究[J].科技进步与对策，2015（6）：29-34.

合作经历、利益分配、地理位置靠近等因素；外部环境因素包括协同创新氛围、政策支持、市场环境等。[①]

2. 概念界定

综合关于协同创新的已有研究，本研究中的"协同创新"在于将协同思想引入到创新过程中，使创新过程中各创新主体在发挥各自作用，提升自身效率的基础上，通过机制性互动使创新活动产生质的变化。协同创新本质上是一种管理创新，是政产学研合作发展的更高阶段。[②] 区域内不同的创新主体之间围绕地方经济社会发展的重要问题开展合作，形成协同创新联盟，建立优势互补、分工明确、成果共享、风险共担的结对合作机制，从而彻底解决科技创新与经济发展"两张皮"的问题。协同创新不同于传统的产学研合作，后者更多地表现为高校与企业之间的一种短期合作行为，缺乏长期协同合作的有效平台。而协同创新要构建高校与地方、高校与企业、高校与科研院所、高校与高校有效沟通交流的平台，建立协同创新的长效机制，推动校地双方在产业规划、技术服务、项目申报、政策制定、人才培养等方面开展长期的、稳定的合作。高校最根本的任务是育人，如果高校一味地追求形式上的协同创新而失去了育人之本，那就脱离了高校协同创新的初衷。因此，高校协同创新要与育人结合起来，走协同创新之路，实现高质量人才培养的目标，这也正是本研究所要探讨的主要问题。由此，本研究中的协同创新是指地方高校为实现人才培养目标，在与地方、企业、科研院所、其他高校协同合作的过程中的创新人才培养模式，又称为协同创新育人。

三、高校协同创新研究现状

"2011 计划"全称为"高等学校创新能力提升计划"，是中国高等教育领域继"211 工程""985 工程"后的第三个重大国家工程，旨在推动跨领域、跨行业协同创新。随着"2011 计划"的实施，越来越多的高校投入协同创新之列，实践证明协同创新是高校发展的必由之路。以中国知网为文献源、高校协同创新为主题，将文献类别限定为"核心期刊"检索相关文献，结果显示国内对高校协同创新的研究始于 2008 年的《共识、共赢、共同的

---

① 邱栋，吴秋明．产学研协同创新机理分析及其启示——基于福建部分高校产学研协同创新调查 [J]．福建论坛（人文社会科学版），2013（4）：152-156.

② 贺金玉．地方新建本科院校协同创新与协同育人模式研究 [M]．济南：山东大学出版社，2013：7.

文化》（作者周远清，2008 年刊载于《中国高校科技与产业》）。直至 2011 年，受"2011 计划"的影响，广大学者开始关注高校协同创新的研究主题。2011~2016 年，知网共刊载高校协同创新文章 794 篇，其中 2011 年 10 篇，2012 年 63 篇，2013 年 140 篇，2015 年 227 篇，2016 年 159 篇。通过对内容的梳理和分析发现，研究主要涉及高校协同创新的内涵；高校协同创新的模式、机制、团队建设、评价体系、人才培养、存在的问题及策略；高校协同创新的比较研究等。

1. 高校协同创新存在的问题与对策

近年来，为适应科技发展的需要，许多高校逐步开展了一些协同创新工作，虽然取得了一些成效，但是，也存在一些问题制约着协同创新的深入化。研究者从不同角度进行了研究，有研究者在对多所高校进行调查研究的基础上，认为高校协同创新在领导人、组织建构、利益分割、机构管理等方面存在多方困境，缺乏领袖、利益失调、思想各异、条块分割等是制约高校协同创新的主要原因。由此，研究者提出，领军人物、利益机制、文化氛围、组织结构是高校协同创新必须牢牢抓住的四个关键要素。[①] 还有研究者立足某一地区高校协同创新现状，提出高校与企业、科研院所协同创新存在以下问题：一是各级各类高校协同创新的综合实力和科研基础差距较大；二是高校协同创新存在体制机制障碍，特别是条块分割和所属单位之间的组织管理给协同创新带来了障碍；三是协同创新缺少合理的利益分配和风险承担机制；四是高校协同创新的动力不足。[②] 也有研究者通过与发达国家高水平大学协同创新举措对比发现，我国高校在协同创新中存在诉求不同、思想僵化、利益协调失衡、内部组织管理松散、协同能力不足、缺乏协同创新平台、实践能力薄弱、创新氛围不足、缺乏科研创新热情等问题，并提出了相应的对策。[③]

由以上文献研究结果可知，我国高校协同创新普遍存在利益分配不合理、条块分割、创新氛围不足、机制不完善、创新能力不高且存在差异等问

---

① 李忠云，邓秀新 . 高校协同创新的困境、路径及政策建议 [J]. 中国高等教育，2011（17）：11-13.

② 赵哲 . 高校与企业、科研院所协同创新的现状与对策 — 以辽宁高校为例 [J]. 现代教育管理，2013（6）：31-36.

③ 马云阔等 . 高校推进协同创新的问题与对策研究 [J]. 国家教育行政学院学报，2015（7）：51-55.

题，要提高高校协同创新的有效性，需要建立多元化协同创新模式、不断完善协同创新机制，为高校协同创新营造良好的环境。

2. 高校协同创新的机制

针对高校协同创新中存在的分割、碎片化不利于深度融合的问题，有研究者构建了一个三层面的协同创新运行机制，提出以激励机制创新和资源整合方式创新为枢纽点，合力驱动协同创新主体跨域、跨界整合"政产学研用"等多方资源，通过项目对接与耦合培养、催生拔尖创新人才和创新团队，营造创新氛围和自由学术环境，带动高校教育质量整体提升，使得高校逐步成为引领和主导科学研究与合作的前沿阵地。[①] 还有学者针对地方高校存在的经费投入不足、教师资源缺乏、实验室资源落后、专业发展缺乏特色、科研创新和社会服务能力不强等问题，提出了地方高校人才培养协同创新机制。[②] 高校协同创新是个复杂的工程，因此，有研究者针对高校创新创业人才的培养提出"多元协同"培养机制，包括以政府、学校、行业与企业为主体的外部协同培养机制体系和高校内部协同培养机制。[③] 随着研究的深入，很多学者认识到高校协同创新的复杂性，纷纷将不同的理论引入高校，并提出了新的协同创新机制。如有学者将信息链理论引入高校协同创新发展机制，根据信息链理论，研究者构建了基于线性信息链结构、网状信息链结构、集成信息链结构的高校产学研发展模式，并对比了三种模式。[④] 还有研究者将高校、企业、科研院所的协同创新分为协同创新联盟建立、协同创新运行及运行过程风险监控三个模块，采用流程图的形式将这三个模块的构成环节和运作过程清晰地描述出来。将产学研协同创新过程流程化，可以保证协同创新过程在不同阶段流畅运行，有利于避免重复性工作，提高协同创新效率。[⑤]

---

① 山鸣峰，马君.高校协同创新的有效运行机制和驱动力研究 [J].复旦教育论坛，2013（4）：64-68.

② 张宝歌.地方高校人才培养协同创新机制研究——以牡丹江地区6所高校协作为例 [J].教育研究，2015（7）：142-149.

③ 张兄武.高校创新创业人才多元协同培养机制的构建 [J].国家教育行政学院学报，2016（4）：30-37.

④ 马媛，姜腾腾，钟炜.基于信息链的高校产学研协同发展机制研究 [J].科技进步与对策，2015（6）：35-38.

⑤ 蔡启明，赵建.基于流程的产学研协同创新机制研究 [J].科技进步与对策，2017（3）：7-13.

3. 高校协同创新的模式

查阅文献发现关于高校协同创新模式的研究有两类，一是关于高校与科研院所、企业协同创新发展这一模式本身的研究，如《基于协同创新理念的校企合作模式研究》《高校协同创新模式的新探索——2011 协同创新中心》；二是将某一理论引入高校协同创新过程中，探索高校协同创新实施模式，如《场域视角下的高校协同创新模式分析》《基于联合决策的高校—企业协同创新模式选择研究》。关于高校与企业、科研院所协同创新人才培养模式的研究涉及校企合作的模式与内容、高校协同创新模式分类、实现路径等。有研究者就高校主导的协同创新，将产学研协同创新模式分为校企型、校企研型、校企政型、校企研政型，并对各模式的主要特征进行了分析归纳。[①] 还有研究者进一步从理论支撑框架、合作模式框架、实践教学架构、科研协同创新架构等方面，研究了协同创新理念下校企合作的模式与内容。[②] 随着研究的深入进行，有研究者从人事管理、科研、人才培养模式等方面提出了高校协同创新模式的新举措。[③] 就高校协同创新模式的理论研究方面，研究者从不同的理论视角提出优化高校协同创新的模式。有研究者将"嵌入性"理论引入地方高校协同创新，认为地方高校协同创新大致要经历三个阶段：第一阶段是以特定、单个成果为基础的经济利益嵌入；第二阶段是以类型、批量成果为基础的产业嵌入；第三阶段是以多层次、动态成果为基础的社会嵌入。[④] 还有研究者认为科技创新是创新驱动发展战略的核心，创新驱动发展战略的实施需要先进的科技创新模式支撑，有效科技创新不足成为制约创新驱动发展战略实施的主要因素之一，由此从市场培育的视角构建协同创新模式。[⑤] 有

---

① 颜军梅. 高校产学研协同创新模式分类及实现路径研究 [J]. 科技进步与对策，2014（18）：27-31.

② 董馨，吴薇，王奕衡. 基于协同创新理念的校企合作模式研究 [J]. 国家教育行政学院学报，2014（7）:59-63.

③ 蒋兴华. 高校协同创新模式的新探索——2011 协同创新中心 [J]. 高等工程教育研究，2016（6）：75-80.

④ 王莉，吴文清. 渐进嵌入性：地方高校协同创新的有效实现形式 [J]. 清华大学教育研究，2015（4）：89-96.

⑤ 李娟伟. 市场培育视角下科技协同创新模式的构建与完善 [J]. 西部论坛，2016（1）:45-53.

研究者将场域理论引入高校协同创新，① 多维度的理论视野为我们理性思考高校协同创新问题提供了多元化视角。

4.高校协同创新团队建设

虽然我国高校科技人员通过科技服务不断提升自身的科技创新能力，但在创新过程中局限于单位属性、教育体制、地区、内部管理等条件，科技人员视野受限，创新能力不高，无法适应经济社会发展的重大需求，创新效率低下，多数高校科技人员无法有效开展国家急需的战略性研究、探索科学技术尖端领域的前瞻性研究及涉及国计民生重大问题的公益研究。为此，进行基于协同创新的高校教师团队建设尤为重要。有研究者对高校协同创新中存在的人才队伍建设问题进行了分析，认为高校人才队伍建设与"产学研用"协同创新要求不适应，存在团队结构简单化、评价体系模式化、利益分配单一化的问题，为此，从平台建设、人才创新能力建设、团队建设三方面提出了具体措施。② 还有研究者立足广西协同创新实际，认为高校高层次人才是关乎地区协同创新成败的核心要素，为此提出广西高校高层次人才队伍建设的技术路径。③ 还有研究者以协同创新为着眼点对高校科研团队激励机制的建设进行研究，如《面向协同创新的高校科研团队组织模式与激励机制探析》，研究认为我国高校科研创新团队分为学术带头人团队、项目管理型团队和学科方向型团队三种模式，当前高校科研团队存在以下问题：一是团队领导机制过于简单；二是绩效评估有效性有待提高；三是激励机制单一。由此，借鉴欧美发达国家协同创新团队建设的有益经验，提出了科研团队激励机制建设的建议。④ 还有研究分析了校企合作科研团队成员的激励因素，结合团队成员激励因素调研结果，构建了包括物质激励、精神激励、成就激励的"三位一体"激励模型，并设计了相应激励机制。⑤

---

① 张国昌，胡赤弟.场域视角下的高校协同创新模式分析[J].教育研究，2017（5）：55-61.

② 陈冬梅.基于"产学研用"协同创新的高校人才队伍建设探析[J].高教探索，2013（2）：43-46.

③ 高源骏.协同创新视阈下的广西高校高层次人才队伍建设[J].社会科学家，2014（8）:114-117.

④ 谢耀霆.面向协同创新的高校科研团队组织模式与激励机制探析[J].高等工程教育研究，2015（1）:102-106.

⑤ 周忠新.校企合作背景下科研团队的立体激励机制构建研究[J].国家教育行政学院学报，2015（2）:35-38.

5. 高校协同创新的比较研究

有大量文献介绍了国外高校协同创新的经验，如《德国高校与企业协同创新模式及其借鉴》《法国高校与研究机构协同创新机制及其启示》《美国高校协同创新的成功经验和启示》等，通过介绍国外相关高校协同创新经验，对我国高校协同创新提出改进策略。有研究者综合介绍德国高校协同创新经验指出，高校、校外科研机构和企业是德国创新体系中的三大主体，德国通过给予大学唯一的博士学位授予权，鼓励科研机构、企业与大学合作培养博士；注重建立实体性合作平台，构建大学、科研机构与企业间稳定的协同关系；通过实施"研究型校园"计划，推动校企合作创新。① 也有研究者对法国高校与研究机构的协同创新机制进行研究，法国通过创建协作研究单位、混合研究单位、博士学院、联合大学等推动高校与研究机构的深度合作与协同创新，提升了法国高校的创新能力。② 还有研究者对美国高校协同创新进行研究，认为美国高校协同创新的成功经验有：制定完备的法律体系，为高校协同创新保驾护航；实施市场驱动的模式；正确处理大学、企业（产业）和政府的关系；进一步增强对高校协同创新的资金支持力度；大力发展创业型大学。③ 除了综合介绍国外高校协同创新的经验外，近年来我国对国外经验的介绍越来越细化、深入化，单就某一领域或某一方面进行介绍分析，提出了借鉴与启示。如《加拿大 NCE 协同创新计划的实施经验与启示》《德国大学参与协同创新机制研究——以"ARENA2036"计划为例》《美国工程研究中心建设对我国政府资助产学研协同创新平台建设的启示》等。

6. 已有研究总结

从以上文献中发现，近几年我国学者对高校协同创新的研究呈现由外到内、有形式到实质、由单一到多元、由浅至深等趋势，对推动我国高校协同创新的发展起到了有力的促进作用。从已有文献看出，我国高校协同创新的现状如下。

（1）对高校协同创新的概念界定由外在形式向内在实质内涵发展。最初

---

① 朱佳妮，朱军文，刘念才．高校协同创新：德国的经验及对我国的启示 [J]．复旦教育论坛，2013（5）:87-91.

② 张金福，王维明．法国高校与研究机构协同创新机制及其启示 [J]．教育研究，2013（8）:142-148.

③ 王文礼．美国高校协同创新的成功经验和启示 [J]．学术论坛，2014（12）:161-166.

对高校协同创新的概念界定倾向于形式上的界定：高校与企业、政府、区域经济的协同创新，有内外两方面的协同，内在协同是高校内部的学科之间、科研与教学之间的协同；外部的协同指的是高校与企业、其他高校、科研院所等的协同。随着协同创新的深入发展，对高校协同创新概念的研究倾向于内在的实质性内涵，如协同创新是深度的、复杂的、相互影响的网络关系，利益共享、责任共担，最终要实现价值增值。

（2）目前我国高校协同创新存在的主要问题普遍有协同机制不健全、利益分割不合理、协同创新氛围和能力不足、协同创新模式单一化、缺乏有效的评估体制等。为有效提高高校协同创新效率，促进高校协同创新的发展，要根据不同高校的实际情况，积极借鉴有益的国内外协同创新经验，采取多元化协同创新模式，走多元化协同创新之路。

（3）在研究对象上，更多是站在国家协同创新中心建设的高度，依托高水平协同创新项目的申报，对省部级高校研究较多，而对不同区域特色、地方高校的研究较少。地方高校服务于地方经济发展，对地方经济的崛起与发展起着重要作用。随着协同创新的发展，地方高校越来越重视与企业、区域经济的协同发展，但是因缺乏必要的经验借鉴、技术支撑，处于想协同却又不知道怎么协同的状态。为此，希望更多的学者能关注地方高校协同创新的研究，为地方高校的协同创新提供借鉴与理论支撑。

第二节　高校教师教育专业协同育人模式及实施中遇到的问题

走协同创新之路是高校发展的必由之路，教师教育专业是实践性较强的专业，为了突出人才培养的行业适应性，需要建立高校与中小学幼儿园协同合作育人模式，在课程体系建设、课堂教学、实践教学、课程评价、师资队伍建设等方面协同共建。

一、高校—基础教育学校协同合作是教师教育专业协同育人的基本模式

教师教育专业人才培养目标主要是培养基础教育教师，因此，根据高校协同创新的内涵和教师教育专业的特点，教师教育专业协同育人的基本模式

是高校—基础教育学校协同合作人才培养模式，以此作为应用型人才培养的平台，充分发挥行业机构在应用型人才培养和学生实践能力提升上的作用。主要合作内容包括以下几个方面：一是人才培养方案的修订，高校与基础教育学校联合修订教师教育专业人才培养方案，建立相应的方案修订工作机制，建立工作规范，确保方案修订内容符合行业人才需求；二是高校与基础教育学校协同合作进行专业教学团队建设，从基础教育学校遴选一定数量的行业教师加入课程群教学团队，组建校—校联合双师型教学团队，完善校—校联合教学团队工作规范，实现共同学习、协同工作、共同提高；三是高校与基础教育学校协同合作进行课程建设，建立校—校联合开展课程改革与建设工作机制，大力引进行业课程、真实案例，改造课程内容，开发行业应用教材；四是高校与基础教育学校协同合作开发实践教学平台，建设面向职业环境的联合实践教学平台，强化实践环境的校内实验室改造，包括校—校联合建设实验室、虚拟仿真平台的改造，加大校外实践教学基地建设力度；五是高校教学过程与合作单位对接，将幼儿园实践引入到高校课堂，同时将高校课堂拓展到基础教育实践中，吸引更多的优质基础教育师资参与到学生的学习指导、毕业论文写作中，并参与学生的学习评价；六是高校与基础教育学校合作进行教学质量评价，建立行业专家团队开展专业人才培养质量评价工作机制，持续改进培养机制，提高培养质量。

二、高校—基础教育学校协同育人模式实施中存在的问题

目前，大部分高校在提升学生教学实践能力的过程中意识到了基层教师在人才培养中的重要性，因此通过实习指导、作报告、座谈会、人才培养方案的修订等方式与基础教育学校初步建立了合作关系。为提升实习见习效果，师范院校还制订了由高校与基础教育学校双方共同承担实习、见习指导的双导师制度。明确了高校与基础教育学校在学生实践指导过程中的职责和任务，并针对每个学期的学习目标和任务制订了详细的双导师实施方案，在制度、政策、经费等方面给予保障，以提高实践教学的有效性，使学生的专业实践能力得到有效提升。但是，在高校—基础教育学校协同育人模式实施过程中还存在以下问题，制约着高校应用型人才培养的质量。

（一）协同合作协调机制不健全

协同机制是实施高校—基础教育学校协同合作的保障，从目前高校与基础教育学校协同合作的现状来看，大部分高校在进行协同合作时缺乏相应的

协调机制，致使高校与基础教育学校在合作中各行其是，不能致力于协调合作的总体利益。高校与基础教育学校合作的根本目的在于充分共享大学和基础教育学校的异质性资源。但是，受传统观念的影响，高校为了突出自身的地位，往往把科研、理论放在第一位，忽视了教师专业实践能力的提升，特别是新进的应届毕业生往往没有经过实践锻炼就直接上岗，缺乏对行业实践的认识和相应的经验，很难对基础教育学校发展起到实质性的帮助。这样一来，基础教育学校不仅难以得到相应的利益，还要无偿为高校提供相应的实践场地和实践指导，在没有职责约束的情况下往往会使合作处于松散状态，直接影响到合作的深度和有效性。基础教育的目的是对中小学生和幼儿进行教育教学，为其接受高等教育打好基础。特别是省级示范园、优质中小学校，它们认为大量师范生进入学校实习会打乱学校的教学工作安排，给学生的学习和教师的教学带来干扰与不便，因此，合作积极性不高。即使接受了实习生，也没有有效、实质的指导。

目前我国的高校与基础教育学校的合作，很多是一种自发性行为，多半是基于"私人"关系进行的合作，或出于"朋友面子"或服从上级行政领导命令而合作。[①] 这种以私人关系为纽带建立起来的U-S合作行为不是建立在规范制度之上的系统的组织行为，更多的是建立在感情基础上的一种中小学为大学义务帮忙的行为，由于没有更高的组织进行协调与监督，合作往往随着学校领导变动而被迫终止。

2. 高校的评价机制不利于协同合作模式的实施

无论对学生还是教师而言，评价都具有导向作用。高校教师的绩效评价系统对于教师的专业发展具有一定的导向功能，而当前高校在对教师进行绩效评定时往往偏重于学术贡献。一直以来，大学以学术领域的成就作为晋升的标准，大学教师能否获得晋升的机会，能否赢得学术上的声望，不是看其教学质量的好坏，或看其为中小学提供了多少帮助，而主要是其研究成果和发表文章的数量和级别。[②] 高校在进行职称评审时更看重教师发表论文的质量和数量、课题项目的级别和数量，至于教师的专业实践能力只是作为参考。在绩效评估中，学校只考虑教师发表论文和课题项目的级别，而不关心这是否有利于应用型人才的培养，有的老师一年除了完成基本课时任务外基

① 张翔.教师教育U-S合作的结构性障碍与路径选择[J].现代教育管理，2014（6）：95-99.

② 张翔.教师教育U-S合作中的大学困境与出路[J].当代教师教育，2013（9）：25-29.

本都把精力用在了科研上，一年只凭科研奖励就能得到丰厚的收入。

在我国，晋升为"享受政府津贴人员"是众多大学教师梦寐以求的目标。这不仅可以获得可观的物质收入，而且还是一个资深专家身份的象征，享有较高的声誉。然而，能否被晋升为"享受政府津贴人员"，主要取决于其研究成果对其所在学科发展的贡献，强调研究成果的原创性和社会效益。至于该教师是否培养优质学生则处于次要地位。受这种评价制度的约束，大学教师会倾向于将更多的时间和精力投入原创性科研，以谋求在自己专业领域拥有一席之地，因而不太愿意投入更大的精力在人才培养上，何况与中小学、幼儿园合作培养教师会消耗更多的时间和精力。而当前高校教师发表的文章，多以理论性研究为主，这种研究一般不需要在中小学进行实证，更多是需要一种思辨性自洽。很多中小学、幼儿园教师根本就看不懂，就连大学教师都总结到"越是级别高的论文越是看不懂"，这种高校评价机制影响了高校教师深入中小学一线的热情，成了大学在 U-S 合作中面临的制度性障碍。

3. 高校协同育人模式实施中的师资问题

高校与基础教育学校的协同合作模式建立起来后，是否能够发挥其在人才培养中的优势，关键在于教师作用的发挥。高校—基础教育学校协同育人模式的实施需要具备相应的师资队伍，师资队伍成员一方面是来自高校的教师，另一方面是来自行业一线的基础教育教师。通过对部分高校的调研发现，高校教师教育专业师资队伍存在的一定的问题：就师资队伍而言，一部分非师范类专业毕业的教师缺乏一线教学经验，对基础教育教学实践不了解，有的甚至没有去过中小学；另一方面，就教师的教育实习指导而言，大部分教师都是刚刚毕业的研究生，理论知识一大堆，却缺乏对学生的实习指导能力。就合作学校而言，由于高校与基础教育学校协同办学缺少相应的制度和激励措施，基础教育教师普遍缺乏指导实习生的意识，他们认为让学生来实习就是帮忙干点杂活，参与保育工作，工作繁忙的同时也不愿意进行实习指导。有一次，笔者去幼儿园听课，保教主任说："是不是送实习生来了？太好了，我们可以休息休息了。"从指导教师的行为可以看出，实习生在实习基地的地位很被动，只是处于附属的地位。这样一来，教育实习由于缺乏实质性指导，只会沦为形式的实习，严重影响到实习效果。

校—校合作需要高校教师与基础教育教师进行交流合作，相互学习共同培养师范生。但是，由于高校教师缺乏相应的专业实践经验和指导能力，又不重视与实践的对接，导致高校专业教师与基础教育教师的交流与对接工作受到阻碍。而基础教育教师把自己作为编外人员，缺乏对学生进行指导的责任意识，因此，也不会主动与高校教师进行交流。虽然各高校纷纷倡议"双导师"制，但是限于师资的贫乏往往很少去真正地落实。高校与基础教育学校两套管理机制、两种考核标准使得师范生只能靠自己不断摸索、试误等方式来提升自己的实践能力，直接影响到实践教学的有效性，进而影响到学生实践能力的提升。

4. 高校教师教育专业师范生自身存在的问题

高校与基础教育学校协同合作的主要目的在于创新人才培养模式，提升人才培养的质量，因此，师范生自身的学习态度、知识准备和实践能力直接影响到高校与基础教育学校协同合作的效果。由于高校在课程设置与教学实施上侧重于理论知识的讲授，课程教学与行业实践的衔接效率比较低，直接影响到学生实践能力的提升，导致学生不能有效地将理论与实践结合起来，理论与实践脱节。同时，部分学生学习态度不端正，学习积极性不强，在中小学幼儿园教育实习、见习中迟到、早退、请假现象比较频繁，直接影响到合作的质量。

校—校合作模式的实施，需要高校在进行课程设置、课堂教学等方面充分考虑课程与教学的行业适应性，为学生进入实践场域提供相应的知识、经验、能力、职业道德等方面的准备。这样一来可以缩短学生的职业适应期，同时也能给基础教育带来新的理念，为基础教育的发展注入新鲜血液，有利于校—校合作的开展。

此外，高校在进行校—校合作共建时缺乏相应的评价和监督机制，很多中小学校只是签订了合作协议，并没有开展相应的合作项目，如何建立相应的评价和激励机制，激励中小学幼儿园参与合作也是制约当前高校—基础教育学校协同合作育人模式实施的重要因素。

第三节 实施高校—基础教育协同合作育人模式的途径

一、政府转变立场，积极发挥对高校—基础教育学校合作的协调作用

首先，中央政府可以通过制度设计，赋予中小学幼儿园参与教师职前培养的义务，并通过经费、人事编制等方式给予中小学幼儿园补偿，从宏观上为大学与中小学幼儿园的合作创造制度环境。其次，省级政府在整个教育行政管理体系中处于承上启下的重要地位，可以根据各省、自治区、直辖市的自身情况，在现行国家法规和政策框架下，制定符合本省、自治区、直辖市的相关政策，如教师编制、经费等，为高校与中小学幼儿园的合作创造条件。再次，省级以下的地方教育行政部门作为中小学幼儿园的直接管理部门，可以统筹中小学幼儿园的人力、物力、财力，为地方高校与中小学幼儿园的合作搭建平台。

这样，政府的协调可以减少高校与中小学幼儿园合作过程中产生的摩擦，降低合作中的交易成本，为校—园合作创造积极的合作环境。但是，高校—中小学幼儿园的协同合作并不是为了完成临时性任务，而是为了培养适应社会发展需要的应用型人才，是实现教师专业发展的战略决策，所以它不仅需要规则（制度），更需要组织保障。因此，政府需要在教育行政部门里设置相应的管理部门，并赋予其相应的合作管理职能，直接参与校—园合作联盟的管理和协调工作，为高校与中小学幼儿园合作的顺利开展创造条件。

二、明确高校与基础教育学校在协同合作中的责任

政府对高校与基础教育学校合作关系的协调为高校与基础教育的合作发展提供了制度保障，但是，制度保障并不一定促成有效的合作，还需要高校与中小学幼儿园从自身利益与共同发展上达成共识。"合法性认同并非唯一地由制度环境所决定，若合作行为能给合作双方带来利益，合作主体也可能会通过'协商性认同'突破制度障碍而达成'合法性认同'。"[1] 要提升高校与中小学（尤其是中小学）幼儿园对合作行为的合法性认同，首先要赋予中

---

[1] 张翔. 教师教育 U-S 合作的结构性障碍与路径选择 [J]. 现代教育管理，2014（6）：95-99.

小学幼儿园进行教师教育的法定义务，并同时赋予其相应的权利，如增加基础教育学校的教师编制、教育经费等。将中小学幼儿园参与高校职前教育与他们的利益联系起来，提升中小学幼儿园对职前教育合作的合法性认同。目前，高校对基础教育的依赖性要远远大于基础教育学校对高校的依赖性，这并不能说明基础教育不需要高校的支持，而需要高校在办学理念和服务方向上多向一线实践领域倾斜，将基础教育的发展也纳入合作共建计划中，利用自身优势为基础教育的发展提供智力支持和物资设备支持，谋求双方互利共赢，合作发展。同时，基地学校要为高校提供长期的、稳定的教育教学实践场所，将接收准教师的见习和实习列入学校每年的工作计划，并选派专人监管。

合法性认同并非单一由制度环境所决定，若合作行为能给合作双方带来利益，合作主体也可能会通过"协商性认同"突破制度障碍而达成"合法性认同"。高校和基础教育学校都希望通过合作来促进双方的发展，只是在合作中，由于行为方式以及话语体系上的差异，高校教师和基础教育教师之间经常出现沟通障碍。因此，要实现高校教师与基础教育教师沟通顺畅，进而提升双方的合法性认同，一方面高校教师要放下"知识权威"的架子，真正从内心深处认识到基础教育教师的实践知识与自己所拥有的理论知识具有同等价值，没有高低之分；与基础教育教师平等对话，尊重基础教育教师的意见和建议，在具体交往过程中，进行学术语言与教学语言的转化，与基础教育教师进行沟通交流。另一方面，中小学幼儿园教师要端正自己的态度，既不卑躬屈膝、否定自身实践知识的价值，也不盲目排外、抱怨高校教师的理论无能，而是以开放的心态与高校教师平等协商，相互交流意见，求同存异。这样，高校教师和中小学幼儿园教师才能进行实质性的交流与合作，提升合作双方的合法性认同。因此，赋予基础教育教师职前教育的义务并提升合作双方的利益共识，增强合作主体的合法性认同，是促使高校与基础教育学校协同合作的有效手段。

三、发掘高校与基础教育学校进行合作的内在需求，提升合作的内在动力

政府的调控只是影响校—校合作的外部因素，只能为校—校合作的开展提供外部条件，但是，要从实质上提升高校和中小学幼儿园合作的积极性，促进学生专业实践能力的提升，需要从高校和中小学幼儿园自身内部进行改

革，提升合作的需求度，以及高校与中小学幼儿园的内在吸引力。高校之所以要与中小学幼儿园进行合作，主要原因在于高校与基础教育学校都具有促进对方发展的异质性资源，增强双方异质性资源依赖程度，有利于从内部提升双方进行合作的动力，促进合作的持续性开展。

任何企业或组织都不可能在所有资源类型中都拥有绝对优势，即使是同一资源，在不同企业中也表现出极强的异质性，从而构成了企业或组织资源互补融合的物质基础。在高校与中小学幼儿园协同合作中，合作的本质在于双方在各自的利益上达成共识，高校进行合作的目的在于充分利用基础教育资源创新人才培养模式，提升学生的实践能力，实现应用型人才培养的目标；中小学幼儿园进行合作的目的在于引进高校的理念和科研项目，为学校的发展注入新的活力，促进学校更高水平的发展。因此，高校与基础教育学校的合作能否顺利开展，很大程度上取决于高校与中小学幼儿园所具备的异质性资源能否满足对方发展的需要，成为对方赖以发展的条件。

在校—校合作中，高校具有较为完善的实验设备和智力资源，可以为基础教育教师继续教育、园本课程开发以及教育实践问题的解决等提供理论和方法支持，并提供仪器设备、信息资料等物质资源支持，从而提升基础教育教师的教育教研水平，推动中小学幼儿园教育教学的改革和发展，提升基础教育学校的办学质量；与此同时，中小学幼儿园具有丰富的教育实践经验储备和教育情境资源，能有效地促进师范生教育智慧的发展和教学技能的提升。因此，高校与基础教育学校合作，能够弥补高校和中小学幼儿园在发展过程中缺乏相应资源的劣势，提升发展的质量。目前，高校与中小学幼儿园合作不够深入，双方依赖程度低，主要在于合作双方没有充分挖掘自身的异质性资源优势，也没能给对方提供其所需的异质性资源。由于高校缺乏理论与实践的对接，导致高校向基础教育提供的智力支持往往因缺乏针对性而束之高阁。高校的教师教育不可或缺地需要基础教育学校提供实习基地和实习指导，对中小学幼儿园产生相对较强的依赖感，双方在依赖性上的不平衡直接导致高校在合作中处于被动地位，这就需要高校要努力挖掘自身异质性资源优势，提供基础教育所亟需的资源。

四、将校—校协同育人模式贯穿于人才培养全过程

人才培养是个系统工程，学生教学实践能力的提升不能只靠教育实习，还关系到专业发展方向、课程设置、实践教学、教学方式的改革，以及师资队伍建设和课程评价等多方面因素协调一致。

1. 实施专业共建

首先要确定教师教育专业人才培养的应用性，要把专业实践能力放在重要位置。其次，高校与中小学幼儿园签订专业共建协议，就双方在教师教育专业发展方面明确各自的责任，并对相关专业共建问题召开研讨会，为高校与中小学幼儿园的合作育人模式的实施奠定基础。

2. 人才培养方案的修订

人才培养方案关系到师范生的培养模式和课程设置，是影响师范生培养的重要因素。因此，进行校—校协同育人，需要完善校—校联合修订人才培养方案的工作机制，建立工作规范，确保方案修订内容符合行业人才需求。社会需求在变化、专业理念在更新，人才培养方案要及时吸取基础教育一线教师的经验，使人才培养方案与行业之间衔接起来。在人才培养方案修订中，要吸收基础教育一线专家、教师及管理者进行深入的讨论，做到人才培养与行业实践的衔接，提高人才培养的行业适切性。

3. 课程建设

在课程建设方面，要建立校—校联合开展课程改革与建设工作机制，大力引进行业课程、真实案例，改造课程内容，开发行业应用教材。根据不同专业课程的特点，邀请基础教育一线教师以独立授课、讲座、培训等方式加入高校课堂，例如班级管理、学科教学法等实践性较强的课程，可以从合作学校中选取在这方面表现突出的优秀教师独立承担。除此之外，还可邀请中小学幼儿园教师来为学生做报告、讲座，为课程发展增添活力。

4. 课程群教学团队建设

教师教育专业是实践性较强的专业，需要双师型教学团队的建设来提升教师的实践能力，教师教育专业课程教学团队要遴选一定数量的行业教师，组建校企联合双师型教学团队，完善校企联合教学团队工作规范，实现共同学习、协同工作、共同提高。在双师型专业团队建设过程中，除了邀请基础教育一线教师为学生授课、做报告外，还通过做课题、国培计划、入校实践等多种形式进行基于校—校合作育人的专业团队建设，由此，形成由高校教师与基础教育一线优秀教师组成的教学团队，提升双师型师资队伍水平。

5. 实践教学指导

实践教学是提升师范生实践能力的重要环节，高校要与合作单位对接建立专业实践教学平台，大力开展校—校实践教学平台建设，强化面向行业应用环境的校内实训室改造，校—校联合建设实验室、虚拟仿真平台，加大校外实践教学基地建设力度。为提升实践教学的有效性，对学生的实践指导实施双导师制，按照一定的导师选拔制度从高校、中小学幼儿园分别选拔出指导教师，根据每个学期的实践课程共同承担学生的指导任务。在双导师制实施过程中，高校指导教师与中小学幼儿园指导教师形成一个指导团队，在指导、评价、反馈、调整等方面以日常沟通、召开座谈会等多种方式实现共同指导。

6. 校—校合作开展专业教学质量评价

建立行业专家团队开展专业人才培养质量评价工作机制，持续改进培养机制，提高培养质量。制订面向学生能力提升的课程评价体系，在师范技能大赛、实习评定、期末考试等环节中积极吸纳基础教育一线教师进入评价领域，将基础教育一线教师的评价作为学生综合成绩的一部分，特别是学生能力的考核、实践性较强课程的考核，通过实施课程主讲教师与基础教育一线教师共同考核的方式进行，从中获取一线教师意见。

这样一来，以"校—校"协同合作为平台，把双师型师资队伍建设作为关键，将高校与中小学幼儿园的协同合作贯穿教学、实践、课程建设、师资队伍各个方面，致力于学生专业实践能力的提升。

第七章　基于教师专业成长的毕业论文写作与教育研究

教育研究能力是卓越教师应该具备的一项重要能力，对于学生入职后的专业发展具有重要作用，需要教师教育专业师范生具有教育研究意识、掌握基本的研究方法，能够创造性地解决学生发展与教育教学中的问题。为提升师范生的教育研究能力，高校开设了教育研究方法课程和毕业论文实践项目。教育研究方法课程的学习有助于学生系统掌握教师教育研究方法，而毕业论文写作则是对学生教育研究能力的实习训练，两者结合有利于学生教育教学研究能力的有效提升。

第一节　毕业论文写作对教师专业发展的价值

一、毕业论文及其在研究型教师培养中的作用

（一）高校毕业论文概述

毕业论文写作是本科生完成高等教育的一项重要环节，是对学生所学知识的理解水平和运用能力的全面检验，也是对学生综合能力，特别是科研能力的一种考察和训练。就高校本科毕业论文而言，毕业论文是高校毕业生针对某一课题，综合运用所学专业的知识和研究方法，独立进行科研活动，探讨或解决本学科某一问题的、具有一定学术价值的论述性文章，毕业论文是学业完成的标志。[①] 撰写毕业论文是高等学校培养人才人文素养、科学素养、实践能力的重要环节，是高等院校毕业生必须独立完成的大型综合性作业，更是对学生科研能力的一次训练，同时也是对学生分析问题、解决问题能力的综合考察。

严格地说，毕业论文属于学术论文，应该具备学术论文的性质和基本特

---

① 李兴仁，王荣党.毕业论文写作指导[M].北京：科学出版社，2008：1.

征，主要是学术性、科学性、创新性和理论性。所谓学术性，是指研究、探讨的内容是以科学领域里某一专业性问题作为研究对象，具有专门性和系统性，因此，与议论文相比，毕业论文具有明显的专业性。科学性是指研究、探讨的内容准确，思维严密，推理合乎逻辑，这也决定了论文的创新性，一篇论文如果没有创新之处那它就毫无价值。理论性主要是指论文作者思维的理论性、论文结论的理论性和论文表达的论证性，就是对研究对象的思考不是停留在零散的感性上，而是运用概念、判断、分析、归纳、推理等思辨的方法，深刻认识研究对象的本质和规律，经过高度概括和升华，使之成为理论，并对结论展开逻辑的、精密的论证，以达到无懈可击、不容置疑、具有说服力的效果。

另外，毕业论文又不完全等同于学术论文，它也具有自己的一些特点。首先，大学生缺乏写作经验，对撰写论文的知识和技巧知之甚少，在撰写毕业论文时需要教师在如何选题、如何进行研究、如何撰写论文等方面给予具体的方法论指导，因此毕业论文具有对学生起到指导性的特点；其次，毕业论文撰写的主要目的是为了培养学生综合运用所学知识解决实际问题的能力，为将来作为专业人员写学术论文做准备，所以它还具有习作性；最后，由于大学生缺乏运用知识进行独立科学研究的训练，科研能力还在培养形成之中，再加上论文撰写的时间限制，很难写出高质量的学术论文，因此，在层次上毕业论文与学术论文相比要求较低。

（二）关于毕业论文的争议

本科毕业论文是实践教学的重要环节，也是检验学生综合素质的试金石。但是近年来，有关本科生要不要写毕业论文的争议很多，毕业论文似乎也渐成鸡肋。就学生来说，由于部分学生对待论文的态度不端正、基础知识薄弱，在进行论文写作过程中遇到诸多问题，特别是随着毕业论文抽检制度的实施，高校对毕业论文的要求越来越高了，学生在论文写作过程中纷纷叫苦连天，认为论文写作对于后续参加工作并没有太大的意义，提出取消毕业论文。站在论文指导教师的角度来看，部分教师自己的科研能力水平就不高，还要指导学生去写论文；实行毕业论文抽检制度后，教育行政部门将论文抽检结果与学校的专业招生直接挂钩，而学校则把论文抽检结果与指导教师的考核直接联系起来，一旦受其指导的学生论文抽检不合格，指导教师就面临严重教学事故的处分；同时，学生知识基础逐年降低，毕业论文写作能力一年不如一年，再加上学习态度不端正，间接地加大了指导教师的工作量。于是，教师们也纷纷提出要取消毕业论文。

那么本科毕业论文该何去何从呢？按照学士学位授予条件，取得学士学位的前提是较好地掌握了本学科的基础理论、专业知识和基本技能，具有从事科学研究工作或担负专门技术工作的初阶能力。具备科学研究的初阶能力是取得学士学位的必备条件，毕业论文显然是评判的重要标准。由此看来，问题的关键是怎样保证学生撰写合格的毕业论文。

二、高校教师教育专业本科生毕业论文写作的目的及意义

师范生毕业论文是教师职前培养的一个重要环节，也是教师教育专业发展过程中的重要一环，其实施过程及效果直接影响高校教育教学的水平及质量，反映了高校培养人才的科研素质和水平。毕业论文的写作，一方面是对学生专业知识掌握程度以及运用知识进行分析问题、解决问题的能力进行的一次综合性考核；另一方面，毕业论文写作是对学生运用所学知识进行科学研究的训练，为今后撰写学术论文打下良好的基础。通过论文的撰写过程，使学生初步了解研究的基本程序和方法，同时也是对学生创新意识、探究精神的一种培养，更是对卓越教师培养层次的一种体现。

1. 培养和提高学生的科研能力

在毕业论文写作过程中，通过选题、文献综述、开题、研究方法的使用、数据的收集与整理以及论文的撰写等实际操作，使学生在教师的指导下了解教育研究的过程、掌握研究的方法；学习如何检索文献，进行文献综述；学会收集、整理和利用资料。撰写论文的过程是一次直接参与和体验了解教育研究工作全过程的实践机会和学习机会，能够系统地帮助学生掌握教育研究方法，提升学生的研究能力。

2. 培养学生综合运用理论知识，解决实际问题的能力

完成毕业论文的过程也是学生发现问题、分析问题和解决问题的过程，是对学生专业知识掌握程度的综合考察，不仅要求学生对所掌握的理论知识达到一定的广度、深度，更注重学生运用知识进行分析、解决问题的能力的培养。要写一篇高质量的毕业论文，学生必须在具备系统专业知识的基础上，运用专业知识分析问题、解决问题，同时还要求学生具有较宽的知识面和良好的写作功底。在这个过程中需要师范生理论联系实际，将所学知识合

理地利用到实践问题中去，学生在理论联系实际的过程中，可以更好地消化、吸收并进一步巩固、补充所学过的专业知识。

3. 培养学生的创新精神

创新性是论文的基本要求，毕业论文同样需要具有一定的创新性，要么是选题的创新、要么是研究方法上的创新，或者是在观点上的创新，提出的观点具有独到之处。因此，在毕业论文写作过程中，除了使学生掌握研究方法、提升研究能力外，还对学生的创新性提出了一定要求。学生在论文写作过程中，通过选题、研究方法的选用、观点的提炼等使学生具有创新的意识、养成创新的精神品质、掌握进行创新的方法。针对本科生的科研实际情况，使学生在选题和研究方法上进行创新有一定难度，可以鼓励学生在前人研究的基础上积极参与争鸣，大胆提出自己的观点。

4. 培养学生认真严肃、严谨治学、实事求是的科学态度

科学研究要求在进行研究时要坚持实事求是的原则，在研究方法的使用上要严谨，数据的收集与处理要符合科学要求，观点的提出要有充足的证据，不能弄虚作假、抄袭剽窃。因此，毕业论文的写作有利于培养学生树立认真、严谨的工作态度，实事求是的科学态度。

第二节　教师教育专业本科毕业论文现状

2018 年 8 月，教育部发布《关于狠抓新时代全国高等学校本科教育工作会议精神落实的通知》，提出"切实提高毕业论文（设计）质量""修订完善本科毕业生论文（设计）管理制度，强化指导教师责任，加强对选题、开题、答辩等环节的全过程管理"。高校教师教育专业本科毕业论文的写作对于学生后续的专业发展、理论知识在实践中的运用、教育研究能力的发展等具有重要作用，学生的论文质量是对学生专业学习成果的一种体现，直接影响到高校人才培养的质量。

一、高校教师教育专业毕业论文的质量及实施中存在的问题

依据本科生（文科）毕业论文评分标准对近三年教师教育专业本科毕业

论文的抽查发现，本科生毕业论文虽然结构完整、能对提出的观点进行相应的论证，并使用了多样化的研究方法，但是毕业论文在选题、观点的提出和论证、研究方法的使用、论文结构、语言文字的表述、论文引注格式等方面存在不同程度的问题。

（一）教师教育专业本科毕业论文的质量

根据教师教育专业毕业论文写作的评价标准，我们从选题、研究方法的使用、观点的提出、观点的论证、语言文字表述、规范格式等方面来了解教师教育专业本科毕业论文的质量。

1. 选题

选题是进行研究、撰写论文的第一步，选题是论文写作的开端，选题是否合适直接影响到后续数据的收集及论文的撰写。本科生毕业论文的选题需要具备三个方面的条件：一是选题要符合本专业人才培养目标要求，教师教育专业毕业论文要围绕不同年龄阶段学生发展及教育来进行选题；二是选题要具有一定的理论意义和实践意义，理论价值是对学生进行归纳、总结、理论提升的要求，实践意义要求学生的选题要面向基础教育实际，结合社会发展形势选题；三是选题要可行，所选的题是通过自己的努力、在现有的条件下能够完成的，否则再好的选题也不能完成论文的写作任务。

目前，教师教育专业本科毕业论文的选题大都符合专业人才培养方向，也具有一定的理论意义和实践意义，但是在实践操作过程中还存在以下问题。

（1）选题大而空。大部分学生为了能够搜集到更多的资料，往往将题目定的比较大，缺乏范围的限制，如"隔代教养问题研究""家长工作开展现状研究"等选题，这些选题缺乏研究范围的界定，致使研究对象不清晰，导致写起来左摇右摆，一会儿研究农村，一会儿又研究城市；一会儿以学生为研究对象，一会儿又以教师为研究对象。

（2）选题的可行性问题。有的选题看似好写，但是，在实际研究过程中由于缺乏相应的研究方法支撑，往往会影响论文的质量，这样的选题存在可行性问题，如"父母教养方式对幼儿性格发展的影响""教师态度与小学生学习行为的关系研究"等选题，观点的论证需要进行相关分析，而学生往往不具备相应的完善的数据处理及分析能力，致使论文缺乏相应的实证数据而影响论文的质量。

（3）选题陈旧、缺乏原创精神。通过对近三年教师教育专业毕业论文题目的调查对比发现，毕业论文选题的重复率较高，有很多题目是每年都有的高频题目，如"幼儿园自主游戏的开展现状研究""幼儿园教师职业压力的研究""隔代教育问题研究""小学生心理健康现状研究""幼儿园安全教育的现状"等，诸如此类选题几乎每年都有许多，主要原因是这些题目好找资料。虽然现在大多数高校实行的是指导教师与学生双向互动选题的机制，但是，很多学生对自己将要做什么研究、确定什么选题缺乏主见，往往依赖指导教师直接给自己指定题目，当拿到题目后马上上网进行搜索，如果相关研究多的话就定题，如果发现已有研究中缺乏相应的资料就会放弃该题。这样的选题态度也暴露出当前本科生对待论文写作的态度：缺乏原创精神，不敢进行创新，不具备创新意识。

通过对部分指导教师的调查了解到，由于学生的论文选题不恰当导致中途换题的现象贯穿整个论文实施过程，甚至有的学生到了答辩的时候才认识到自己的选题有问题，这时已经来不及换题了。因此，一个恰当的选题是完成毕业论文的基础，直接影响到研究的持续和论文的撰写。

2. 研究方法的使用问题

研究方法的使用是否恰当直接影响到论文观点的提出及对观点的论证，也是毕业论文写作中的难点。针对不同年龄阶段的教育的研究所使用的研究方法存在一定的差异，就师范专业而言，常用的研究方法主要有观察法、问卷调查法、访谈调查法、文本分析法等。通过对近三年毕业论文的查阅发现，学生在研究方法方面出现的问题有以下几点。

（1）研究方法的使用不规范、介绍不清楚。学生常用的研究方法有问卷调查、访谈法和观察法，个别学生采用文本分析法。在方法的使用上，特别是研究工具的编制缺乏科学性，自制问卷缺乏信度、效度的检验，用他人的问卷时没有相应的修改，直接影响到研究数据的信度和效果。另外，访谈提问具有一定主观诱导性，如"你开展过家长工作吗""当学生向你提问时，你能耐心对待吗""你能遵守教师职业道德吗""你体罚过学生吗"等诸如此类问题。很显然，从问题本身就可以判断出问题的价值取向，即使教师做出回答，教师很容易做出虚假的回答，使数据缺乏一定的信度。此外，很多学生在进行研究方法介绍时并不能将研究的对象、目的、具体实施情况进行详细介绍，往往只是模糊地介绍研究方法的概念，并没有对研究方法的具体实施过程进行介绍，导致所得数据缺乏背景和范围，不能清晰地呈现研究对象的特征，如"幼儿园语言教学活动使用现代信息技术的研究"，学生采用调查法了解现代信息技术在幼儿园语言教学活动中的使用现状，但是并未说明调查的是农村幼儿园还是城市幼儿园，就得出"幼儿园语言教学滥用现代信息技术"的结论，显然现代信息技术在幼儿园教学中的使用情况在城市和农村幼儿园之间是有明显差异的。总的来说，学生的毕业论文，对研究方法的使用缺乏规范性。

（2）研究方法的使用与研究内容不匹配。不同的研究方法具有不同的优势和劣势，有自己的适用范围。问卷法适合进行大样本的调查，收集数据比较快，但灵活性不够；访谈法适合对某个问题进行深入地探析，但是费时费力；而观察法是了解学生行为特点的主要方法，相比问卷法和访谈法在可靠性上占有优势，特别适合对儿童行为的研究，如"教师解决幼儿同伴冲突行为的研究""教师日常教学评价行为的研究""小学生课堂学习行为的研究"等。而问卷法和访谈法在收集数据时各有优缺点，可以互补，因此，我们在收集数据时往往结合使用两种方法。但是，在实际的研究过程中，由于学生对各种研究方法掌握不准确，选择的方法往往与研究内容不匹配，如有学生在进行教师职业道德行为的研究时只采用问卷法和访谈法，仅靠调查收集来的数据往往不能真实反映教师的职业道德现状。还有学生对教师职业幸福感进行研究时采用访谈法，这种方法取样小，而且缺乏一定的代表性。更有学生对幼儿进行问卷调查，忽略了研究对象的特点。研究方法的选择与研究内容、研究对象存在的不匹配现象直接影响到研究结论的信度和效度。

（3）研究数据虚假。与硕士学位论文相比，本科毕业论文更强调论文的应用性价值，需要学生从实践中发现问题、提出假设，并通过恰当的方法收集相应的数据对提出的观点进行论证，提出改进性建议，论文的写作需要一定的实践数据支撑。教师教育专业学生的论文数据大多需要到中小学幼儿园及学生相关领域收集，而毕业论文的写作往往安排在大四最后一个学期，这时候学生已经结束了教育实习，虽然积累了一些实践经验，但是却没有针对论文选题收集相应的数据。因此，为了完成论文，部分学生在没有进行规范性调查、缺乏数据的基础上根据自己的假设自编数据，为自己提出的观点提供伪造的数据，以便于论文结构完整，使自己的论文能够顺利通过。数据造假现象严重违反了教育研究的客观性原则，也不利于学生严谨的研究态度的形成。

3. 观点的提出及论证问题

论文是否有自己的观点，论文提出的观点是否鲜明是确定一篇论文是否合格、评判论文质量高低的重要指标。在进行本科毕业论文查阅时发现存在论文观点主观性强的现象。涉及实践研究的论文大多都会聚焦在问题的研究上，如"农村幼儿园游戏活动开展的现状""小学课外活动开展的问题研究""中学课堂教学的问题研究"等，无论是现状研究还是问题研究都把重点放在了问题上，但凡研究某个领域都会提出一大堆的问题，有人开玩笑地说，在咱们学生的论文中的基础教育简直是"千疮百孔"。难道中小学幼儿园的教育全都是问题吗？当然不是，只是我们的学生为了论文，人为地给研究对象带上了诸多"问题"帽子，这种带有主观偏见的研究违反了客观性原则，不利于我们客观认识教育教学现象。

在进行论文查阅时发现，部分论文的框架结构比较合理，但是仔细看每个标题下面的内容，就会发现其提供的数据、案例及文字描述并不能证明提出的观点。如一个学生的论文是"现代信息技术在幼儿园语言教学活动中的运用研究"，她提出了"幼儿园教师在语言教学活动中不注重幼儿主体性发挥"的观点，主要从"教师操作现代信息技术的熟练度"和"现代信息技术的课件制作"两个方面来论证观点，我们可以看出来研究者提出的观点与她列举的论据之间没有直接的关系，前后之间也缺乏逻辑联系。

4. 语言文字表述不准确、不规范

通过对论文的指导、论文答辩、论文的审阅等各环节的调查后发现，学生的语言文字表述能力不足，存在语句不通顺、语句之间缺乏一定逻辑联系、标点符号使用不恰当等问题。在标点符号的使用上，有的学生一段只有一个句号，其他全是逗号，这样的标点符号使用现象凸显出学生的语文素养存在的问题。有的论文语句之间缺乏一定的逻辑联系，凸显出学生逻辑思维存在的问题。还有个别学生为了降低论文的重复率，随意改动语序，致使语句不通顺，出现语序混乱、词不达意、不知所云等现象。

5. 摘要和引注格式不规范

摘要是论文必不可少的一部分，但是，很多学生到了论文定稿时还不能掌握摘要的正确写作方法。部分学生把研究背景当作摘要来写，还有部分学生直接把论文的框架结构照搬到摘要上。学生之所以会写出五花八门的摘要，主要原因是对摘要没有正确的认识，并不知道摘要的作用是什么，摘要应该包括哪些内容。此外，学生的引注格式也存在一定问题，如引注格式随

意化、引注不完整、引注不规范、文献单一陈旧等。很多学生并不了解引注和参考文献的作用，只知道论文写作需要有引注和参考文献，就比葫芦画瓢地照做了。结果要么引注的文献符号标注不正确、要么是引注缺少页码、还有的说不知道标号和页码随便自己加上去的。

（二）教师教育专业本科生毕业论文实施中存在的问题

从以上对论文的分析发现，教师教育专业本科论文不同程度地存在问题意识不强、抄袭造假、观点陈旧、缺乏逻辑、语言文字表述不准确、缺乏学术规范等问题，总体来看论文质量并不高，主要原因是多方面的，有高校论文管理及教师指导不到位的外在原因，也有学生学习态度的内在原因，同时也与大学的学术氛围有一定关系，只有正确认识导致论文质量不高的原因，才能从根本上解决这一问题，提升高校本科毕业论文的质量，从而提升学术的专业综合能力。

1. 论文管理

论文写作是一个漫长的过程，对于学生来说包括论文的选题、开题、写作、答辩、归档等过程。需要对这一系列论文写作过程进行相应的管理，如指导教师的选拔、论文写作进度安排、论文规范要求、论文评价标准、答辩安排、论文推优等管理工作。合理的论文管理是提升论文质量的手段。通过对以往论文实施工作的调查发现，高校在论文选题、指导教师的选拔、论文规范要求、奖励政策等方面还存在一定的不足，成为影响本科论文质量的一个重要因素。

就选题而言，很多高校虽然提出来由指导教师和学生双向协商确定题目，也要求每位教师为学生提供一定数量的可选择的论文选题，但是，对于教师提供的选题是否合适却没有相应的审核。这样一来，部分教师为了应付任务就随便提供了规定数量的选题，而这些选题大多是通过网络途径搜索到的选题，因此，把不同的教师提供的选题一汇总就可以发现，题目存在明显的重复、陈旧、表述不准确等问题，有可能一个教师提供了 10 个选题，但是真正符合要求的却只有两三个，这样教师提供选题就失去了真实价值。这样的选题如果不经审核直接供学生选择，会直接影响到接下来的论文写作，导致部分学生到了答辩时才发现选题根本就不成立，直接影响论文的质量。

毕业论文属于学术论文，必须符合一定的学术规范。虽然很多高校给了符合规定的毕业论文格式模板，但是，并没有对学生进行相应的讲解，很多学生并不明白模板中的规范要求，而且网络上的信息真伪难辨，致使学生在目录、段落行距、标题、引注时出现了多元化的标识与格式。高校在学生论文写作前就毕业论文写作的学术规范开展专题讲座，使学生了解学位论文的学术规范要求，有利于学生论文的学术规范。

此外，学校应该出台相关毕业论文写作的激励政策，对优秀毕业论文的学生和指导教师给予一定的奖励，而不仅仅把评优作为毕业论文工作的一个形式而已。就目前高校对本科毕业论文的奖励而言，大部分高校仅限于授予"优秀毕业论文""优秀论文指导教师"的荣誉称号，但是这个荣誉称号与学生的就业、教师的职称晋升、劳动报酬并没有实质联系。这就大大降低了指导教师和学生在提升论文质量上的积极性。

2. 指导教师

很多高校规定了指导教师应该具有的学位学历资格和职称资格，但是并没有对如何选拔做出规定。高校教师教育师资具有不同的专业背景，而且研究能力参差不齐，部分高校存在师资不足的问题，因此，大部分的专业任课教师都有指导学生的论文的任务。有教师自我嘲笑说："自己还写不出论文呢，怎么指导学生。"指导教师是影响学生论文写作质量的一个关键因素，需要指导教师具有一定的论文指导责任意识，重视对学生论文的指导；还需要教师具备一定的科研能力，能够为学生论文写作提供研究方法、文献查阅、资料收集、学术规范、观点的陈述与论证、语言文字等方面的指导。但是，通过对论文指导工作的调查发现，由于缺乏对指导教师在指导责任、能力等方面的要求与选拔，部分指导教师缺乏责任心，对学生的论文写作放手不管；还有教师缺乏相应的学术敏感性，不能发现学术论文中存在的问题，对于学生提交的论文不能给出具体的修改意见。

3. 学生自身

学生是论文写作的主体，是论文写作的主要承担者，是影响论文质量的内在因素。通过对论文实施工作的调查发现，学生在论文写作时的态度存在问题，他们往往认为论文不重要，并不重视论文的写作，而且普遍缺乏创新意识，认为只要论文凑合通过就行，并不关注论文的创新性与质量。学生完成毕业论文的过程实际上也是一个学习、实践的过程，是正式进入实际教育教学研究领域的开始，又是未来进行独立工作的准备阶段。[①] 但有的学生并未认识到撰写毕业论文的意义，认为这个环节根本没有必要，还有学生认为撰写论文不过是走走形式，没它不能毕业，只要写了就能合格通过。因此，在论文写作过程中，当招教考试、考研等其他活动与论文时间有冲突时学生往往会将时间和精力优先安排给其他活动。而且很多学生认为，论文写作就是把不同的论文材料拼凑在一起，是件容易的事情，不用花费大量的时间。大部分学生缺乏论文创新的积极性，认为只要论文合格通过就行，即使评为优秀也对自己将来的就业没太大关系。这样的论文写作态度直接影响学生论文写作的质量。学生在论文写作过程中态度不端正，还体现在基本的格式规范和语句问题上，大部分论文存在语句不通顺的问题。有的论文学生自己都不能通顺地读下来，且存在明显的标点符号使用问题和格式问题，可见学生自己写完论文后没有认真阅读以检查矫正错误。有的学生对指导教师指出的问题视而不见，并没有按照指导教师提出的修改意见进行修改。还有的学生为了降低重复率，随意改动句子成分的顺序，致使词不达意，语句不通顺。以上种种现象表明，学生在学习态度上没有认识到论文写作对于自身专业发展的重要性，以应付、"通过即可"的态度对待论文写作，直接影响论文的质量。

此外，通过对学生论文的查阅发现，学生的论文写作能力存在一定的问题，主要表现为数据分析能力比较差，对观点的论证缺乏逻辑性，语言文字表述不准确。论文写作在一定程度上反映了学生的书面语言表达能力、逻辑思维能力、综合运用专业知识解决实际问题的能力。但是，通过对论文指导工作的调查发现，学生的论文写作能力有逐年下降的趋势。很多教师反映自己在指导论文过程中付出的努力逐渐增加，纷纷感慨学生的论文是越来越不好指导了。还有的教师甚至把论文的二级标题拟好，结果学生却不知道如何将数据与标题对应。还有教师指出学生的语言文字表达能力越来越差，自己要逐字逐句矫正。由此可见，学生不仅存在态度上的问题，还存在写作能力上的问题，一方面体现了本科生质量的下滑，另一方面增加了指导教师的工作量。

---

① 高庆春，李波，许晓春等 . 提高高师学前教育专业学生毕业论文质量的探讨 [J]. 齐齐哈尔师范高等专科学校学报，2010（3）：127-128.

第三节　提升教师教育专业学生教育研究能力的 途径及措施

　　针对毕业论文写作过程中存在的问题，广大高校、教师、学生纷纷提出取消毕业论文的呼声，认为毕业论文对于学生的培养没有太大价值，本科阶段更应该关注学生的教学能力而不是科研能力。是否保留毕业论文不应该成为问题，怎样保证学生撰写合格的毕业论文才是问题。就高校教师教育本科毕业论文实施现状而言，一方面要进行教育研究方法课程改革，将研究方法课与毕业论文整合起来，理论与实践相结合，使学生学有所用，用有所学；另一方面加强毕业论文管理，提高学生论文写作的积极性，规范约束指导教师的指导行为，提升毕业论文的质量。

一、以教育研究能力提升为导向整合教育研究方法与毕业论文写作

　　为提升教师教育专业学生的教育研究能力，使学生掌握教育研究方法，很多高校开设了教育研究方法课程，虽然名称上各有差异，如教育研究方法、教育科学研究方法、教育科学研究等，但是课程的主要目的是一致的，都是为了使学生养成科学研究态度、掌握教育研究方法，能够围绕不同学段学生的发展与教育开展相应的教育研究，提升教师教育专业学生的教育研究能力。为了有效提升学生的教育研究能力和论文写作能力，高校教师教育本科生还必须完成毕业论文的写作，结合基础教育教学实践开展针对性地研究。可以说，毕业论文写作是对学生教育研究能力的一种考核，也是对教师教育专业学生研究能力的一种训练。

　　虽然高校开设了教育研究方法课程，但是在进行毕业论文写作时仍然存在很多问题，特别是研究方法的使用问题。很多学生反映，虽然上了教育研究方法课程，教师也讲授了系统的研究方法，但是，真正进行毕业论文写作时却不知道如何使用这些方法。还有学生反映，之前在教育研究方法课上学的内容已经忘记了，指导教师要重新进行讲解。结果学生写出的论文出现了多方面的问题，如选题不恰当、观点不清晰、研究方法的使用不恰当、数据呈现不清晰、论据不能支撑提出的观点、引注格式不规范、不会写文献综述等诸多问题，可以说，学生写出的论文是"千疮百孔"，再加上学生自身的书面语言表

述不规范，在短时间内完成一篇高质量的论文显然是不可能的。因此，要使学生在规定时间内顺利完成数据的收集与整理、论文的写作，需要改变教育研究方法课程讲授与毕业论文写作相脱离的做法，使两者有相应的整合，将教育研究方法课程讲授与学生开展毕业论文写作结合起来，有针对性地进行讲解，通过毕业论文的实施提升学生的研究能力，并完成毕业论文的写作。考虑到课程性质和特点，需要从以下几个方面进行整合。

（一）时间上的整合

高校一般将毕业论文写作安排在第八学期，也就是毕业前的最后一个学期，此时，教育研究方法课程已经在 1～2 个学期之前结课了。为了使教育研究方法课程能够有效地与毕业论文写作实际结合起来，需要在时间上进行相应的调整。另外，毕业论文的完成需要有实践的支撑，选题、开题、数据收集等需要在基础教育实践中完成，因此，毕业论文的写作还要考虑与教育实习时间的结合。因此，首先应在时间上将毕业论文的写作向前延伸，与教育研究方法课程、教育实习衔接起来；其次还要调整教育研究方法和教育实习时间，尽量在教育实习前完成教育研究方法课程的讲授，使学生初步掌握基本的研究方法，为其在教育实习中收集相关数据奠定基础；最后在教育实习阶段，指导教师可以针对性地进行选题、数据收集与处理等的指导，完成数据收集与整理工作，为后续的毕业论文撰写提供相应的数据。

（二）内容上的整合

为了将教育研究方法与毕业论文写作结合起来，可以采用案例教学法为学生讲授研究方法。针对往届学生在论文写作中出现的问题，选用具有代表性的论文案例，以此为依托对学生讲解与示范研究方法的使用，使学生比较直观地了解各种研究工具的具体使用方法。以往在教育研究方法课程的讲授上，很多教师反映学生接受程度低，课不好上；学生也反映课程太难，枯燥无味，虽然进行了学习但还是不知道如何进行研究。将教育研究方法课程与毕业论文写作整合，一方面可以提升学生学习的积极性、主动性，使学生认识到教育研究方法与毕业论文写作之间的关系，认识到该课程的重要性；另一方面可以使学生提前了解毕业论文写作的过程，为后续的论文写作积累相应的资源，便于毕业论文的顺利完成，提升论文写作的质量。

（三）方式上的整合

在课程的安排上，可依据毕业论文写作过程的顺序进行讲解，如选题、开题、数据收集与整理、论文撰写等，并向学生讲解如何撰写文献综述、格式规范要求、语言文字的表述等。

二、建立教师教育专业本科毕业论文选题和更新体系

选题是论文写作的第一步，选题是否恰当直接影响到后续的资料收集及论文写作。就目前教师教育专业毕业论文选题存在的指导教师提供选题随意化、选题重复性高、缺乏创新等问题，需要组织相关高校教师教育专家、专业骨干教师、基础教育优秀教师进行论文题目库的编制，根据不同学校教师专业标准、课程标准以及相关文件，结合基础教育教学实践，分领域拟定基本论文选题。然后根据基础教育发展新形势，制订相应的论文题目更新体系。使学生能够根据自己的研究兴趣、实践领域和特长从题库中选择合适的选题。同时指导教师可以根据自己的研究优势，有针对性地选择与研究方向一致的论文选题供学生选择。根据教师教育专业相关文件要求和基础教育实践，我们可以将专业论文选题领域划分为以下几个方面。

（一）教师教育、学习与学校管理

1. 中小学幼儿园教师教育

主要选题领域有：高校师资培养、中小学幼儿园教育课程设置、课程教学方法改革、专业教学资源建设、信息化和国际化研究、专业实践教学研究等。

2. 师范生与学习

主要选题领域有：高校师范生学习兴趣与动力，学习方法、时间与场景，专业社团活动，师范生就业现状与就业指导，职前教育阶段学生的专业发展等。

3. 学生与学习

该领域可以为学生提供学生某一方面的发展、学习的水平、能力的相关

测试、观察与评价，需要有相应的量表，做相应的观察记录。此外，还可以提供教师记录与档案袋评价、学习故事与儿童发展评价等方面的选题，这样的选题具有一定的难度。

4. 管理类

根据学校管理的领域，可以为学生提供以下选题：教师专业发展与培养方面的选题如教师招聘、流动、工资待遇、劳动、人口特征、权益保护、素质、专业发展、职业规划、师德与师风等；学校管理者方面的选题如校长风格与素质、学校品牌建设、学校质量提升等；此外还有学校课程与教学管理、学校规章制度建设、集团学校筹资与产业开发等方面的选题。

5. 学校与国家改革

主要选题领域有：教师资格证制度改革、师范专业认证、中外教育比较研究、高校教育改革等。

（二）基础教育

1. 课程类

根据中小学幼儿园课程安排，分领域设置选题方向。

（1）中学：中学语文、数学、历史、地理、化学、英语、体育等不同学科教学研究，具体某一单元内容教学研究，学科教学方法研究，教学评价研究等。

（2）小学：小学数学、语文、英语、体育、科学等课程教学研究，教材研究，某一内容研究，教学评价研究，课程教法研究等。

（3）幼儿园：选题领域主要从健康、语言、社会、科学、艺术五大领域进行。如：①健康领域，包括幼儿健康问题研究、生活习惯与生活能力培养、安全知识与自我保护能力培养、幼儿园体育活动开展等方面的研究；②语言领域，可从听与说、阅读与书写两个方面提供选题；③社会领域，根据幼儿社会性发展要求以及相关文件对该领域学习与教育活动的要求，主要从人际交往、幼儿习惯与常规养成、个性心理三个方面提供相应选题；④科学领域，可根据幼儿园科学领域教育目标及内容，为学生提供关于自然、生命、物理、化学等方面的认知、兴趣培养、探索等方面的选题，以及相应的活动设计与指导；同时，还可以提供关于空间、方位、时间、四季、排序、数字概念、分类、计算、形与体等方面的幼儿学习与发展，以及相关教育指导的选题；⑤艺术领域，可以为学生提供幼儿绘画、手工、造型、歌唱、舞蹈与律动、故事表演、戏剧、传统节庆与仪式、诗歌、神话等方面学习与活动组织的选题，还可以结合区域民族特色提供民族艺术资源的建设选题，并针对幼儿园艺术教育目标，提供幼儿对艺术美的培养与教育活动的选题。

2. 游戏或者活动类

对于幼儿园来说游戏是幼儿园的基本活动方式，因此学前教育专业可以将游戏作为主要研究方向之一。结合幼儿园游戏的开展，以及《幼儿园教育指导纲要》和《3—6岁儿童学习与发展指南》中关于游戏的相关精神，可以为学生提供以下四个方面的论文选题：民间游戏挖掘、改造与使用；不同类型游戏支持与指导策略；游戏环境创设；游戏的文化价值与发展价值等。

对于中小学来说可以结合中小学开展的活动来设置选题，如综合实践活动、第二课堂、课外活动等。

（三）家庭教育

家庭教育也是教师教育专业学生的选题领域，根据家庭教育的概念和内容，可以从家庭环境、家庭活动、家庭保护与教育三个方面为学生提供论文选题。家庭环境方面的选题可以是：家长对儿童的影响、家庭图书与学生阅读能力关系、手机等媒体对学习的影响等；家庭活动方面的选题，如家庭人际、隔代抚养、家庭休闲与运动等的状况与影响等；家庭保护与教育方面的选题，如儿童饮食健康、流动与留守问题、居家安全、过度保护等。

（四）社区与社会教育

社区环境是影响儿童发展的重要领域，随着社会的发展，社区条件越来越完善，儿童发展与社区环境的关系越来越密切，因此社区与社会教育也成为教育研究的一个重要领域。针对社区环境以及与儿童发展的关系，可以为学生提供儿童图书、衣物、食品、玩具、舆论、兴趣班、影视等的调查分析，但是这样的选题往往需要进行大样本的调查、统计与分析。

（五）师生关系与互动

教师是影响学生发展的重要角色，师生关系与互动的质量直接影响到学生的发展与成长水平，在这方面可以为学生提供以下选题：师生互动与班级、学生、教师、家长等的关系研究；师生互动中的教师角色与观念，教师的儿童观、教师观、互动观等的调查研究。还可以提供师生互动中的倾听艺术、说话艺术、肢体语言以及面部表情、手势、身姿、空间关系等方面的论文选题。另外，还可以结合不同的活动提供不同环节、不同场景、不同活动类型下的师生互动选题。

三、规范毕业论文的指导

在学生撰写论文的过程中，如果教师只是做"甩手掌柜"，却抱怨学生不会写论文，态度不端正，这种行为有违职业道德。因此，作为指导教师自身要加强职业道德修养，认真履行导师职责。首先，指导教师要参与学生论文选题的确定，为专业论文选题库的拟定和更新做出贡献。其次，在论文指导过程中要告诉学生什么是规范的论文，引导学生正确撰写论文，要教会学生如何选题、收集资料、写文献综述、怎样准备材料、提炼观点、设计论文结构，怎样做注释、列参考文献、写关键词与摘要等。最后，学校应该制订相应的奖惩制度规范指导教师的行为，对于没有尽到职责的指导教师在职称评审、年度考核、绩效收入上要有所体现，对于表现优秀的指导教师要有奖励，激发指导教师对论文指导工作的积极性。

针对部分教师在论文指导过程中能力不足的问题，可以通过集体审题、合理搭配、分组答辩的形式提升指导教师的专业能力。通过集体审题、议题使每个指导教师了解什么样的选题是符合要求的，什么样的选题是适合专业学生选择，好的选题应该具备什么条件等，以此来提升部分其他专业背景教师的论文指导能力。在论文答辩环节，可以根据指导教师的论文指导能力、专业背景、工作态度、从业时间长短等进行合理分组，营造相互学习、以老带新、专业互补的氛围。通过毕业论文答辩使每个教师对一篇合格的论文有具体清晰的认识，通过分析学生论文中的问题也让每个教师知道哪些是应该有的、哪些表述是不恰当的，集体论文答辩是通过论文评价来指导每个教师认识本科毕业论文的具体要求。此外，为加强论文指导教师与教育实践的联系，提升教师的指导能力，鼓励指导教师入园实践，进行专业实践能力提升训练，为论文的选题和指导提供更丰富的专业实践经验。

四、端正学生论文写作的态度

论文写作有助于培养学生的问题意识，训练学生的科研探究能力，形成认真、严谨、实事求是的学习态度，也是对学生专业知识综合运用能力的考验。学生在进行论文写作前，首先要明确毕业论文的作用与意义。秉持认真、客观、虚心的学习态度，大量阅读学术专著及专业论文，并对文献进行深入思考、探究，结合研究领域实际，培养科学思维与问题意识。为此，作为论文管理的二级学院和论文指导教师都应该向学生进行论文写作方面的思想教育，使学生明确论文写作的价值。同时对论文写作期间的纪律、论文写作规范提出明确要求，明确指出在论文写作中杜绝抄袭，杜绝伪造数据、变相抄袭、找第三方代写等不当甚至不法行为，使学生树立正确的论文写作的态度。

端正学生论文写作的态度，需要指导教师以身作则为学生做好学习的榜样。首先，教师对待论文的态度要认真、端正，帮助学生制订合理的论文写作计划，在规定时间内及时审阅学生的论文，并对论文中存在的问题一一指明，提出相应的修改意见。其次，指导教师要以严谨的态度对待论文中的学术规范问题，不要得过且过、模棱两可、马马虎虎，为学生做好学术规范的榜样。另外，在论文质量审核时要严格要求，对于态度不端正的学生要进行相应批评教育。

五、严格毕业论文考核与管理

学生对论文写作的态度直接受学校及二级学院毕业论文管理的影响。如果学校对论文写作持无关紧要的态度，答辩小组对论文中的问题视而不见，那么学生对待论文写作的态度也会受到影响。因此，要端正学生的论文写作态度，首先应该严格遵守有关学生毕业论文管理的规定。毕业论文工作领导小组，要通过定期检查、临时抽查，严格对指导教师的监督和考核，力争做到保质保量。学生的毕业论文经指导教师和评阅教师审查通过后方可答辩，逐一有序进行，凡是答辩不合格的学生，必须对论文进行修改、整理，然后进行第二次答辩。成绩评定要坚持实事求是、客观公正、严格标准，由专业评分小组集体打分、评价，评阅教师评语由组长指定专业教师完成。对毕业论文优秀的学生颁发证书，指导三次仍不合格的、抄袭他人的不准予毕业。

要制订毕业论文的奖惩制度，发挥制度对学生论文写作和指导教师指导行为的约束作用，对指导教师的奖励要体现指导教师的付出。目前，许多高校的本科论文指导奖励办法，与导师的付出并不对等。相比科研奖励，优秀论文指导教师的奖励只能说聊胜于无。这样做严重影响了指导教师的论文指导积极性和学生论文写作的积极性。因此，要制订相应的毕业论文过程性监控机制，从毕业论文的质量和毕业论文的过程性指导两个方面对指导教师进行评价考核，发挥评价对指导教师指导行为的监控与激励作用。

六、多种活动提升科研能力

学生科研能力的提升不仅仅是教育科研方法课程的任务，而是需要通过多种活动、多种方式达到提升科研能力的目标。结合学前教育专业人才培养目标和课程设置情况，可以将科研能力提升与课程考试改革、教育见习实习、课堂教学和课外活动结合起来，多种形式提升学生的科研能力。

课程教学是大学生科研能力培养的主要途径。在日常的课堂教学中，改变以往教师"一讲到底"和学生被动"静听"的独白式教学方法，鼓励教师采取对话式教学、问题式教学、研究性教学、课程论文等形式来激发学生的问题意识和科研兴趣，特别注意引导学生抓住某一个细小问题进行深入研究，激发学生科研意识，培养学生的科研能力。

教育见习与实习可以为学生论文的选题提供资源，同时也是学生收集毕业论文材料的重要途径。可以结合教育实习为毕业论文做准备，在教育实习期间完成毕业论文的选题与资料的收集工作，为学生下一步的论文写作做好准备。很多学生之所以出现数据造假的现象，主要原因是论文写作落后于教育实习，学生错过了收集数据的最佳时期，就根据自己的经验判断编造数据。教育实习有利于学生对理论知识学习和实践的反思，如果进行适当的指导，有利于学生专业反思能力的提升，这是进行教育科学研究的重要能力。

另外，可以进行考试改革，将课程论文纳入课程考核体系中，使学生将所学知识与实践结合起来，培养学生发现问题、分析问题、解决问题的能力，同时也通过论文撰写训练学生的逻辑思维和语言文字表达技能。

还可以结合专业实际，鼓励学生参加学术论文大赛、大学生"挑战杯"项目申报、大学生"创新创业就业"项目申报、开设学术讲座等方式来鼓励学生积极参与科研活动，强化学生写作规范训练。每一篇论文及项目均配备一名指导教师，指导学生选题、查阅文献、撰写论文（标书）和组织答辩，使学生初步掌握科研思路与方法，接受科研前期工作的基本训练，为毕业设计的规范写作奠定基础。

第八章　教师教育专业课程考核评价

高等院校教师教育专业肩负着培养未来优秀教师的重任，大部分学生未来要从事一线教学工作。当前教师教育专业单一的学习评价不仅制约了教育教学质量，影响着教师的教学、学生的学习、学校的管理，而且在一定程度上阻碍了人才能力和素质的培养和提高。随着教育改革的持续推进，构建科学的课程考核评价体系已成为当前教师教育专业课程教学评价亟须解决的重要问题。课程考核评价作为教师教育专业人才培养过程中的重要环节，需根据其专业课程结构的特点，注重对课程教学大纲的执行情况、教学质量以及学生在校学习期间的综合素质和学习水平的综合评价，满足专业长足发展的需要。

第一节　教育评价与高校教师教育专业课程考核评价

一、教育评价及课程考核评价

教育评价是人类对教育过程的一种价值判断活动。[①] 教育评价的目标在于发现、创造、落实和享用教育的价值，使教育活动达到合规律性和合目的性的统一。根据评价的对象，可以将教育评价分为学生评价、教师评价、课程与教学评价和学校评价。[②] 本研究中所说的高校教师教育专业课程考核评价是以学生为主要对象的评价，因此，属于学生评价范畴。学生评价是指对学生个体成长发展情况的评价，既包括对学生个体学习情况的评定，也包括对学生态度、情感和身体发育情况的评价。学生评价是教育评价学科最基本的探究领域，在教育评价活动中处于核心地位。良好的学生评价，既是教育评价的基本要求，也是做好所有其他评价工作的基础。学生评价的根本目的

① 刘尧. 论教育评价的科学性与科学化问题 [J]. 教育研究，2001，22（6）：22-26.
② 邱均平，王碧云，汤建民. 教育评价学 [M]. 北京：科学出版社，2016：14.

是优化学校的教育教学环境，促进学生更好地成长发展。就高校教师教育专业课程考核评价而言，主要是对教师教育专业每门课程的考核评价方式、方法、内容、对象、主体、效果、实施过程等进行研究，了解高校课程考核在促进学生发展、实现人才培养目标中发挥的价值，以及存在的问题，并就存在的问题提出改进建议。

（一）教育评价的种类

就学生评价而言，根据不同的分类标准，主要有以下几种评价。

1. 相对评价、绝对评价和个体内差异评价

根据评价参照可以将评价分为相对评价、绝对评价和个体内差异评价。[①] 所谓相对评价，是指以评价对象群体的平均水平或其中的某一对象的水平为参照点，确定评价对象在群体中的相对位置或与群体中某一个体之间的差距的一种评价。相对评价的参照标准，一般是该群体的常模，因此，相对评价往往被称作常模参照评价。所谓绝对评价，是指在评价对象的群体之外，以某一规定的目标或标准为客观参照点，确定评价对象达到客观标准绝对位置的评价，这种评价通常称为目标参照评价或目标达到度评价。所谓个体内差异评价，则是以评价对象群体中各个对象的过去和现在做比较或者把某一个对象的各个侧面做比较的一种评价。

2. 自我评价与他人评价

依据评价主体分为自我评价与他人评价或内部评价与外部评价。[②] 自我评价是评价者在组织内部对自身进行的评价。他人评价是指评价对象自身以外的任何评价者实施的评价，相对于被评价者而言，属于外部评价。内部评价与外部评价可以采用多种方式进行，如领导评价、督导评价、行政评价、同行评价、专家评价、委托评价、社会评价等。

3. 单项评价与分析评价，综合评价与整体评价

按照评价对象的复杂程度可以将评价分为单项评价与分析评价、综合评

---

① 刘尧.关于教育评价学理论体系的思考——从我国的教育评价学研究谈起 [J]. 北京理工大学学报（社会科学版），2000（3）：91–93.

② 钟启泉.学习评价的模式与方法 [J]. 全球教育展望，2007（8）：8–12.

·171·

价与整体评价。① 单项评价是对评价对象的某个侧面进行的评价。与单项评价相近的是分析评价，即将评价对象涉及的内容按照一定的分析方法分解为一些简单的方面，分别进行评价。综合评价是指在对评价对象进行分析评价的基础上，把多方面的评价结果整合起来，就评价对象进行完整的系统的评价。与综合评价相近的是整体评价，即在单项评价后，对评价对象从整体上进行评价。

4. 定性评价与定量评价

根据是否采用数学方法可分为定量评价和定性评价。② 定量评价是对评价对象进行数量化的分析和计算，从而判断出其价值。定性评价是对评价对象在概念、程度上的质的规定，然后进行分析评定，以说明评价对象的性质和程度。

5. 诊断性评价、形成性评价和终结性评价

按照评价目的或实施时间将评价分为诊断性评价、形成性评价和终结性评价。诊断性评价又称"事先评价"，是在某项教育计划、方案或活动开始之前进行的评价，其目的是了解评价对象的现状或发现其存在的问题、分析产生问题的原因，以便采取符合评价对象实际情况的适当措施，对症下药。形成性评价又称"即时评价"或"过程评价"，是在某项教育计划、方案或活动实施的过程中进行的评价，其目的在于及时得到反馈信息，及时发现问题，及时调整活动，及时改进工作。终结性评价又称"事后评价"，是在某项教育计划、方案或活动结束后对其最终结果进行的评价，其目的是评价这一最终结果达到预定目的的程度或所取得的总体效益，以便对特定的教育活动做出终结性结论，甄别优劣、鉴定等级，为各级决策人员提供决策信息等。

（二）教育评价的功能

教育评价的功能是多样化的，不同类型的教育评价具有不同的功能，总的来说教育评价具有如下功能。

---

① 杜栋，庞庆华. 现代综合评价方法分类及研究进展 [M]. 北京：清华大学出版社，2005.

② 陈衍泰，陈国宏，李美娟. 综合评价方法分类及研究进展 [J]. 管理科学学报，2004（2）：69-79.

1. 鉴定与选拔功能

鉴定与选拔功能是指评价者通过评价，给评价对象排出名次、分出等级或层次，最终评选出先进或甄别、筛选出优劣。教育评价的鉴定与选拔功能对教育和其他社会领域有十分重要的影响。例如，普通高等学校入学考试制度就是影响我国整个教育系统的最重要的一种教育评价制度，是鉴定各级各类学校学生是否满足毕业条件的学生学业成就考试制度，也是对我国各级各类学校教育质量具有直接影响的一种教育评价制度。

2. 导向与激励功能

导向功能是指教育评价可以引导评价对象趋于理想的目标。教育评价具有明确的评价目的、预设的评价指标系统、严格的评价程序及权威的评价结论，使教育评价像一根指挥棒、一盏指路灯或一把标准尺，对教育发展起"定标导航"作用。它不但可以为教育行政部门指明工作方向，也可以帮助学校明确办学使命和任务、办学方向和发展目标，检查组织绩效，还可以帮助教师和学生诊断教与学过程中存在的问题，改善教学策略，明确努力方向。

激励功能是指教育评价的正确运用，能够激发评价对象的内在动力，调动其潜能，增进其工作的积极性与创造性等。在教育评价实践中，评价对象都有渴望了解自己工作和学习结果的心理趋向，并会自发地与周围的群体和个人进行比较，因而具有激励作用。此外，评价作为管理的手段，往往意味着将评价对象与某种标准进行比较，这种比较也具有激励作用。同时，合理的评价结果能给人心理上的满足感，从而激励人不断进取。因此，激励既是评价对象身心发展的需要，也是教育管理发展的需要。从一定意义上说，教育评价的过程就是一种激励的过程。

3. 检查与监控功能

检查功能是指评价者对评价对象的实际情况与评价标准或预定目标的符合程度的衡量与判断。依照特定的标准进行检查，可以观察评价对象的实际表现，找出评价对象存在的问题或诊断问题的原因，得出评价对象"达标"与否、合格与否、资格具备与否、进步与否、贡献大小、水平高低等结论，对评价对象的现状做出基本判断。由于检查是教育管理的基本职能，所以教育评价的检查功能广受重视。教育评价的检查功能能否充分、合理、有效地发挥，往往受到评价双方对评价价值的认识、评价对象参与评价的积极性及评价方法本身是否合理等因素的影响。

监控功能是指教育评价可以通过预期目标而制订的评价指标系统和评价标准，监视评价对象的变化情况，对偏离目标的行为及时进行调整，实现对评价对象的控制。评价作为组织管理的手段，其评价指标系统与标准往往就是管理的目标，管理者与具体工作承担者的行为与各种调控措施，一般都要以此为依据。因此，在教育管理过程中，教育评价担负着监视和控制职能。当然，教育评价监控功能的有效发挥，是以尊重教育活动的规律为前提的。

4. 反馈与交流功能

反馈功能是指评价者将有目的的系统采集的有关评价对象的信息及其意义，传递给评价对象，或者评价者将特定的评价信息传递给评价对象，然后搜集评价对象的返回信息，以此来实现评价信息的循环，借此不断修正评价对象与评价者的行为。通过反馈，教育评价活动不断提高自身的合理性、准确性和有效性，逐渐深化对教育活动现状与目标之间可能存在的差异的认识，并以此为依据实现对教育活动的调节和控制。教育评价反馈功能能否有效发挥，取决于教育评价的信息传输渠道是否畅通、信息是否充分可靠、信息的返回及行为的调控是否及时等因素。

交流功能是指教育评价促使评价活动的参与者，包括评价者、被评价者及其他与评价有关的人或群体内部及相互之间互换信息。在教育评价实践中，人们常常关注反馈作用，而往往忽视主体、客体和其他评价当事人内部及相互之间的信息传导或交流作用。交流作用不仅表现在认知领域，还表现在情感领域。通过交流，评价的各方参与者加强了认知与情感的互动，由此促使人们自我反思、相互学习、取长补短，实际上就是信息交流的过程。这是由教育评价的中介性和评价信息来源的多样性所决定的。

二、高校教师教育专业课程考核评价及常用的评价方法

根据高校教师教育专业课程类型的多样性特点，为了对学生进行知识、能力、情感态度、技能、方法等多方面知识掌握情况做评价，需要采用多种课程考核评价方法，主要有以下评价方法。

（一）试卷测试

纸笔试卷测试是传统评价的主要方式，也是对学生知识掌握程度进行测

试的重要方法，通常也称为考试。纸笔测试一般包括客观题和主观题。客观题有明确的评分标准，试题答案是唯一的，不受评卷者主观因素的影响，主要包括选择题、填空题、是非判断题、简答题等形式。客观题测试的优点在于具有试题内容信息广泛、评分较为客观公正、省时等特点。其不足之处在于，答案固定，容易限定学生创造性的发挥，不适合测量学生的表达能力、问题解决中的创造能力、专业实践能力等高水平学习成果。主观题包括论述题、案例分析题、说明题等，其优点是试题编制容易，可以有效地评价学生的理解能力、语言表达能力、分析问题和解决问题的能力。缺点在于，易受评分者主观因素的影响，评阅比较麻烦，费时。客观题与主观题各有优缺点，具有互补性。在进行课程评价时，要关注试卷制订的科学性与合理性，既要考虑对考查内容上的广度，还要考虑对学生不同知识掌握水平的考核。因此，在进行试卷制订时要遵循以下原则：一是覆盖该课程与教学的目标；二是要对学生知识进行多方面的考核，既要考核学生对知识的理解、记忆，也要考核学生对知识的运用能力；三是避免出现错误，如选项重复、文字表述有误等问题。

需要注意的是，纸笔测试虽然是课程考核评价的一种重要方法，但是它也存在自身的不足，需要根据课程的性质和特点有选择性地使用。就高校教师教育专业课程而言，纸笔测试更多适合在理论课考核时使用。对于实践性较强的技能课程，如弹唱、简笔画、书法、教师语言艺术等则不适用。而对于兼具理论与实践特点的课程，如幼儿园活动设计与指导、教育科研方法、小学语文教法等课程，纸笔测试只能作为学生课程成绩的一部分，而不能把纸笔测试作为课程考核的唯一方式。

（二）表现性评价

20 世纪 90 年代初，表现性评价（performance assessment）受到了人们的广泛关注，它有别于传统评价方法，是基于学生完成某一特定任务的行为表现对学生进行考核。表现性评价是指"教师让学生在真实或模拟的生活环境中，运用先前获得的知识解决某个新问题或创造某种东西，以考查学生知识与技能的掌握程度，以及实践、问题解决、交流合作和批判性思考等多种复杂能力的发展状况"。[①] 表现性评价是注重过程的评价，它关注对学生复杂能力的考核，在课堂教学与评价中受到普遍的重视和推广。基于此，有

---

① 赵德成，卢慕稚．新课程与学生评价 [M]．北京：高等教育出版社，2004：69.

研究者将表现性评价界定为"通过设计一些任务与练习，诱导出学生的真实表现，并根据特定的评价标准，对学生的行为表现进行综合评价的评价方式"。[①] 在现实生活中，有人往往使用"真实性评价""替代性评价"等来称呼表现性评价。事实上，表现性评价不同于真实性评价，真实性评价强调的是评价内容与学生的真实生活经验接近，而非抽象的或与生活无关的评价；而表现性评价主要关注的是学生在真实或模拟的情境中使用知识和技能的能力的测评。真正的表现性评价必须至少具备以下三个特征[②]，即多重评估标准、具有预定的质量标准、评估的主观性。此外，与其他评价方式不同，表现性评价是对内在能力或倾向的行为表现进行的评价，表现性评价不仅用于评价认知能力，也可用于对人的某项行为能力的评价，如活动设计与组织能力、环境创设能力等。

由此，我们可以看出，表现性评价适合于对学生复杂能力的考核。就教师教育专业学生的能力而言，根据不同教师教育专业标准关于专业能力的规定，教师需要具备一定的环境创设能力、活动设计与组织能力、沟通与合作能力、班级管理与组织能力等多重能力，那么对学生这些能力的考核单靠纸笔测试不能达到相应的目的，而表现性评价恰恰能够实现对学生诸多复杂能力的考核。但是，相对纸笔测试而言，为了确保表现性评价的信度与效度，需要评价者花费大量的精力和时间来设计。在开展表现性评价时需要注意五个方面的问题：

（1）评价时要求学生演示、创造、制作或动手做某事；

（2）要求激发学生高水平的思维能力和解题技能；

（3）注重在真实情境中使用；

（4）采取人工评分、人工评判，而不是机器评分；

（5）教师在教学和评价中担任新的角色。

（三）档案袋评价

档案袋是指用以显示学生学业成就或持续进步信息的一连串表现、作品、评价结果，以及其他相关记录和资料的汇集。档案袋评价，又称成长记录袋评价，是指通过对档案袋的形成过程和最终结果的分析而进行的对学生

---

① 邱均平，王碧云，汤建民. 教育评价学 [M]. 北京：科学出版社，2016 年：255.

② 波帕姆. 促进学习的学生参与式课堂评价 [M]. 国家基础教育课程改革"促进教师发展与学生成长的评价研究"项目组，译. 北京：中国轻工业出版社，2005.

发展状况的价值评判。和其他评价方式相比，档案袋评价具有以下特征。①

第一，在评价的依据上，不仅使用纸笔测验的成绩，还使用学生完成的多种形式的作业或作品来评价学生的学习状况，因此，这种评价更真实、更可靠。

第二，重视评价学生在一段时间内学习全过程的情况，尤其是重视评价学生的学习进步程度。因此，档案袋评价不仅重视对学习结果的评价，而且重视对取得学习结果的过程的评价。

第三，学生参与到对自己的评价过程之中。学生自己参与收集、取舍、汇报、解释反映其学习的各种材料，他们不仅可以决定将自己的哪些作业放入档案袋中，而且还要对自己的学习和进步情况进行评价。

由此可以看出，档案袋评价或成长记录袋评价是针对传统评价的不足提出来的，它与传统的标准化测试存在区别，具体如表8-1所示。

表8-1 档案袋评价与标准化测验的不同

项目	档案袋评价	标准化测试
内容	反映学生发展的多种活动	试卷
评价主体	学生参与自己进步与成就的评价，并提出进一步学习的预期目标	由教师根据学生的答题情况评分
个体差异	在尊重学生个体差异的基础上评价每一个学生的成就	用同一标准评价所有学生
合作性	评价过程是合作性的	评价过程是非合作性的
自我评价	自我评价是重要目标	没有自我评价方面的目标
评价目的	关注学生的进步、努力与成就	只关注学生的成就
反馈作用	将评价与教、学结合起来	教、学、评价是分离的

从以上可以看出，档案袋评价关注学生发展的过程，注重过程性评价；注重学生的反思，通过收集相关资料可以提高学生的自我反思能力；除此之外，档案袋评价还有利于促进学生的个性发展和全面发展，弥补纸笔试卷测试、标准化测试的不足。但是，档案袋评价也存在一定的局限

① 克里克山克，贝勒尔，梅特卡夫．教学行为指导［M］.时绮，梁玉华，译．北京：中国轻工业出版社，2003：270.

性，如档案袋评价的客观性难以确保；适用范围有限，只适用于过程性评价而不能发挥筛选功能，必须与其他评价方式结合使用；另外，档案袋评价操作起来比较复杂，需要投入一定的经费和教师大量的精力，因此实施起来难度比较大。

（四）真实性评价

真实性评价（authentic assessment）是指在真实的生活、学习环境中对学生的表现进行评价，主要是通过学生自己给出的问题答案和展示的作品来判断和评定学生的发展。真实性评价特别重视学生在真实情境中的实际表现，注重在真实的场景中评价学生解决实际问题的能力。之所以强调真实性评价，是因为学生的发展必须经历真实环境中的体验，并体现为真实情境中的问题解决。例如，在师范院校的教师教育中，对学生学习"教学方法"的评价，传统的评价方法往往强调对教学方法的记忆和推理，容易脱离实际。在真实性评价中，学生解释一种教学方法的作用时，不能抽象地、一般地讨论这种教学方法的作用，而必须在特定的教学情境中分析一个真实的教学案例，说明该教学方法的作用。真实性评价有如下特征。

（1）评价既指向学生学习的结果，也指向学生学习的过程，凸显评价的诊断与服务功能，即为学生的学习提供有效的反馈和建议，而不仅仅是选拔与区分功能。

（2）强调在现实生活（或模拟现实生活）的真实情境中，为学生呈现复杂的、不确定的、开放的问题情境，以及需要整合知识和技能的活动任务，来对学生进行评价。评价重在考查学生在真实情境中使用知识、技能的能力，而不是学生对知识、信息的积累与占有程度。评价要与学生真实的日常生活和学习情境相联系，在自然状态下捕捉学生能力的真实表现，并客观地评价学生的发展状况。学生学习的成功或失败只能用学生在新的环境中应用知识和技术能力的具体事实来说明。

（3）任何一个真实性评价都必须先制订好用以评价学生的"量规"或"检核表"。所谓"量规"是一种界定清晰的、用来对学生的表现或作品进行评分或等级评定的评价工具。

（4）真实性评价承认个体差异，主张对不同的学生采取不同的评价，以适应各种能力、学习风格及文化背景的学生，为展示他们的潜能与强项提供机会。而常规的测试往往忽视学生的个体差异，且常常用于找出学生的弱点，而不是其长处。

（5）评价通常被整合在师生日常的课堂活动中，成为教师教学、学生学习的一部分。在真实性评价中，评价是师生共同的任务，学生不再是被动的测验接收者，而是评价活动的积极参与者，参与评价是学生学习的一种形式。评价需要注重学生在学习生活中的真实感受，反映学生身心体验的心路历程。

（6）科学、合理、全面地收集信息。资料收集是否具有准确性直接影响着真实性评价的成败。在真实性评价中，评价者必须根据评价标准观察和记录学生的实际操作来收集信息，不能借助计算机、扫描仪等手段，要依靠人的经验和智慧来决定学生表现的可接受程度。

真实性评价与表现性评价有相似之处，都关注学生的过程性评价，关注学生的个体差异，都适合于学生行为技能、能力的评价。但是，真实性评价强调呈现给学生的任务要有直接的意义，往往强调学生运用知识，强调使用具有现实性的问题。

除了以上几种评价方法外，还有整体印象评价法和操行计量评价法。整体印象评价法是评价者依据一定的评价标准，通过对评价对象的日常观察和了解，在综合分析的基础上对评价对象的思想品德发展状况进行整体评定的方法，通俗地说就是给学生写评语。这种方法简便可行，便于我们对学生学习态度、思想方面的全面考核，可以作为学生评价的一种参考。操行计量评价法是对学生进行德行评价的一种量化方法，为每一个评价项设一个基准分，在此基础上根据一定的标准和规则，对学生的品行表现予以加分或减分，最终以数据的形式对学生的品德做出评价。一般而言对学生德行的评价可以结合整体印象评价法和操行计量评价法两种方式进行，这样便于对学生的品行有全面具体的认识。

以上介绍了不同的评价方法，每种评价方法有其适用的范围，有的适合对学生进行知识的考核，有的适合对学生进行技能、能力的考核，还有的适合对学生进行思想品行方面的考核。在评价功能上，有的关注学生的成长过程，有的关注学生发展的结果。无论是哪种评价方法，都有其优点也有不足之处，没有哪一种评价方法能够适用于所有的课程，因此，我们在对学生进行考核评价时，要结合课程特点和学生实际情况采取恰当的评价方法，这样才能提升评价在促进学生发展中的作用。评价对学生学习具有导向性作用。"测验是教师影响学生学习的内容、学习的多少、学习速度以及要达到何种学习结果等方面的最强有力的手段。"[1] 不当的评价不仅对学生的发展没有意义，反而会对学生

---

① 汉纳，德特默.课程的情境适应性评价[M].杭州：浙江教育出版社，2008：20.

的学习产生误导。教师教育专业是实践性较强的专业，课程兼具理论、实践双重特点，包含了对学生师德与理念、知识与能力、情感与态度等多种维度专业素养的要求，需要进行多维度、多层次、复杂的课程评价。

第二节　高校教师教育专业课程考核评价存在的问题

当前，很多高校往往聚焦于课程设置与教学方法改革，很少关注课程评价。教师往往以自身利益为中心对学生成绩进行评定，这种随意性、简单化的课程评价更多关注低层次的学习，对高层次的能力、复杂的学习关注得太少，大大降低评价应有的价值和功能，同时对学生的学习也产生了误导。就教师教育专业而言，虽然现在越来越注重过程性评价，但是过程性评价的实效性并不强。此外，在课程评价的标准、评价方法、评价的功能、评价主体方面也存在一定的问题。

（一）课程评价与《教师教育课程标准（试行）》脱节

在高校教师教育专业人才培养中，各门课程的地位和作用是不同的，课程之间相互联系共同致力于教师的培养。这就要求在进行评价时首先要明确课程在整个课程体系中所处的地位，在实现专业人才培养目标过程中起到了什么作用，所要达到的目标是什么，对这些问题的明确回答是对课程进行有效评价的前提。为规范高校教师教育专业课程设置，保证各高校人才培养的质量，教育部于 2011 年颁布了《教师教育课程标准（试行）》，规定"教师教育课程标准体现国家对教师教育机构设置教师教育课程的基本要求，是制订教师教育课程方案、开发教材与课程资源、开展教学与评价，以及认定教师资格的重要依据"。各个专业又根据不同年龄阶段教育的目的制订了专业标准，作为对合格教师的标准要求，对教师应具备的职业理念与师德、专业知识、能力等进行了具体的规定，是高校教师教育专业课程设置与教学的主要依据，也是对学生进行考核评价的主要依据。但是，大多教师在制订教学计划和评价方案时没有意识到所教课程在人才培养中的地位和作用，在进行课程考核评价时并没有把《教师教育课程标准（试行）》和专业标准作为对学生进行考核的主要依据，致使课程评价与专业标准脱节。由于没有统一的考核标准，在评价过程中教师缺乏对专业人才培养理念的认识，缺乏对专业人才培养与所教课程之间关联度的认识，也缺乏与同一专业其他课程授课教师的沟通与交流，往往以教材为主进行测验，使得评价指导思想不明确、评价方式简单、评价缺乏系统性，最终导致课程评价与课程目标、毕业要求、人才培养目标脱离。为进一步规范引导师范类专业建设，建立健全教师教育质量保障体系，不断提高教师培养质量，教育部于 2017 年 10 月 26 日颁布了《普通高等学校师范类专业认证实施办法（暂行）》；2018 年 6 月，教育部高等教育教学评估中心又发布了《普通高等学校师范类专业认证工作指南（试行）》，指出课程评价是对课程与教学领域各项工作支撑毕业要求和课程目标实现情况的检验。要求师范专业建立对接毕业要求和课程目标的课程评价标准。但是，就目前的课程评价现状而言，部分高校并不明确课程对人才培养目标、毕业要求的达成度，课程评价缺乏系统性，直接影响课程评价功能的发挥。

（二）评价方法简单化，不利于对学生复杂实践能力的评价

一项有效的课程评价需要教师花费大量的时间、精力来完成，整个评价过程贯穿课程教学的始终，但是在实际操作中，很多教师只有到学期结束时才考虑评价问题。迫于时间紧、期末工作比较繁忙等境况，为了方便操作、减少阅卷的工作量，大多教师往往只以教材内容为主出一份试卷，主要由填空、选择、名词解释和简答题等题型构成，大多教师还会出 1～2 个论述题，仔细一看其实还是死记硬背的内容。即使是实践性较强的课程如教育研究方法、班级管理等课程也是主要考理论知识，缺乏对知识运用能力的考核。这样的课程评价大多考的是知识的识记和理解，而在很大程度上忽略了知识在情境中的应用。学生获得的是"死知识"，这种知识可迁移性较低，学生不能有效地将所学的知识迁移到实践领域中。部分实习单位和用人单位也反映，高校培养的师范生理论与实践脱节，入职慢，职业适应期较长。很多毕业生也认为，自己在职前所学的知识在进入学校后基本上用不上，还要从头学起。教师教育专业是实践性较强的专业，职前教育要密切联系学校现场，高校不仅在课程设置上要考虑与实践现场的衔接，更要在课程评价中进行落实，建立与教师教育专业复杂性相适应的评价体系。正如，我们无法用尺子来测量时间一样，教师教育专业的复杂性需要在课程评价时采取多样化的评价方式，来引导学生对多维度知识、能力、素质的学习。

目前高校教师教育专业课程考核评价，过多注重对学生知识理解和记忆的考核，而忽视了学生高级的复杂能力的考核。而复杂能力的考核，如活

动设计与指导能力、班级管理能力、语文教学能力的考核，更多需要真实性评价、表现性评价，而反映学生综合实践能力的教育实习则需要采用能够反映学生多方面发展的档案袋评价。无论是真实性评价、表现性评价还是档案袋评价，都需要花费教师大量的精力和时间，对教师的专业能力有较高的要求，而学校在课程考核上没有对教师的工作量进行额外的体现，因此，很多教师明明知道纸笔测试不能考核学生的综合能力，但是，迫于现实情况和自身利益往往将考核简单化。

（三）过程性评价缺乏实效性

根据评价在教学中所发挥的作用，可将评价分为诊断性评价、形成性评价和终结性评价，诊断性评价在教学初期对学生进行测试以了解学生学习基础为目的；形成性评价贯穿教学整个过程，以为教师和学生提供信息反馈调整教学为目的：终结性评价在于对学生最终的学习结果做出价值判断，考核学生是否掌握了本课程内容。相比而言过程性评价比较费时，操作起来不方便，目前教师教育专业领域的教师多采用终结性课程评价。大多数教师满堂灌地讲授知识，缺乏对学生学习行为的评价，将教学与评价分离开来。现在有很多高校已经开始重视形成性评价，明确规定学生的课程综合成绩必须包括平时成绩，而且还加重了平时成绩的比例。但是，在实际操作过程中很多教师为了应付学校的这一规定将平时成绩仅仅看作出勤、作业，而布置的作业很多是书上固定的内容，形成性评价形同虚设，失去了应有的价值。其实，认知科学的发展已经揭示了学习非常依赖于持续的反馈，教学也是如此。强调从反馈中学习的教师工作评估有利于发展教师更高水平的能力，同时也是衡量有效教学的一个主要特点，即从实践反思中学习的能力。评价是有效教学不可缺少的一个部分，缺少了评价就失去了教与学不断改进的动力，使得教学盲目而被动。高校出现的"为了完成任务而进行的评价"缺乏对评价实质意义的认识，同时高校并未给教师创造能促进学生和教师发展的评价环境，教师在评价过程中缺乏技术、物质、时间方面的条件。

（四）评价注重对学生学习成绩的评定，忽视了评价的反馈、激励功能

通过学习评价的反馈可以了解学生学习已达到的水平和学习中存在的问题，例如学生在学习上的难点是什么，有哪些缺漏。由此分析造成学习不利

（或有利）的原因，确定进一步学习的对策和措施。学习评价的反馈一方面可以通过他人（教师、同学）评价的方式反馈给学习者；另一方面还可以通过自我评价的方式使学习者不断提高自我意识，并通过自我调节不断实现自我超越。科学、合理的学习评价反馈可以激发学生学习的内在动力，具有定向和引导功能，有助于帮助学生认清自己的学习现状，看到学习的进展和成效，增强学习的信心和主动性、积极性。

学习评价本身是一种学习活动，是整个学习过程中不可分割的一个重要组成部分，评价的标准、内容和方式在相当程度上左右着教师、学生努力的方向，如同"指挥棒"对学习工作起着重要的导向作用。学习评价有利于学生养成严谨、认真、负责的学习品质和个性特征，同时也可以促使学生进行自我反思，学会对事、对人做出客观、科学的价值判断，并学会自我评价。

同时学习评价的反馈体系也可以使学生了解自身对课程的学习和掌握的情况，从而进一步消化理解自身没有掌握好的知识，增强运用有关理论解决实践问题的能力，指导自身更加科学、有效地开展学习活动。由此可见，完善学习评价反馈体系不仅有利于教与学的改进，而且还可以由学习评价体系来完善教学内容、教学模式和教学方法，进而探索出能够符合教师教育专业发展的人才培养模式，实现教师教育专业的良性循环。

（五）评价主体单一，缺乏其他利益相关方的参与

教育部于 2017 年 10 月 26 日颁布了《普通高等学校师范类专业认证实施办法（暂行）》，指出："课程评价要定期评价课程体系的合理性和课程目标的达成度，并能够根据评价结果进行修订，评价与修订过程应有利益相关方参与。"要求教学管理者、教师、学生和用人单位以及其他利益相关方参与到课程考核评价中来。就目前高校教师教育专业课程考核评价而言，评价主体多为任课教师，缺乏一线幼儿园教师、学生自身、其他同行的参与。学生作为学习的主体，对课程考核评价参与有利于学生对自身学习的反思，提升学习的深度。中小学幼儿园作为用人单位，对课程考核评价的参与有利于提升高校人才培养的针对性，提升课程考核评价与行业实践的衔接性与适应性。而同行教师对课程考核评价的参与可以为教师提供一个相互学习的机会，并提升课程考核评价的客观性。高校以任课教师作为该门课程考核评价的唯一主体，缺乏其他利益相关方的参与，一方面在评价时缺乏外来监督，往往分数过高、分数主观性强；另一方面缺乏行业教师的参与，使课程评价脱离行业实践。

（六）缺乏科学的课程评价管理体系

谁来评价？评价什么？如何评价？评价结果对教师的绩效有什么影响？学校对于诸如此类关于评价的问题没有统一的规定，这是造成课程评价随意性大、缺乏实效性的原因之一。美国专门的教师教育认证机构"全美教师教育认证委员会"（NCATE），负责对加入该委员会的教师教育机构进行教师培养的资格认证，教师教育认证机构在培养理念、课程设置、课程评价、学生发展等方面都有统一的标准，只有满足了这些标准才能顺利通过认证。实践证明，引入第三方认证机构有利于保障教师教育的质量。我国之前的教师教育专业人才培养只要学生修够学分没有违纪，就可以取得教师资格证。而且，高校人才培养缺乏社会以及相应机构的监督，实施教学和进行评价的都是同一主体。由于缺乏第三方专业认证的监督，具体到某一课程而言，教师既是课程讲授者同时也是课程评价者，教学与评价都由同一主体进行，使得课程评价在设置、实施以及评价结果的应用方面都较随意。

学生的成绩与教师的绩效之间没有必然的联系，学校不会因为所教的学生成绩差就给教师不好的评价。还有的教师明明自己的学生什么都不会却在主观性评价中个个都打了高分，究其原因是教师教育专业缺乏一个课程考核标准，每门课程应该考核哪些内容？如何考核？都应该有一个统一的标准，这样才能规范教师教育类众多不同种类的课程评价，使得课程评价理性化。课程评价的随意性、盲目性使评价失去了对学生学习行为的引导作用，打乱了教学相长的良性互动。虽然近年我国教师资格考试进行了改革，但是，高校和教师教育专业教师并没有意识到教师资格考试与课程评价的关系，并没有有效发挥教师资格考试在课程教学、评价过程中的作用。

第三节　构建职前教师培养的课程考核评价体系及措施

从以上课程评价现状的分析中可以看出，部分高校教师教育专业课程评价是以教师为中心而不是以学生为中心，课程评价的出发点并不是学生的成长，教师更多从自身立场出发，教了什么就考什么、哪种方式容易操作就怎么考，而背离了培养目标—毕业要求—课程目标—课程考核的初衷，并没有把培养目标作为评价的出发点。同时，现有的评价更多关注的是自己所教学的内容，而没有以学生通过该课程的学习应该达到的核心职业能力为标准设计考核方案，过多考核学生对知识的掌握，忽视了对学生复杂专业实践能力的考核，违背了师范专业认证"产出导向"的理念。而且，课程评价更多关注对学生成绩的评定，将成绩评定作为课程评价的终点，而忽视了课程评价对于课程持续改进优化的作用和价值。

一、建立基于 CIPP 的教师教育专业课程评价体系

基于高校教师教育专业课程评价现状，依据师范专业认证标准，结合教师教育专业课程特点，借助 CIPP 评价模型构建教师教育专业课程评价体系。CIPP 由两项评价活动组成：①背景评价（Context Evaluation）；②输入评价（Input Evaluation）③过程评价（Process Evaluation）；④结果评价（Product Evaluation）。

（一）CIPP 评价模型在师范专业认证中的作用

CIPP 模型包括背景评价、输入评价、过程评价和成果评价四个部分，该评价模型在对成果进行评价的同时，更注重评价对于项目的改进作用。传统课程评价多注重终结性评价，通常通过期末考试对学生的成绩进行评定，确定学生的学习等级作为课程的结尾，而没有将评价结果及时反馈于下一年的课程实施过程中。CIPP 模型注重对课程实施过程的反馈和改进，注重收集学习过程中学生学习态度、学习方法、教师教学方法、教学环境等方面的信息，并将结果与之相关联，建立系统的反馈机制，促进课程持续不断优化发展。另外，该评价模型注重对影响成效的多种复杂因素的分析，符合教师教育专业课程目标多样化特点。基础教育教师职业复杂性特点、课程类型多样化、影响专业人才培养目标实现因素的多样复杂性和影响课程目标实现的多样复杂性特点都与 CIPP 模型诊断性功能的发挥相符合。此外，CIPP 模型的成果评价契合了师范专业认证背景下课程评价的成果导向理念。CIPP 模型法强调对学生的学习成果进行评价，特别是对预期成果的评价，同时也包含了非预期的成果评价，这就意味着评价包括直接评价和间接评价，通过多种途径了解学生在某一方面的学习结果，深入挖掘影响学习的因素，为评量和进一步改进提供依据。

（二）基础教育专业 CIPP 评价模型建构

依据 CIPP 模型含义，可以基于教师教育专业认证理念和要求建构 CIPP

评价体系，如图 8-1 所示。

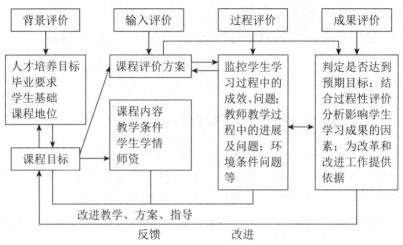

图 8-1 教师教育专业 CIPP 评价体系

1. 背景评价

根据师范专业认证标准，课程评价的目的是为了判定课程实施是否达到了课程目标，课程目标是制订课程评价方案的主要依据。而课程目标又来源于与专业人才培养目标相对应的毕业要求。因此，在制订课程评价时必须考虑与课程评价、课程目标、人才培养目标及毕业要求等相关的因素，对课程评价实施的背景进行评价，综合考虑各种背景因素来确定课程评价方案。如小学语文课程与教学法这门课程，在制订这门课程的实施方案和评价方案时要考虑学生在先修课程教育心理学的学习情况，学生是否通过教育心理学课程的学习具备了相应的知识、能力、技能，这直接影响到后续小学语文课程与教法的学习。除此之外，在制订课程目标及评价方案时还要考虑该课程在整个课程体系中的地位，以免出现重复修学考核、漏修漏考。

2. 输入评价

在背景评价的基础上，接下来就要制订课程评价方案了。课程评价方案是连接课程实施与课程目标的桥梁，也是对课程目标是否达成的判定。同时，CIPP 评价还特别注重课程评价对于引导、促进学生发展中的作用。输入评价目的在于，综合考虑多种因素如课程目标、学生基础、师资、课程内容、教学条件等对选择最优的考核方式、制订最优的考核标准和方案的作用，如直接评价和间接评价；学生评价和教师评价；闭卷测试、开卷测试、小论文、作业、活动设计、技能展示等，教师可以综合考虑各种因素选择恰当的考核方式，实现对课程目标达成的判定。当然，输入评价在关注评价方案效用性的同时还关注可行性问题，虽然有些考核方式和试题与课程内容更符合，但是还要考虑试题的难易度和学生的基础，力争在现有的条件下制订最优的考核方案。

3. 过程评价

过程评价是与终结性评价相对而言的，过程评价的目的在于对学生的学习过程全程监控，通过提问、测验、考勤等方法及时了解学生在学习过程中存在的问题，并对教师的教学方案、行为进行评价，对影响学生学习的条件、环境等进行系统反思，综合考虑各种因素，提出下一步改进措施。过程评价更多体现了 CIPP 评价的改进功能，通过过程性评价能够及时发现学生学习和发展中存在的问题，同时教师可以对自己的教学和实施方案进行反思，并进行调整改进。

4. 成果评价

成果评价是对目标达成程度所做的评价，包括测量、判断、解释实施方案的成果等。成果评价关注的是与课程目标相对应的学习成果，就是预期的学习成果。就 CIPP 评价而言，成果评价属于终结性评价，但是从师范专业认证的理念看，成果评价或者课程目标达成情况评价只是对学习特定阶段的终结性评价，但是，对于某一门课程的持续改进而言，可以为修订课程教学大纲、优化新教学周期课程实施方案等提供具有重要意义的参考价值。由此，成果评价给我们以下启示：一是关注与课程目标相对应的学习成果，评价以课程目标为起点；二是在某一课程或某段教程结束之后进行的终结性评价，可以判断学生掌握程度、能力水平或学习水平的高低；三是可以进行对教师自身工作质量的评价；四是可作为教师判定教学改革计划是否有效的依据，以此对自身的教学行为、课程实施方案进行反思，为下一周期的课程教学提出优化措施。

二、高校教师教育专业课程评价改革措施

构建了 CIPP 评价体系后，依据师范专业认证相关要求，结合教师教育专业课程体系特点，以某校某班学生群体为评价对象，在对高校教师教育专业课程评价现状进行研究的基础上，提出以下改革措施。

（一）正确认识课程评价在整个师范专业认证体系中的地位

师范专业认证中的主要目标是评价监控师范专业人才培养体系，由宏观到微观、由远及近，涉及专业人才培养目标、毕业要求、课程体系，整个过程体现了"反向设计，正向施工"质量监控和人才培养体系建构过程。在认证过程中涉及培养目标达成度评价、毕业要求达成度评价、课程目标达成度评价，其中毕业要求支撑培养目标，课程体系支撑毕业要求，从评价上来说，毕业要求的达成取决于支撑各指标点的课程目标的达成情况。其中支撑指标点的课程质量评价是核心，课程目标的评价是毕业要求达成评价的基础。

本研究中的课程评价主要指的是具体某一门课程目标达成情况的评价。

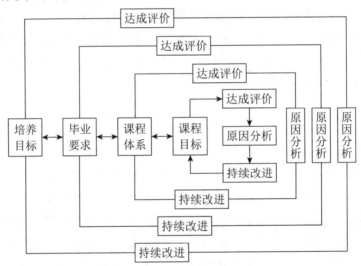

图8-2 专业人才培养质量体系

从图8-2可以看出课程评价在人才培养体系中的地位，为了实现课程评价的目的，发挥课程评价在人才培养中的作用，要具有正确的认识。根据OBE教育理念（outcome based education），应重点关注以下几个问题：①想让学生取得的学习结果是什么（课程目标）；②为什么要让学生取得这样的学习结果（培养目标和毕业要求）；③如何能够让学生取得这样的学习结果（课程教学实施过程）；④如何知道学生是否已经取得这样的学习结果（课程评价）；⑤如何保障学生更好地取得学习结果（课程持续改进）。

因此，我们不仅要关注课程评价，还要关注与课程评价相关的因素，如课程目标、培养目标、毕业要求、课程实施、持续改进等，把课程评价放在整个专业人才培养体系中，正确认识课程评价的地位。

（二）确立基于认证的课程评价理念

明确了课程评价在师范专业认证中的地位，依据师范专业认证"学生中心、产出导向、持续改进"的理念，要确立以下课程评价观念。

1. 课程评价指向毕业要求指标点，致力于培养目标的实现

课程目标对应毕业要求指标点，而毕业要求指标点又对应人才培养目标，因此，应该树立整体系统的评价观，将某门课程放在专业人才培养体系中来确定课程目标，并对课程目标的达成情况进行评价。另外，课程对毕业要求的支撑不是通过某一门课程来直接实现，而是通过课程体系支撑专业毕业要求而达成。这就要求在制订课程目标时不要局限于具体的一门课程，要着眼于专业人才培养目标的上位目标，同时还要考虑到这门课程在整个课程体系中的地位来确定课程目标。课程评价则直接对应课程目标的达成情况，是对课程目标达成情况的评价，具体包括课程分目标的达成度、课程目标达成值相对于期望值的水平评价，重点回答"课程目标是否达成、在多大程度上达成、每个学生的目标达成情况如何"等问题。

2. 课程评价方式、内容与课程目标的一致性

课程目标确定后，要以课程目标为依据选择恰当的考核方式和内容，体现课程考核方式、内容与不同课程目标的一致性。具体而言，考核内容要针对课程目标来设计，体现为课程教学执行计划（即实际的教学内容）要与课程教学大纲相一致。考核内容应能体现课程目标要求的知识、技能和素养等要素，必须要与教学内容相匹配，否则不能实现相关支撑关系。同时，考核方式要与课程目标一致，考核方式应有利于判断课程目标的达成情况，能够覆盖全体学生，具有可操作性。如知识类课程目标：技能和能力类课程目标、情感态度价值观课程目标要用不同的考核方式来进行考核，客观题测试可以支撑知识类课程目标的考核，技能展示、设计、表现性评价等能支撑技能、能力类课程目标的考核，而小论文、作业、汇报等支撑情感态度价值观目标的考核。

3. 课程评价关注对学生学习成果的评价

产出导向的评价，关注的是学生的成果表现，培养目标来源于职业能力目标，毕业要求来源于毕业能力目标，课程目标来源于学生的学习过程

目标。关注学生的学习成果、成效，聚焦"评学"，开展面向产出（学习成效）的课程质量评价，而不仅仅是常规的教学检查。课程评价聚焦于学生的学习结果，课程考核的内容和方式必须与该课程支撑的毕业要求相匹配。应评价课程对于相关毕业要求指标点的实际支撑情况，客观判定与毕业要求指标点相关联的课程目标的达成情况。关注学生的成果，要从"培养目标—毕业要求—课程目标"一以贯之，将评价的关注点由"评教"转为"评学"；不仅关注学生的学习过程，还要关注学生的学习成效；课程目标是可评量的学生的具体表现，应该能够描述"产出"的"形态"和"目标"；考核内容、方法与评分标准与观测点相关联，能够证明学生相关能力的实际达成情况。

4. 课程评价关注课程的持续改进

师范专业认证的一个核心理念是持续改进，特别关注对课程评价结果的分析与使用。通过对课程评价结果的分析，寻找学生在课程目标达成方面的短板，发现学习和教学过程中的问题，提出改进措施，持续提升课程质量。对课程评价结果进行分析主要从三个方面进行：一是单项分析，分析学生某一课程目标与这一目标期望值的吻合度，如果低于期望值，说明这一目标达成情况不佳，要分析导致这一结果的具体原因，并针对目标具体情况、结合过程性评价材料提出改进措施；二是短板分析，同一课程不同课程目标之间进行横向比较，发现短板，分析导致这一结果的原因，提出改进措施，并在下一轮课程实施中持续改进；三是比较分析，比较基于课程考核的直接评价结果与基于学生自评的间接评价结果，从差异度中发现问题，提出改进措施，优化方案，在下一轮课程实施中持续改进。

（三）基于师范专业认证修订教师教育专业课程教学大纲

教学大纲是连接课程目标与课程内容、方法、评价等因素的桥梁，也是课程实施的核心，也是进行教学、设计、考核的主要依据。依据师范专业认证要求，教学大纲需要说明课程支撑的毕业要求指标点与课程目标和教学内容的关系、体现教学方法与内容的匹配，促成目标的达成。课程大纲需满足四要素，包括课程目标、课程内容、课程考核、课程评价。在进行课程教学大纲修订时应重点关注三个方面：教学大纲中课程目标与毕业要求是否合理对应；课程教学内容是否对课程目标有效支撑；课程考核与评分标准是否是针对课程目标设计的。具体如表8-2、8-3、8-4、8-5所示。

表 8-2　课程目标与达成途径

课程目标		达成途径
1	能够说明研究选题、文献检索与综述、研究设计、数据收集与分析、撰写研究报告等研究步骤和过程，区别和比较不同研究方法的优缺点和适用范围。能够熟练操作中国知网等数据库检索教育文献，遵从研究伦理和学术规范，分维度科学编制调查问卷、访谈提纲、观察记录表，规范撰写文献综述、开题报告和研究报告，形成一定研究能力	通过课堂讲授、课下实践操作、作业练习、课堂作业点评等环节，掌握教育研究的流程和步骤，学会运用调查法、观察法、实验研究法、行动研究法等研究方法，能够检索、评价教育文献并撰写文献综述、设计教育研究方案、撰写研究报告。通过章节测试中选择题、材料分析题等主客观测试题，形成区别、选择和运用研究方法的能力
2	依据文献综述撰写要求、遵循教育研究选题原则、研究报告质量评价原则，能够科学评价、论证文献综述、开题报告和研究报告或学术论文。养成批判性思维和创新性意识，形成一定反思能力	通过案例分析、课堂反思、作业点评（文献综述、开题报告、研究报告作业）、撰写反思报告，形成批判性思维和反思能力
3	养成团队合作意识，能够围绕一个教育研究课题进行有效沟通、讨论、合理分工，撰写文献综述、开题报告和研究报告，形成团队合作能力	通过课堂小组合作汇报和课下小组合作作业，形成小组团队合作能力

表 8-3　课程目标对毕业要求支撑矩阵

课程目标	学会教学				学会发展			
	4.保教能力				7.学会反思		8.沟通合作	
	4.1	4.2	4.3	4.4	7.1	7.2	8.1	8.2
学前教育科研方法				H		H		M
课程目标1				H				
课程目标2						H		
课程目标3								M

注：H代表高支撑，M代表中支撑。

表 8-4　课程内容与教学方法、课程目标的对应关系

课程教学内容	教学方法	支撑的课程目标
教育科研方法导论	讲授法、讨论法	1
教育科研选题	讲授法、谈话法、案例分析法、练习法	1、2、3
教育研究文献综述	讲授法、演示法、案例分析法、谈话法、练习法	1、2、3
教育研究设计	讲授法、谈话法、案例分析法、练习法	1、2、3

续表

课程教学内容	教学方法	支撑的课程目标
教育研究数据收集方法	讲授法、演示法、谈话法、案例分析法、练习法	1、3
教育研究数据分析方法	讲授法、演示法、谈话法、案例分析法、练习法	1、3
教育研究其他方法	讲授法、案例分析法、谈话法	1
教育研究成果及评价	讲授法、演示法、谈话法、案例分析法、练习法	1、2、3
教育研究伦理和学术道德	讲授法、案例分析法、谈话法	1

表 8-5　考核方式与课程目标的关系（百分制）

毕业要求指标点	课程目标	评价内容	平时成绩			期末考试	折合综合成绩
			合作汇报	章节测试	作业		
4.4	1	研究步骤和过程，不同研究方法的优缺点和适用范围；文献综述、开题报告和研究报告的规范撰写；调查问卷、访谈提纲、观察记录表的分维度科学编制；教育研究能力	0	100	40	60	54
7.2	2	文献综述、研究方案和研究报告改进的反思报告；研究相关材料的评价和反思能力	0	0	60	40	36
8.2	3	文献综述、开题报告和研究报告的课堂汇报；小组团队合作能力	100	0	0	0	10
各环节原始分合计			100	100	100	100	100
各环节成绩占综合成绩比例（%）			10	10	20	60	

　　除了规定与课程目标相对应的课程内容、方法、考核方式外，还应该说明每种考核方式的评价标准。

（四）分类制订课程考核方案，改革课程考核方式

　　为了有效发挥课程评价对于教师、学生、专业发展的持续性改进作用，需要根据课程特点采取多元化评价方式。教师教育专业是兼具理论与实践特点的专业，职前教育要密切联系行业实践，既有理论知识又有实践体验；既有职业道德理念要求又有操作性较强的专业技能；既教授一定的教育教学能力还教授一定的艺术素养和技能。因此，需要建立与之相对应的评价体系，课程性质不同所采取的考核方式也有差异。同一门课程中既有态度、价值观目标，又有知识、能力目标，也需要综合采用多种方式进行考核。

对于理论性较强的课程多采取闭卷考试的方式进行考核；对于兼具理论与实践特点的课程则综合采用闭卷考试、活动设计、课堂展示等方式进行考核；对于技能性较强的课程则采取技能展示的形式进行考核。如教育心理学这门课程，属于偏理论应用型课程，在考核时以闭卷考试为主，但是在进行试卷设计时应注重考核学生对理论知识的应用能力，可以多设计一些选择题、案例分析题、论述题，来考查学生对知识的综合运用能力。同时，可以利用网络课程发布一些讨论主题，将学生参与讨论的情况作为平时成绩的一部分。另外，还可以给学生播放中小学幼儿园相关视频，让学生对视频中幼儿和教师的行为进行分析。另如中外教育史是理论性较强的课程，结合学生基于理论学习的学情和人才培养目标要求，将学生的学习态度、职业情感、理论知识掌握、学会学习等纳入课程目标，实施"课前提问—学生汇报—诊断讲解—单元测试巩固"教学，将课程评价分解为课堂汇报、网课单元测试、期末考试三种方式，通过多元化考核方式支撑课程不同目标，促进学生多方面发展。

（五）分析课程目标达成情况，持续改进课程

1.对课程目标达成情况进行评价分析

对课程目标达成情况的分析包括两个方面，直接评价达成情况分析和间接评价达成情况分析。对直接达成情况的分析从整体达成情况和分目标达成情况两个方面进行分析。整体达成情况是从课程目标达成数据上整体判定课程目标的达成情况，如表8-6所示；具体目标达成情况体现某一目标在不同考核方式上的达成情况，如表8-7所示。两者可以从目标和考核方式两个维度来更具体地了解学生的目标达成情况。除此之外，还需要对学生个体的目标达成情况进行分析，了解不同个体在不同目标上的达成情况，为进行针对性地辅导提供依据，具体如图8-3、8-4、8-5所示。

表 8-6　教育科研方法课程目标直接评价整体达成情况

毕业要求 指标点	课程目标	达成途径、评价依据	评价结果		
			平均分	满分	达成度
4.4 树立教育研究意识，能够运用小学教育科学研究基本方法开展教育教学研究，具备基本的教学研究能力	课程目标1：能够说明研究选题、文献检索与综述、研究设计、数据收集与分析、撰写研究报告等的研究步骤和过程，区别和比较不同研究方法的优缺点和适用范围。能够熟练操作中国知网等数据库检索教育文献，遵从研究伦理和学术规范，分维度科学编制调查问卷、访谈提纲、观察记录表，规范撰写文献综述、开题报告和研究报告，形成一定研究能力	达成途径：通过课堂讲授、课下实践操作、作业练习、课堂作业点评等环节，掌握教育研究的流程和步骤，学会运用调查法、观察法、实验研究法、行动研究法等研究方法，能够检索、评价教育文献并撰写文献综述、设计教育研究方案、撰写研究报告。通过章节测试中选择题、材料分析题等主客观测试题，形成区别、选择和运用研究方法的能力。 评价依据＝文献综述报告撰写评定＋开题报告撰写及评定＋研究报告撰写＋章节测试＋期末考试	45.89	54	0.85
7.2 养成自我反思意识，掌握教育反思的方法和技能，初步形成解决教育教学实际问题、提升教师专业素质的教育反思能力	课程目标2：依据文献综述撰写要求、遵循教育研究选题原则、研究报告质量评价原则，能够科学评价、论证文献综述、开题报告和研究报告或学术论文。养成批判性思维和创新性意识，形成一定反思能力	达成途径：通过案例分析、课堂反思、作业点评（文献综述、开题报告、研究报告作业）、撰写反思报告，形成批判性思维和反思能力。 评价依据＝课堂点评＋课下撰写反思报告（文献综述反思报告、开题报告反思报告、研究报告反思报告）＋期末考试中案例分析	32.14	36	0.89
8.2 理解学习共同体的价值，具有团队合作意识；能够进行小组合作学习，积极利用教研活动等途径和同事共同学习、共同发展	课程目标3：养成团队合作意识，能够围绕一个教育研究课题进行有效沟通、讨论、合理分工，撰写文献综述、开题报告和研究报告，形成团队合作能力	达成途径：通过课堂小组合作汇报和课下小组合作作业，形成小组团队合作能力。 评价依据＝课堂小组合作汇报＋课下小组合作完成	9.00	10	0.90

表 8-7　课程目标直接评价整体达成情况

毕业要求 指标点	课程目标	达成途径、评价依据	评价结果		
			平均分	满分	达成度
4.4	课程目标 1	达成途径　评价依据	45.89	54	0.85
7.2	课程目标 2	达成途径　评价依据	32.14	36	0.89
8.2	课程目标 3	达成途径　评价依据	9.00	10	0.90

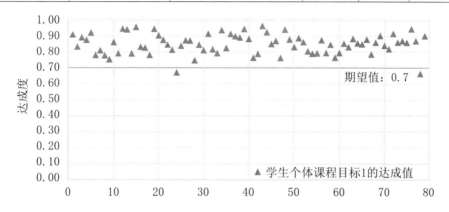

图 8-3　学生个体课程目标 1 直接评价达成情况

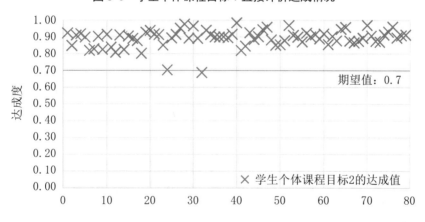

图 8-4　学生个体课程目标 2 直接评价达成情况

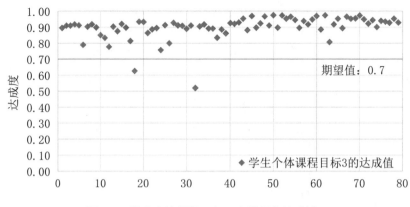

图 8-5　学生个体课程目标 3 直接评价达成情况

　　课程目标间接评价达成主要通过调查问卷方式，学期结束后由学生自评来实现。通过间接评价来了解学生自评与教师评价之间的吻合度，也可以从另一方面反思直接评价方式的合理性。调查问卷采用李克特五级量表形式，每个目标达成设置五个等级，分别取值 1 分、2 分、3 分、4 分、5 分，分别表示为完全未达成、部分未达成、基本达成、较好达成、完全达成，如表 8-8 所示。

表 8-8　课程目标间接评价达成情况

课程目标	完全未达成/人	部分未达成/人	基本达成/人	较好达成/人	完全达成/人	参与人数/人	达成度评价值
	1	2	3	4	5		
课程目标 1	0	0	22	39	18	79	0.79
课程目标 2	0	0	16	35	28	79	0.83
课程目标 3	0	0	10	45	24	79	0.84

　　对学生的课程目标达成情况进行自我评价，一方面可以将学生的自评结果与直接评价结果进行比较，判断学生自评结果与直接评价结果是否吻合，为课程评价的信度和效度提供参考依据，也为进一步完善课程考核方案提供了相应信息。

2. 提出持续性改进措施和建议

　　对课程目标达成情况进行评价分析，一方面是对学生是否达到预期课程目标进行判定，另一方面，也是为了对课程实施进行持续改进。分析的内容包括以下几个方面，一是将课程目标达成结果与课程目标达成期望值进行比较，分析学生学习成果中存在的问题；二是将几个分目标达成情况进行横向比较，找出短板；三是将今年的课程目标达成情况与近两年学生的学习成果进行纵向对比，总结持续改进的成效；四是对影响学生学习成果的因素进行分析，或者针对学生学习成果中存在的问题进行原因分析；五是针对问题、原因，提出持续改进的措施。课程目标达成分析与持续改进示意如图8-6所示。

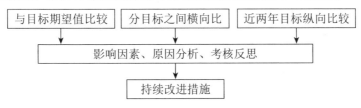

图8-6　课程目标达成分析与持续改进

原因分析可以从教学方面分析，如教学方法的使用、教学环境的创设、内容的安排等；也可以是对课程考核方式进行反思，结合学生自我评价结果反思考核方案的信度与效度，为优化课程教学和考核方案提供依据，如表8-9所示。

表8-9　教育研究方法课程目标达成分析报告

问题分析	1. 从目标达成度最低的角度分析，课程目标1达成度相对较低，说明学生选择研究方法和分析研究数据的能力不足。课程目标1主要考核学生是否掌握开展教育教学研究选题、设计研究方案、收集与分析研究数据、撰写研究报告等所需的知识和原理；是否具备开展教育教学研究选题、撰写文献综述、设计研究方案、收集与分析研究数据、撰写研究报告等能力；是否具备区别和比较不同研究方法的优缺点和适用范围、科学编制调查问卷（量表）、访谈提纲、观察量表等能力。该目标平均达成情况为0.85，在三个课程目标中达成情况最低。 （1）主要问题是该部分教学内容包含教育研究整个流程的各个环节，还涉及学生需要具备文献阅读以及数据分析的能力，这些能力在短时间内很难习得和掌握，因此部分学生在学习过程中有畏难情绪。从期末卷面成绩分析来看，课程目标1对应的卷面满分为36分，平均成绩为28.85分，在是否具备设计研究方案、选择研究方法所需的知识和原理方面（选择题和判断题）得分较低；从平时作业成绩分析来看，学生在撰写文献综述和研究报告方面，也存在着选择研究方法和分析研究数据能力欠缺的问题。此外，在期末学生自评总结中，部分学生也指出在短期内学会收集与分析研究数据以及撰写研究报告有难度，不能很好掌握该部分内容。由此可见，学生在设计研究方案、选择研究方法和分析研究数据方面的能力不足。 （2）能力导向、产出导向的教学方法改革不彻底。在授课过程中依然以知识讲解为主，从产出和结果出发强化知识运用能力培养的力度不够。虽然学生听懂了教育研究方法的步骤和程序，但是开展研究的能力不足，运用知识去分析和论述问题的能力不足，这就要求今后的教学应更加注重对学生实际动手操作能力、运用分析能力的培养。 2. 从目标达成度个体维度分析，部分学生课程目标达成情况较低。由课程目标个人达成情况分析图来看，课程目标1、2、3达成情况分别有2人、1人、2人低于0.7，并且有1名同学课程目标3的达成情况仅有0.52。根据平时成绩和期末考试成绩可以看出，这几位同学均有旷课情况，平时作业完成度较低，小组合作汇报参与率也比较低，期末考试材料分析得分低

续表

上一轮问题持续改进效果	课程目标总体达成情况较上年略有下降。 上学年课程目标总达成情况为 0.9041，本学年课程目标总达成情况为 0.8808，由此可见，课程目标总体达成情况较上年有所下降。原因有两个：首先，平时成绩考核形式有所变化。上学年平时成绩只有两项，分别为课程作业和习题测试，本学年平时成绩考核形式添加了课堂汇报和反思报告环节，形式更加多元化，评价标准也更加细致和合理化，因此，本学年学生平时成绩平均值和上年相比稍有降低。其次，本学年期末试卷题型也有所变化，删掉了往年的名词解释题型（识记），增加了材料分析题（分析）。虽然本学年在教学过程中已经进行了案例分析和训练，但是强度仍然不够，因此本学年期末试卷成绩平均分略低于上学年。 虽然课程目标总体达成度较上年有所下降，但考核形式更加多元化、评价标准更加精确化、期末考试题型更加关注学生的综合分析能力
下一步持续改进措施	1. 增加案例教学，提升知识运用能力。材料分析题的得分较低，这反映学生以掌握理论为主的学习惯性仍存在，将理论知识运用于实践的意识不强，分析运用能力不高。结合课程培养目标以及毕业要求，今后将在课堂教学中增加研究方法使用案例的教学内容，加大对学生思维能力的训练，使学生在理解知识点的基础上能够运用知识进行归纳和分析，从而提升学生分析问题和自我反思的能力。 2. 改革课堂教学方法，注重学习成果导向、能力导向。在今后教学、导学提纲中明确单元学习成果清单，让学生明确学习的产出和结果；此外，在教学设计上注重学生作业汇报、点评和修改，在实际操作中提升能力。 3. 改革课堂评价方法，细化组内互评表的指标，使学生互评成绩更加公正。本学期采用小组汇报的形式来考查学生团队协作的能力和整体表现。绝大部分学生乐于参与团队合作，但是组内互评环节的公正性有所缺失。组内互评是为了更好了解小组成员的合作能力，但从组内互评打分表结果来看，绝大部分学生碍于同班同组的情分给其他团队成员满分，导致该项分数较高。今后会细化组内互评表的指标，并向学生多次强调互评打分应该遵循公正的原则，公正互评是为了让成员了解自身短板，从而提升和改进

三、加强对学生专业实践能力的考核

对专业实践能力的评价应该是高校教师教育专业课程考核评价中最难的环节。对学生专业实践能力的考核仅仅靠纸笔测试是不能完成任务的，需要综合使用多种评价方法，如档案袋评价、真实性评价、表现性评价等。而这些评价方法的实施需要花费评价者大量的时间和精力来完成，需要评价者具有较强的积极主动性和一定的专业评价能力，否则不能达到应有的效果。以学前教育专业为例，其中有一部分课程具有明显的实践性特点，如幼儿园活动设计与指导、幼儿游戏理论与实践、学前儿童卫生与保育、学前儿童语言教育与指导等课程。特别是对教育实习的评价，更突出了专业实践能力的考核。以往教师遇到实践能力的考核，往往草草而过。而对实践能力的考核是否有效直接影响到学生对该课程的理解，特别是教育实习的考核直接影响到学生在教育实习中的态度和努力的方向。以下以教育实习的考核为例进行说明。

有研究者对澳大利亚高校学前教育专业教育实习指导手册进行了研究[①]，发现澳大利亚学前教育专业实习手册的关键部分是评价标准和工具，高校对实习的评价标准和评价工具进行了清晰的介绍，规定合理的职前实习标准，以此规范职前教师教育实习行为，明确职前教师教育实习内容。然后，根据职前实习标准和行为，制订相应的具有可操作性的教育实习评价工具。例如，科廷大学学前教育专业实习手册对教育实习的评价标准做了较为具体的规定，包括评价标准的内容结构和评价工具。实习手册从标准和指标项目两个层次对评价标准进行了规定说明：标准是评价体系的维度，每个维度包含若干条与此相关的指标项目，科廷大学学前教育专业教育实习评价标准列出了职前教师教育实习必须达到有效教学的 7 个标准、5 个单元学习成果和 48 个项目指标。从这些评价维度和项目来看，标准明确了实习教师在教育实习结束时应达到的要求和要完成的实习目标，实习教师通过阅读和理解即可明确自己的努力方向，也可以核查评价标准中的相关指标项目进行自我评估，以帮助实习教师明确自己目前已经掌握哪些技能，以及需要通过教育实习来加强哪些技能。此外，学校还制订了与之相适应的评价工具，具有较强的可操作性，具体包括教育实习进展报告、教育实习最终评估报告及成绩、指导教师的反馈建议表，以方便指导教师（幼儿园实践指导教师、高校指导教师）和实习教师使用。其中教育实习进展报告将每条评价标准分解成若干指标项目，与每个指标项目相对应的行为表现被分成熟练掌握、一般掌握、需要注意三个等级。该报告需要幼儿园实践指导教师于实习期的第 5 周时完成，并反馈给实习教师和高校。利用此进展报告，指导教师可以比较完整全面地掌握实习教师教学表现的信息，审视各维度下的指标项目与评价标准和实习单元学习成果是否一致、一致性的程度如何。教育实习最终评估报告及成绩由评价标准改编而成，分别由幼儿园实践指导教师和高校指导教师各自于实习末期完成。指导教师依据各维度下的评价标准和实习单元学习成果对实习教师的行为表现进行描述，并列举出符合每条标准和实习单元学习

---

① 王菠，王萍．澳大利亚高等院校学前教育实习指导手册：解读、分析与借鉴 [J].外国中小学教育，2018（5）：39-48.

成果行为表现的例证，供最终成绩和评论时参考。科廷大学最终实习成绩分为五个等级，以数字标明。但该成绩并不是最终实习成绩，实习教师的最终分数是幼儿园实践导师和高校指导教师所打出的分数的平均值，只有在高校的特殊审查委员会会议上才能确定并公布。而且，相关专业人员会对以上评估报告进行科学分析、综合与处理，最后形成书面建议反馈给实习教师。指导教师的反馈建议表通常由优势领域、需要发展的领域以及最后结论三部分构成。由高校指导教师负责完成，用于课堂观察，以协助撰写评估报告并反馈给实习教师。该反馈建议表一方面能帮助指导教师深度了解实习教师的行为表现，进而提供有针对性的实践指导与未来发展方向的指引；另一方面可以促进实习教师自我认知，清晰认识自己的优势领域，同时，也认清了自己待改进的地方，从而形成目标，确定实现目标的具体行动策略。

由以上澳大利亚关于教育实习的评价可以看出澳大利亚非常重视对学生教育实习的评价，并研制了相应的评价标准和具有可操作性的工具供评价使用，注重评价对实习教师的指导和发展价值。相比国外的实践评价体系，我国在教育实习领域的评价还不完善，最突出的问题是缺乏科学的、可操作性强的评价工具，以及相应的教育实践评价策略。评价标准和评价工具对教育实习或者实践性课程具有价值导向功能，如果没有科学、明确的评价标准，学生在教育实践中会无的放矢，直接影响教育实践的效果。评价策略体现了评价的理念和相应的技术支持，是落实实践评价的具体做法，为实践能力评价提供了技术性支持。我国高校教师教育专业实践领域的评价还没有统一的标准，各高校在评价学生的教育实践时往往依自身的条件进行，不同层次高校存在一定的差异。就地方高校而言，对学生教育实习的评价虽然由实习指导教师和高校教师共同承担，但是，由于实习基地指导教师缺乏指导的责任，评价往往也缺乏有效性；而高校教师也不愿花费大量的精力在学生各种实践能力的测评上，也是草草了事。对教育实习评价的随意性让学生产生一种误解：教育实习并不重要，只要参加了教育实习都能合格。要改变这种现状，需要从评价着手。

一是重视对学生实践的评价，通过引入第三方评价主体、将实习评价纳入教师绩效考核体系等措施，使教师、学生意识到教育实习的重要性。目前，部分高校教学与评价一体化，高校既是人才培养的主体也是人才培养质量评价的主体，而教师既是教学主体也是进行教学评价的主体。对于教育实习而言，教师既是指导教师，也是评价学生实践能力的主体，学生的专业实践能力如果缺乏外来的监督与评价，学生的发展缺乏外来的反馈，这直接影响人才培养的质量。因此，可以通过教育实习汇报、专业能力展示等形式，使中小学幼儿园教师、同行专家、家长参与到学生评价中来，为学生实践能力提升提供反馈信息和改进意见，并使来自外部的评价成绩在学生实习成绩中占有一定的比例，作为学生实践考核的组成部分。

二是开发使用量化与质性结合的评价工具，发挥评价对学生实践能力提升的促进作用。首先，以量化评价为基础，保证评价及其结果的客观与科学；其次，深入开展质性评价，以促进评价的深化与完善；最后，寻求二者在具体操作层面上的对话与整合。例如，在教育实习评价的设计上、在评估资料的收集与整理分析上，量化方法和质性方法均可以实现不同方式的整合。

三是开发实习教师自我评估的过程性策略。自我评估有利于学生进行专业发展的自我反思。学生是学习的主体，只有让学生自己认识到自己存在的不足后，才能激发学生学习的动力。通过给学生呈现相应的考核标准和自我评价工具，使学生在收集资料进行自我评价的过程中不断进行反思，自我改进，完善自己。需要在实施过程中为学生研制通俗易懂的自我评估实施指引，让实习教师很简便地学懂、会用。另外，为实习教师设计环节清晰的过程性评估步骤，让实习教师顺利地完成自我评估。最后，发挥同伴团体与专业人员的支持作用，为实习教师提供心理援助与技术指导。

教育实习是最能体现学生实践能力的环节，在教育实习中，学生的职业道德、教育情怀、活动设计能力、活动组织与实施能力、班级管理能力、沟通与合作能力都会得以体现，因此，在实习评估中可以采用多种评估方法，如档案袋评价、真实性评价和表现性评价，为学生不同能力的考核提供相应的实施策略。

四、加强对教师教育课程评价的管理

国家、社会、高校自身缺乏对课程评价的管理是造成课程评价理性缺失的一个重要原因。我国教师教育专业的人才培养以及课程教学效果缺乏第三方评价机构的监督，教学与课程评价都由任课教师实施，学生学习成果与教师的绩效考核没有必然的联系，种种因素导致了课程评价的理性缺失。为此，高校应该成立教师教育专业评价机构，制订相应的评价管理制度，吸收校外人士加入课程评价中来，实施评教分离，将学生的课程学习成绩与教师的绩效考核联系起来，从制度上规范教师的课程评价行为。

1. 有效发挥教师资格考试制度在教师教育专业课程评价中的作用

为提升幼儿园、中小学教师整体素质，严把教师职业入口关，2011年我国以浙江、湖北两省为试点开展幼儿园、中小学教师资格考试改革。新的教师资格考试制度针对我国教师队伍存在的问题，结合新的发展趋势改进了考试内容，进一步完善考试评价，对高校教师教育专业幼儿园、中小学教师职前培养具有一定的引导作用。因此，高校教师教育专业在深入学习教师教育课程标准、教师专业标准的基础上，要深刻领会教师资格考试改革相关精神，并把学生取得教师资格的比例作为对高校教师教育专业人才培养质量的一项评价标准。

2. 成立教师教育专业课程评价机构，积极吸纳校外人士加入到课程评价中

高校应该成立相应的教师教育课程评价组织，并吸收校外人士加入课程评价中来，负责本校教师教育专业课程评价的管理与实施，制订每门课程的考核标准与大纲。针对不同专业的课程特点成立专业课程群评价小组，依据各个课程考核标准与大纲负责对同类课程的考核与评价，学生的学习成绩如何不再由主讲教师决定，主讲教师可以为课程评价提供相应的资源。对于教育实习的评价也应该成立专门的教育实习评价小组，根据教育实习要求与考核标准制订考核方案对学生的实习进行评价，从而有效发挥课程评价在促进学生发展、教师专业成长中的作用。

3. 将学生的课程学习结果与教师的绩效考核联系起来

虽然很多高校实施学生评教制度，但是，学生对教师的评价也没有统一的标准，存在"互惠互利"的狭隘评教行为。学生往往对要求较宽松、给自己成绩较高的教师评价较好，对要求严格、认真负责的教师评分较低。学生的评价结果直接关系到教师的评先评优，有的教师为了得到好评无原则地哄学生，尽量把学生哄高兴，使得评价严重违背了以评促教的初衷。实施评教分离，将学生的学习成果与教师绩效联系起来，一方面可以避免出现委曲求全讨好学生的教学行为，另一方面能够促使教师将精力放在学生的课程学习和发展上，改进课堂教学方法，对教师的专业成长也具有一定作用。

参考文献

[1] 陈文华.中外学前教育史 [M].北京：科学出版社，2011.

[2] 单中惠，刘传德.外国幼儿教育史 [M].上海：上海教育出版社，1997.

[3] 陈帼眉.学前心理学 [M].北京：人民教育出版社，2015.

[4] 汉纳，德特默.课程的情境适应性评价 [M].杭州：浙江教育出版社，2008.

[5] 联合国教科文组织.教育——财富蕴藏其中 [M].北京：教育科学出版社，1996.

[6] 林崇德.21 世纪学生发展核心素养研究 [M].北京：北京师范大学出版社，
    2016：260.

[7] 李秉德.教学论 [M].北京：人民教育出版社，1991.

[8] 黄甫全.现代课程与教学论学程 [M].北京：人民教育出版社，2006.

[9] 宋德发.如何走上大学讲台：青年教师提高讲课能力的途径与方法研究 [M].
    湘潭：湘潭大学出版社，2013.

[10] 郑金洲.教学方法应用指导 [M].上海：华东师范大学出版社，2006.

[11] 佩尔蒂埃.成功教学的策略 [M].李庆，译.北京：中国轻工业出版社，2002.

[12] Linda Darling-Hammond.有力的教师教育 [M].鞠玉翠，译.上海：华东师范
    大学出版社，2009.

[13] 邱均平，王碧云，汤建民.教育评价学 [M].北京：科学出版社，2016.

[14] 波帕姆.促进学习的学生参与式课堂评价 [M].国家基础教育课程改革"促进
    教师发展于学生成长的评价研究"项目组，译.北京：中国轻工业出版社，
    2005.

[15] 哈蒙.有力的教师教育 [M].上海：华东师范大学出版社，2009.

[16] 朱旭东.教师教育标准体系的建立：未来教师教育的方向 [J].教育研究，
    2010（6）：30-36.

[17] 张学新.对分课堂：大学课堂教学改革的新探索 [J].复旦教育论坛，2014，

12（5）：5-10.

[18] 高敬，张凤．美国早期教育专业临床教学实习手册简介及启示 [J]．外国中小学教育，2014（4）：49-53.

[19] 张博伟，曹月新．美国实习指导教师研究述评 [J]．外国教育研究，2014，41（8）：82-93.

[20] 曾国．略论新时期高师学前教育本科的培养目标与课程设置 [J]．中国高教研究，2004（4）：83-84.

[21] 步社民．本科学前教育专业的目标定位和课程设置问题 [J]．教师教育研究，2005（3）：20-24.

[22] 虞永平．卓越教师培养项目与学前教育质量的提升 [J]．早期教育，2016（2）：2-4.

[23] 刘径言，郑友训．卓越教师的专业成长特征及职前教育策略 [J]．现代中小学教育，2013（7）：55-57.

[24] 杨秀玉，孙启林．教师的教师：西方的教师教育者研究 [J]．外国教育研究，2007，34（10）：6-11.

[25] 王丽鹃．高师教法课应对新课改教学策略研究 [J]．黑龙江高教研究，2004（8）：57-58.

[26] 李玉华，华爱华，张云亮．上海学前教育专业本科毕业生在园发展状况调查 [J]．幼儿教育（教育科学），2012（12）：28-31.

[27] 俞裕芝，李召存．学前教育专业师范生入职适应研究：基于学前教育专业知识性质的视角 [J]．幼儿教育（教育科学），2014（33）：14-17.

[28] 原青林．美国有效教学方法简介 [J]．比较教育研究，2004（6）：38-40.

[29] 陈凤燕．"翻转课堂"：信息技术与教育的深度融合 [J]．教育评论，2014（6）：127-129.

[30] 朱宏洁，朱赟．翻转课堂及其有效实施策略刍议 [J]．电化教育研究，2013，34（8）：79-83.

[31] 李斐，黄明东．"慕课"带给高校的机遇与挑战 [J]．中国高等教育，2014（7）：22-26.

[32] 梁周全．学前教师教育"全程实践教学模式"研究 [J]．教育理论与实践，2013，33（27）：39-41.

[33] 原晋霞．对高校学前教育专业教育实习课程改进的思考：从实习生的消极实习感受谈起 [J]．早期教育（教科研版），2012（11）：34-36.

[34] 张翔.教师教育 U–S 合作的结构性障碍与路径选择 [J].现代教育管理，2014
（6）：95–99.

[35] 陈妍，梁莹，强丽君.学前教育专业本科生专业认同情况的校别比较 [J].学
前教育研究，2008（3）：21–24.

[36] 连榕，杨丽娴，吴兰花.大学生专业承诺、学习倦怠的状况及其关系 [J].心
理科学，2006，29（6）：76–81.

[37] 王菠，王萍.澳大利亚高等院校学前教育实习指导手册：解读、分析与借鉴 [J].
外国中小学教育，2018（5）：39–48.

[38] 毕景刚."卓越教师"计划之背景、内涵及策略 [J].教育理论与实践，2014
（11）：33–35.

[39] 刘尧.论教育评价的科学性与科学化问题 [J].教育研究，2001，22（6）：
22–26.

[40] 钟启泉.学习评价的模式与方法 [J].全球教育展望，2007（8）:8–13.

[41] 陈衍泰，陈国宏，刘美娟.综合评价方法分类及研究进展 [J].管理科学学报，
2004（2）：69–79.

[42] 夏正江.论课程观的转型及其对新课改的影响 [J].课程·教材·教法，
2005，25（3）：8–14.

[43] 苗倩.深度学习视角下高校课堂教学现状研究——以 S 大学为个案 [D].东北
师范大学，2018.

[44] 向晓蜜.大学生学习倦怠的成因模型及其量表编制 [D].西南大学，2008.

附录

附录-1 学前教育专业"导师制"学生专业发展目标任务分解表（第一学期）

序号	项目	主要目标	学生任务	导师任务	备注
1	入学专业教育与生涯规划	1. 了解学前教育专业的现状及前景； 2. 了解学前教育专业人才培养方案，明确学前教育专业的人才培养目标与定位，了解今后四年的课程设置； 3. 了解学校相关的制度与纪律要求，熟悉和适应大学生活	1. 认真学习和研读专业人才培养相关材料，明确今后四年的学习目标，进行专业规划； 2. 多种渠道了解学前教育专业的现状与前景，树立初步的职业理想； 3. 熟悉和适应大学生活	1. 对学生进行专业思想教育，使学生明确本专业的人才培养目标定位，引导学生树立职业理想； 2. 对学生进行入学适应教育，引导学生适应大学生活	集中教育与分散指导相结合
2	课程学习及实践	了解幼儿教育相关政策与法规，以德立身，掌握有关专业发展的心理学基础知识和技能，为专业发展奠定基础	1. 态度端正、认真听课、勤于思考； 2. 按照教学大纲要求完成每门课程学习任务； 3. 做好期末复习，诚信考试	1. 了解本学期所开课程及相关大纲要求； 2. 了解学生的学习态度，并进行思想教育； 3. 对学生的课程学习进行督促； 4. 对学生进行学习方法的指导	任课教师、学生导师参与
3	教育见习	1. 通过参观了解幼儿园的物质环境； 2. 通过参观了解幼儿园教育工作的特点； 3. 在实践中形成初步的职业情感	1. 入园参观（半天） 2. 班参观（一天） 3. 园方介绍 4. 完成作业：观后感《我的幼儿园印象》 作业要求：观后感《我的幼儿园印象》，字数不少于500字	1. 幼儿园介绍：《幼儿园的生活与教育》， 2. 布置见习任务 3. 督促学生完成任务 4. 辅导学生完成任务 5. 对学生的作业进行成绩评定	时间：两天
4	第二课堂	参考第二课堂实施方案中本学期的目标要求	按照第二课堂方案完成本学期任务	根据第二课堂方案相关要求进行指导	第二课堂指导教师、导师共同参与

续表

序号	项目	主要目标	学生任务	导师任务	备注
5	社会实践	1. 认识到社会实践对于幼儿教师专业发展的重要性；2. 通过社会实践培养初步的实践能力、人际交往能力、组织协调能力等基本能力	1. 利用假期参加社会实践活动；2. 撰写社会实践活动感想一份，字数在800字以上	1. 做好社会实践的安全教育工作；2. 对学生进行社会实践及方法指导；3. 收集、汇总实践感想，装订成册；4. 遴选、推荐社会实践先进个人	
6	总结	反思实践促进成长	学期末提交一份关于学习总结报告	学期末提交一份工作总结报告	

附录 -2　学前教育专业"导师制"学生专业发展目标任务分解表（第二学期）

序号	项目	主要目标	学生主要任务	专业导师主要任务	备注
1	生涯规划	1. 了解生涯规划对自身发展的意义；2. 熟悉和适应大学生活	1. 分析自身特点，制订切实可行的规划；2. 对生涯规划中的目标进行反思和调整；3. 完成本年度的阶段任务	1. 对学生进行生涯规划设计的方法指导；2. 督促学生完成生涯规划中的阶段任务；3. 对学生进行全面引导和教育	班级导师重点参与
2	课程学习与实践	了解学前儿童心理发展的特点，并能够运用相关知识组织教学，循序渐进地进行技能训练与学习，提高专业能力	1. 态度端正、认真听课；2. 完成每门课程的课堂作业；3. 完成每门课程的课程实践作业；4. 做好期末复习，诚信考试	1. 熟悉学生本学期所开课程；2. 了解学生的学习态度，并进行思想教育；3. 对学生的课程学习进行督促；4. 加强理论知识与实践的联系，重视课程实践的辅导，督促学生完成课程实践作业；5. 对学生进行学习方法的辅导	任课教师、学生导师参与
3	教育见习	1. 了解幼儿园一日生活的安排；2. 学习幼儿园保育工作；3. 了解教师对幼儿园一日活动的组织与实施	1. 4人一组进班见习；2. 记录幼儿园一日活动的主要环节；3. 任选一项活动记录教师的组织过程；4. 根据指导老师要求定期向指导老师汇报见习情况，提交相关材料（幼儿园一日活动主要环节的记录；教师某一活动组织过程的记录；见习报告）	1. 深入实践基地，与学生及幼儿园指导教师保持密切联系；2. 定期召开见习交流会，了解学生见习情况，给予指导；3. 收集、整理、评价学生提交的作业和见习报告	幼儿园与院方指导老师共同参与

续表

序号	项目	主要目标	学生主要任务	专业导师主要任务	备注
4	技能训练	1. 了解专业技能训练的意义； 2. 提高专业实践技能	1. 明确本学期技能训练的主要内容及任务； 2. 根据安排，按照要求参加技能训练； 3. 定期向导师汇报技能训练情况，与导师交流技能训练过程中遇到的问题； 4. 参加相关训练项目考核，并取得合格成绩	1. 布置本学期技能训练的任务； 2. 督促学生开展技能训练； 3. 定期对学生进行技能训练考查，了解学生技能训练情况，并进行督促与指导； 4. 对于不努力训练，态度不端正的学生进行思想教育，督促其加强训练； 5. 督促技能差的学生加强训练	班级导师重点参与
5	名著阅读	通过名著阅读，形成较为宽厚的人文、科学知识基础	1. 本学期阅读社会科学、艺术及自然科学经典名著3～5部，并做读书笔记； 2. 提交读后感至少1篇	1. 拟定名著、专著目录； 2. 组织名著导读； 3. 督促学生阅读； 4. 收集、检查、整理学生读书笔记、读后感，进行审阅	由导师组拟定目录并组织导读
6	社会实践	1. 培养实践能力、人际交往能力、组织协调能力等基本能力； 2. 初步掌握撰写实践报告（调查报告）的方法	1. 利用寒、暑假时间，以小组为单位参加社会实践活动； 2. 撰写社会实践报告（调查报告）1篇，字数2000字以上，并在开学后一周内提交	1. 做好社会实践的安全教育工作； 2. 对学生进行社会实践及调查研究的方法指导； 3. 收集、汇总实践报告，装订成册； 4. 遴选、推荐社会实践先进个人	班级导师重点参与
7	总结	反思实践促进成长	学期末提交一份关于实践的总结报告	学期末提交一份关于实践指导的总结报告	

附录 -3 学前教育专业"导师制"学生专业发展目标任务分解表（第三学期）

序号	项目	主要目标	学生主要任务	专业导师主要任务	备注
1	生涯规划	明确与深化本科阶段学习与生活的意义	1. 对生涯规划进行反思和调整； 2. 克服困难，完成本阶段的目标和任务	1. 关注学生出现的问题和困难；及时与学生沟通； 2. 督促学生完成生涯规划的阶段目标	班级导师重点参与
2	课程学习与实践	了解学前教育的任务、目标、内容，掌握教育心理学知识、幼儿园保育技能、幼儿园教育的原则与方法，树立保教结合的教育观念，提高自身的文学艺术修养，掌握相应的艺术技能，为幼儿园教育打好基础	1. 态度端正、认真听课、勤于思考； 2. 按照教学大纲要求完成每门课程学习任务； 3. 做好期末复习，诚信考试	1. 了解本学期所开课程及相关大纲要求； 2. 任课教师要及时了解学生的学习态度，并进行思想教育； 3. 对学生的课程学习进行督促；对学生进行学习方法的指导	任课教师、幼儿园教师、学生导师共同参与
3	教育见习	1. 了解幼儿园一日生活的安排； 2. 学习幼儿园保育工作； 3. 了解教师对幼儿园一日活动的组织与实施	1. 4 人一组进班见习； 2. 记录幼儿园一日活动的主要环节； 3. 任选一项活动记录教师的组织过程； 4. 根据指导老师要求定期向指导老师汇报见习情况，提交相关材料（幼儿园一日活动主要环节的记录；教师某一活动组织过程的记录；见习报告）	1. 高校指导教师深入实践基地，与学生及幼儿园指导教师保持密切联系； 2. 定期召开由高校指导教师、幼儿园指导教师、见习生参加的见习交流会，了解学生见习情况，给予指导； 3. 高校和幼儿园指导教师收集、整理、评价学生提交的作业和本学期见习报告，并给予成绩评定及意见	高校指导教师、幼儿园指导教师
4	第二课堂	参考第二课堂实施方案中本学期目标要求	按照第二课堂方案完成本学期任务	根据第二课堂方案相关要求进行指导	第二课堂指导教师、导师共同参与
5	能力展示	与本学期培养重点及课程设置相联系，于学期末对学生的保育技能和能力发展情况进行综合评估	汇报内容：幼儿园保育技能与能力；汇报形式：模拟情景、案例分析、幼儿园现场考察	幼儿园选派相关优秀教师参加汇报展并作出评价与反馈，校—园研讨制订下一步合作指导计划	高校教师、幼儿园教师

续表

序号	项目	主要目标	学生主要任务	专业导师主要任务	备注
6	社会实践	1. 培养实践能力、人际交往能力、组织协调能力等基本能力； 2. 掌握撰写实践报告（调查报告）的方法	1. 利用寒、暑假时间，以小组为单位参加社会实践活动； 2. 撰写社会实践报告（调查报告）1篇，字数2000字以上，并在开学后一周内提交	1. 对学生进行社会实践及调查研究的方法指导； 2. 做好社会实践的安全教育工作； 3. 收集、汇总实践报告，装订成册； 4. 遴选、推荐社会实践先进个人	班级导师重点参与
7	总结	反思实践促进成长	学期末提交一份关于实践的总结报告	学期末提交一份关于实践指导的总结报告	高校指导教师、幼儿园指导教师

附录 -4 学前教育专业"导师制"学生专业发展目标任务分解表（第四学期）

序号	项目	主要目标	学生主要任务	专业导师主要任务	备注
1	生涯规划	明确与深化本科阶段学习与生活的意义	1. 对生涯规划进行反思和调整； 2. 克服困难，完成本阶段的目标和任务	1. 关注学生出现的问题和困难；及时与学生沟通； 2. 督促学生完成生涯规划的阶段目标	班级导师重点参与
2	课程学习与实践	结合见习，了解幼儿园常见游戏活动及幼儿园组织与管理相关内容。了解幼儿园语言教育的目标、内容及教学要求。理解游戏是幼儿园的基本活动，知道幼儿园游戏化教学的含义，能够组织不同类的游戏活动，将游戏贯穿一日生活与教学。能够进行活动的设计与组织	1. 态度端正、认真听课、勤于思考； 2. 按照教学大纲要求完成每门课程学习任务； 3. 做好期末复习，诚信考试	1. 了解本学期所开课程及相关大纲要求； 2. 任课教师要及时了解学生的学习态度，并进行思想教育； 3. 对学生的课程学习进行督促；对学生进行学习方法的指导	任课教师、幼儿园教师、学生导师共同参与

序号	项目	主要目标	学生主要任务	专业导师主要任务	备注
3	教育见习	1. 了解幼儿园各类游戏活动的开展情况；2. 在做好保育的基础上，对游戏有进一步的了解和认识；3. 了解幼儿园组织与管理相关内容和教师职责	4 人一组进班对幼儿园常见游戏活动、组织与管理任务、语言活动进行观察，在此基础上完成以下作业：1. 对幼儿园组织与管理相关内容进行观察，完成观察报告 1 份；2. 任选一项活动记录教师的组织过程；3. 选择一类游戏，完成游戏活动设计、反思报告各 1 份；4. 完成语言教育活动设计、反思报告 1 份	1. 高校指导教师深入实践基地，与学生及幼儿园指导教师保持密切联系；2. 定期召开由高校指导教师、幼儿园指导教师、见习生参加的见习交流会，了解学生见习情况，给予指导。3. 高校和幼儿园指导教师收集、整理、评价学生提交的作业和本学期见习报告，并给予成绩评定及意见	高校指导教师、幼儿园指导教师
4	第二课堂	参考第二课堂实施方案中本学期的目标要求	按照第二课堂方案完成本学期任务	根据第二课堂方案相关要求进行指导	第二课堂指导教师、导师共同参与
5	能力展示	与本学期培养重点及课程设置相联系，于学期末对学生的游戏活动设计与组织能力、语言活动设计与组织能力进行综合评估	汇报内容：幼儿园游戏活动的设计与组织能力；语言活动设计与组织能力；汇报形式：模拟情景、案例分析、幼儿园现场考察	幼儿园选派相关优秀教师参加汇报展并作出评价与反馈，校—园研讨制订下一步合作指导计划	高校教师、幼儿园教师
6	社会实践	1. 培养实践能力、人际交往能力、组织协调能力等基本能力；2. 掌握撰写实践报告（调查报告）的方法	1. 利用寒、暑假时间，以小组为单位参加社会实践活动；2. 撰写社会实践报告（调查报告）1 篇，字数 2000 字以上，并在开学后一周内提交	1. 对学生进行社会实践及调查研究的方法指导；2. 做好社会实践的安全教育工作；3. 收集、汇总实践报告，装订成册；4. 遴选、推荐社会实践先进个人	班级导师重点参与
7	总结	反思实践促进成长	学期末提交一份关于实践的总结报告	学期末提交一份关于实践指导的总结报告	高校指导教师、幼儿园指导教师

附录 -5   学前教育专业"导师制"学生专业发展目标任务分解表（第五学期）

序号	项目	主要目标	学生主要任务	专业导师主要任务	备注
1	生涯规划	拓展和提升生涯规划发展目标	1. 对生涯规划进行反思和调整； 2. 克服困难，完成本阶段的目标和任务	1. 关注学生出现的问题和困难；及时与学生沟通； 2. 督促学生完成生涯规划的阶段目标	班级导师重点参与
2	课程学习与实践	了解中外学前教育发展历史，进一步拓宽专业理论知识。知道学前儿童科学教育、社会教育、健康教育的目标，了解学前教育常用的研究方法，能够根据幼儿园教育目的及幼儿的实际情况设计科学领域、社会领域、健康领域的活动，并有效组织相应领域的教学活动，促进幼儿全面发展。掌握观察法、问卷调查法、访谈法等常用的学前儿童教育科研方法。继续进行音乐、美术等相应技能的训练	1. 态度端正、认真听课、勤于思考； 2. 按照教学大纲要求完成每门课程学习任务； 3. 做好期末复习，诚信考试	1. 了解本学期所开课程及相关大纲要求； 2. 任课教师要及时了解学生的学习态度，并进行思想教育； 3. 对学生的课程学习进行督促； 4. 对学生进行学习方法的指导	任课教师、幼儿园教师、学生导师共同参与
3	教育见习	1. 了解实践班幼儿的身心发展特点及教育要求（主要是个性发展特点的了解）； 2. 学习设计和组织科学教育活动、健康教育活动、社会教育活动； 3. 学习运用所学理论分析、解决学前教育实际问题	4人一组进班见习，完成以下作业： 1. 选择一种方法对幼儿或教师的行为进行了解，提交1份研究报告； 2. 在听课的基础上完成幼儿园科学领域、社会领域、健康领域的活动设计与组织任务	1. 高校指导教师深入实践基地，与学生及幼儿园指导教师保持密切联系； 2. 定期召开由高校指导教师、幼儿园指导教师、见习生参加的见习交流会，了解学生见习情况，给予指导； 3. 高校和幼儿园指导教师收集、整理、评价学生提交的作业和本学期见习报告，并给予成绩评定及意见	高校指导教师、幼儿园指导教师
4	第二课堂	参考第二课堂实施方案中本学期的目标要求	按照第二课堂方案完成本学期任务	根据第二课堂方案相关要求进行指导	第二课堂指导教师、导师共同参与

序号	项目	主要目标	学生主要任务	专业导师主要任务	备注
5	能力展示	与本学期培养重点及课程设置相联系，于学期末对学生的教育研究能力、活动设计与组织能力进行综合评估	汇报内容：幼儿园健康领域、科学领域、社会领域活动设计与组织能力；汇报形式：模拟情景、案例分析、幼儿园现场考察	幼儿园选派相关优秀教师参加汇报展并作出评价与反馈，校一园研讨制订下一步合作指导计划	高校教师、幼儿园教师
6	社会实践	1. 培养实践能力、人际交往能力、组织协调能力等基本能力；2. 掌握撰写实践报告（调查报告）的方法	1. 利用寒、暑假时间，以小组为单位参加社会实践活动；2. 撰写社会实践报告（调查报告）1篇，字数2000字以上，并在开学后一周内提交	1. 对学生进行社会实践及调查研究的方法指导；2. 做好社会实践的安全教育工作；3. 收集、汇总实践报告，装订成册；4. 遴选、推荐社会实践先进个人	班级导师重点参与
7	总结	反思实践促进成长	学期末提交一份关于实践的总结报告	学期末提交一份关于实践指导的总结报告	高校指导教师、幼儿园指导教师

附录 -6 学前教育专业"导师制"学生专业发展目标任务分解表（第六学期）

序号	项目	主要目标	学生主要任务	专业导师主要任务	备注
1	生涯规划	拓展和提升生涯规划发展目标	1. 对生涯规划进行反思和调整；2. 克服困难，完成本阶段的目标和任务	1. 关注学生出现的问题和困难；及时与学生沟通；2. 督促学生完成生涯规划的阶段目标	班级导师重点参与

续表

序号	项目	主要目标	学生主要任务	专业导师主要任务	备注
2	课程学习与实践	了解学前儿童艺术教育的目的,能够根据相关因素设计和组织学前儿童音乐活动与美术活动。理解环境创设对于学前教育的重要性,能够根据不同的教育目的创设有利于幼儿发展的环境。继续音乐、美术学技能的训练	1. 态度端正、认真听课、勤于思考; 2. 按照教学大纲要求完成每门课程学习任务; 3. 做好期末复习,诚信考试	1. 了解本学期所开课程及相关大纲要求; 2. 任课教师要及时了解学生的学习态度,并进行思想教育; 3. 对学生的课程学习进行督促;对学生进行学习方法的指导	任课教师、幼儿园教师、学生导师共同参与
3	教育见习	1. 了解实践班幼儿的身心发展特点及教育要求,并在此基础上,熟悉掌握个别教育的策略; 2. 继续做好保育工作; 3. 学习设计和组织音乐教育、美术教育活动; 4. 学习幼儿园与家庭、社区合作的方法和途径	1.4 人一组进班,并参与部分适宜性活动; 2. 完成实践班幼儿身心发展的特点分析报告 1 份; 3. 完成个别教育报告 1 份; 4. 制订一日活动计划 2 份;周计划 1 份; 5. 完成音乐教育活动、美术教育活动设计、反思报告各一份; 6. 完成家园、社区合作工作报告各 1 份; 7. 完成本学期实习报告 1 份	1. 高校指导教师深入实践基地,与学生及幼儿园指导教师保持密切联系; 2. 定期召开由高校指导教师、幼儿园指导教师、见习生参加的见习交流会,了解学生见习情况,给予指导; 3. 高校和幼儿园指导教师收集、整理、评价学生提交的作业和本学期见习报告,并给予成绩评定及意见	高校指导教师、幼儿园指导教师
4	第二课堂	参考第二课堂实施方案中本学期的目标要求	按照第二课堂方案完成本学期任务	根据第二课堂方案相关要求进行指导	第二课堂指导教师、导师共同参与
5	能力展示	与本学期培养重点及课程设置相联系,于学期末对学生的活动设计与组织能力进行综合评估	汇报内容:幼儿园音乐与美术活动设计与组织能力; 汇报形式:模拟情景、案例分析、幼儿园现场考察	幼儿园选派相关优秀教师参加汇报展并作出评价与反馈,校一园研讨制订下一步合作指导计划	高校教师、幼儿园教师

序号	项目	主要目标	学生主要任务	专业导师主要任务	备注
6	社会实践	1. 培养实践能力、人际交往能力、组织协调能力等基本能力； 2. 掌握撰写实践报告（调查报告）的方法	1. 利用寒、暑假时间，以小组为单位参加社会实践活动； 2. 撰写社会实践报告（调查报告）1篇，字数2000字以上，并在开学后一周内提交	1. 对学生进行社会实践及调查研究的方法指导； 2. 做好社会实践的安全教育工作； 3. 收集、汇总实践报告，装订成册； 4. 遴选、推荐社会实践先进个人	班级导师重点参与
7	总结	反思实践促进成长	学期末提交一份关于实践的总结报告	学期末提交一份关于实践指导的总结报告	高校指导教师、幼儿园指导教师

附录-7 学前教育专业"导师制"学生专业发展目标任务分解表（第七学期）

序号	项目	主要目标	学生主要任务	专业导师主要任务	备注
1	生涯规划	1. 确保生涯规划目标的实现； 2. 为未来职业做好全面准备	1. 对照生涯规划目标，完成最终目标； 2. 对生涯规划进行总结和反思，为今后的人生规划奠定基础	1. 督促学生完成生涯规划的目标中的任务和目标； 2. 对学生的生涯规划进行总结和评价	班级导师重点参与
2	教育见习	1. 实习幼儿园教师全面的教养工作；掌握组织幼儿教育教学的方法；培养从事幼教工作的实际能力； 2. 进一步熟悉幼儿园的全面工作，加深对幼儿园教育任务的理解； 3. 增强热爱幼教工作、热爱幼儿的思想情感，增强事业心和工作责任感	1. 3人一组进班实习； 2. 完成各类活动设计反思一套； 3. 完成实习总结1份	1. 布置教育实习任务和要求； 2. 深入实践基地，与学生及幼儿园指导教师保持密切联系； 3. 定期召开实习交流会，了解学生实习情况，给予指导； 4. 收集、整理、评价学生提交的作业和本学期实习报告	

续表

序号	项目	主要目标	学生主要任务	专业导师主要任务	备注
3	技能训练	1. 各项技能达到毕业要求； 2. 通过技能训练，在实习中取得优良成绩	1. 明确本学期技能训练的任务； 2. 按照要求进行技能训练； 3. 参加相关项目的技能训练与考核，取得合格成绩； 4. 进行综合训练，强化和提高各项技能	1. 布置本学期技能训练的任务； 2. 督促学生开展技能训练； 3. 定期对学生进行技能训练考查，了解学生技能训练情况，并进行督促与指导； 4. 对于不努力训练，态度不端正的学生进行思想教育，督促其加强训练； 5. 督促技能差的学生加强训练	班级导师重点参与
4	课题研究	1. 掌握课题研究的基本流程与方法； 2. 初步掌握课题立项书、结题报告的写法； 3. 培养严谨科学的研究态度	1. 在导师指导下主持或参与课题研究，要求每个学生均要主持或参与一项课题； 2. 撰写课题立项书与结题报告	1. 对学生进行课题研究的方法指导； 2. 帮助学生自选研究课题或参与课题； 3. 组织学生开展课题研究； 4. 培养学生严谨科学的研究态度与学术品质	实习基地学校指导教师参与

续表

序号	项目	主要目标	学生主要任务	专业导师主要任务	备注
5	社会实践	1. 培养实践能力、人际交往能力、组织协调能力；2. 掌握撰写实践报告（调查报告）的方法	1. 利用寒、暑假时间，以小组为单位参加社会实践活动；2. 撰写质量较高的社会实践报告（调查报告）1篇，字数3000字以上，并在开学后一周内提交	1. 对学生进行社会实践及调查研究的方法指导和社会实践的安全教育工作；2. 收集、汇总实践报告，优秀作品装订成册；3. 遴选、推荐社会实践先进个人	班级导师重点参与
6	毕业论文	1. 培养综合运用所学基础理论和基本技能分析和解决幼儿教育实际问题的能力；2. 培养创新能力和科研能力；3. 完成符合要求的毕业论文；部分学生的论文可以达到公开发表的水平	1. 按照毕业论文进程的要求，完成选题、课题论证工作；2. 定期接受指导教师的指导和检查；3. 运用恰当的方法搜集资料，整理资料，初步完成毕业论文的写作工作；4. 按时保质完成毕业论文任务书规定的要求，不弄虚作假	1. 做好毕业论文的选题工作；2. 做好毕业论文的任务下达工作；3. 做好毕业论文指导工作	导师组参与
7	就业与考研	1. 培养正确的择业观；2. 形成较强的就业竞争能力；3. 高质量就业	1. 形成良好的就业竞争能力；2. 了解市场需求，积极就业；3. 部分学生争取考研	1. 培养学生正确的择业观；2. 充分提供就业信息；3. 协调学生就业中的各种问题；4. 做好考研学生的辅导与指导工作	导师组参与
8	总结	反思实践促进成长	学期末提交一份关于实践的总结报告	学期末提交一份关于实践指导的总结报告	

附录 -8　学前教育专业"导师制"学生专业发展目标任务分解表（第八学期）

序号	项目	主要目标	学生主要任务	专业导师主要任务	备注
1	生涯规划	1. 确保生涯规划目标的实现； 2. 为未来就业做好全面准备	1. 对照生涯规划目标，完成最终目标； 2. 对生涯规划进行总结和反思，为今后的人生规划奠定基础	1. 督促学生完成生涯规划的目标中的任务和目标； 2. 对学生的生涯规划进行总结和评价	班级导师重点参与
2	职业技能测试	1. 各项技能达到毕业要求； 2. 通过技能训练，在招考、面试中取得优良成绩	1. 按照要求进行综合训练； 2. 按照要求参加职业技能综合测试，取得合格成绩	1. 布置本学期技能训练任务； 2. 督促学生进行技能训练	
3	毕业论文	1. 培养综合运用所学基础理论和基本技能，分析和解决中小学教育实际问题的能力； 2. 培养创新能力和科研能力； 3. 完成符合要求的毕业论文；部分学生的论文可以达到公开发表的水平	1. 按照毕业论文进程的要求，完成毕业论文的修改完善工作； 2. 定期接受指导教师的指导和检查； 3. 参加毕业论文答辩，取得合格成绩	1. 做好毕业论文修改工作； 2. 与论文指导教师保持密切联系，关注学生论文进展；对未能按期完成任务的学生进行重点督促	导师组参与
4	就业与考研	1. 培养正确的择业观； 2. 形成较强的就业竞争能力； 3. 高质量就业	1. 形成良好的就业竞争能力； 2. 了解市场需求，积极就业； 3. 部分学生争取考研	1. 培养学生正确的择业观； 2. 充分提供就业信息； 3. 协调学生就业中的各种问题； 4. 做好考研学生的辅导与指导工作	导师组参与